Wayne W. Dyer

La sagesse des anciens

Comment intégrer des vérités éternelles
dans votre vie de tous les jours

Traduit de l'américain
par Christian Hallé

Traduction : Christian Hallé
Révision linguistique : Laurent L'écuyer
Révision : Nancy Coulombe
Mise en page : Sébastien Rougeau
Graphisme de la page couverture : Sébastien Rougeau
ISBN 2-89565-216-3
Première impression : 2005
Dépôt légal : premier trimestre 2005
Bibliothèque Nationale du Québec
Bibliothèque Nationale du Canada

Éditions AdA Inc.
1385, boul. Lionel-Boulet
Varennes, Québec, Canada, J3X 1P7
Téléphone : 450-929-0296
Télécopieur : 450-929-0220
www.ada-inc.com
info@ada-inc.com

Diffusion
Canada : Éditions AdA Inc.
France : D.G. Diffusion
Rue Max Planck, B. P. 734
31683 Labege Cedex
Téléphone : 05.61.00.09.99
Suisse : Transat - 23.42.77.40
Belgique : D.G. Diffusion - 05.61.00.09.99

Imprimé au Canada

Participation de la SODEC.
Nous reconnaissons l'aide financière du gouvernement du Canada par l'entremise du Programme d'aide au développement de l'industrie de l'édition (PADIÉ) pour nos activités d'édition.
Gouvernement du Québec - Programme de crédit d'impôt pour l'édition de livres - Gestion SODEC.

Catalogage avant publication de Bibliothèque et Archives Canada

Vedette principale au titre :

La sagesse des anciens : comment intégrer des vérités éternelles dans votre vie de tous les jours
Traduction de : Wisdom of the ages.

ISBN 2-89565-216-3

1. Morale pratique. 2. Sagesse. I. Dyer, Wayne W. II. Hallé, Christian.

BJ1581.2.W5714 2004   170   C2004-941106-3

À notre fils
Sands Jay Dyer
Bodhisattva extraordinaire

Quand vous êtes mort,
Cherchez un lieu de repos
Non dans la terre,
Mais dans le cœur des hommes.

RÛMI

La vie des grands hommes nous rappelle
Que nous pouvons, nous aussi, rendre notre vie sublime,
Et quitter ce monde en laissant derrière nous,
Nos empreintes sur le sable du temps.

HENRY WADSWORTH LONGFELLOW

TABLE DES MATIÈRES

REMERCIEMENTS

*J*e souhaiterais remercier chacun de ces soixante maîtres qui ont ressenti le besoin de partager leur sagesse au profit de tous ceux qui vivent aujourd'hui.

Je suis également des plus reconnaissants envers mon ami et agent littéraire depuis un quart de siècle, Arthur Pine, ainsi qu'envers mon éditrice, ma correctrice, ma dactylo et ma chère amie, Joanna Pyle, qui a contribué plus que quiconque à la réalisation de ce livre.

Merci, merci.

INTRODUCTION

Quand il m'arrive de penser à quoi ressemblait le monde à diverses époques, je suis fasciné par ce que ces gens ayant vécu avant nous ont pu ressentir dans leur cœur. Imaginer que Pythagore, Bouddha, Jésus-Christ, Michel-Ange, Shelley, Shakespeare, Emerson et tant d'autres parmi ceux que nous vénérons comme nos maîtres et nos directeurs spirituels, ont en fait foulé le même sol, bu la même eau, observé la même lune et été réchauffés par le même soleil que moi m'intrigue au plus haut point. Mais plus intriguant encore, c'est ce que ces grands esprits ont voulu nous faire comprendre.

J'en suis venu à la conclusion que pour apporter un changement spirituel majeur dans notre monde, nous devons assimiler la sagesse que ces éminents professeurs du passé nous ont léguée et l'appliquer dans notre vie. Plusieurs parmi eux ont été considérés comme des provocateurs et certains l'ont même payé de leur vie. Mais personne n'a pu les réduire au silence, comme en témoigne la multitude de sujets abordés dans ce livre. Leurs mots ont survécu à l'épreuve du temps, et leurs conseils pour vivre une vie plus riche et plus profonde nous sont aujourd'hui accessibles. J'ai voulu dans ce livre réunir leurs réflexions sur divers sujets et présenter ce que, selon moi, ces sages nous disent sur l'art de provoquer en nous un changement spirituel profond et durable.

Dans un sens, ceux d'entre nous qui vivent présentement sur la planète Terre sont, de bien des façons, en contact avec ceux qui ont vécu avant nous. Nous bénéficions peut-être de nouvelles technologies et des commodités de la vie moderne, mais nous partageons le même espace émotionnel. La même énergie vitale qui a circulé dans leur corps circule aujourd'hui dans le nôtre. C'est à cette représentation de l'esprit et à cette énergie partagée que je dédie ce livre. Qu'est-ce que ces érudits des temps anciens, ceux que nous considérons comme les plus sages et les plus spirituellement avancés, ont aujourd'hui à nous dire ?

Nous retrouvons leurs observations sur les grandes leçons de la vie dans leur prose, leur poésie et leurs discours, et bien qu'ils aient vécu à des époques reculées où les conditions de vie étaient tout autres, il est évident qu'ils ont encore quelque chose à nous enseigner. D'une certaine façon, ces brillants esprits du passé sont encore parmi nous à travers leurs paroles et leurs écrits.

J'ai choisi de souligner l'apport de soixante d'entre eux, soixante de nos maîtres qui méritent toute mon admiration et tout mon respect. Ils forment un groupe hétéroclite, représentant diverses époques (Antiquité, Moyen-Âge, Renaissance, temps modernes) et venant de tous les coins du globe. Certains ont vécu jusqu'à quatre-vingt-dix ans, d'autres sont morts dans la vingtaine. Homme, femme, blanc, noir, Amérindien, Oriental, Moyen-Oriental, érudit, soldat, scientifique, philosophe, poète et homme d'État, ils sont là et ils ont quelque chose à vous dire personnellement.

Le choix de ces soixante personnes n'infère en rien que celles qui n'ont pas été retenues dans ce livre n'ont rien à dire de pertinent. Je les ai choisies, car j'avais l'impression qu'elles apportaient un éclairage intéressant sur ces sujets. C'est aussi simple que cela. Si j'avais inclus tous les grands maîtres du passé, vous auriez eu besoin d'une grue pour soulever ce livre, tant nos ancêtres ont de choses prodigieuses à nous offrir !

J'ai rédigé chaque section de façon à vous montrer comment les travaux de ces nobles maîtres peuvent vous être bénéfiques ici et maintenant. Chacune de ces contributions, élaborée pour vous donner l'impression que ces penseurs s'adressent directement à vous, se termine par des suggestions concrètes vous expliquant comment mettre ces leçons en pratique. Plutôt que de vous présenter leur poésie et leur prose et vous voir conclure : « Tout cela est bien joli dans le cadre d'un cours de littérature ou de sciences humaines, mais les choses ont changé depuis », j'ai voulu vous mettre en contact avec des idées que vous pourrez appliquer dans votre vie immédiatement. Je vous recommande tout d'abord de lire chaque section en gardant à l'esprit que ces grands penseurs participent de la même divinité et de la même force vitale que vous et s'adressent directement à vous en utilisant un langage et des moyens d'expression artistiques uniques, et ensuite de mettre leur sagesse en pratique dès aujourd'hui !

En écrivant chacun de ces essais, j'avais devant moi la photographie ou le portrait du maître dont je voulais souligner les idées, et chaque fois je lui demandais littéralement : « Qu'aime-riez-vous que les gens d'aujourd'hui apprennent de vous ? » Puis, en m'abandonnant totalement, je me mettais à l'écoute de ce qu'il avait à me dire. Durant toute la rédaction de ce livre, je me suis laissé guider par ces penseurs, au point où mon écriture est devenue quasi automatique. Cela peut sembler étrange, mais j'ai réellement senti la présence de ces auteurs et de ces poètes autour de moi.

Plusieurs des morceaux choisis dans ce livre sont des poèmes. Pour moi, la poésie est le langage du cœur ; non pas un simple divertissement ou un sujet de dissertation, mais une autre façon de transformer nos vies en nous communiquant notre sagesse les uns les autres. Voici trois exemples tirés de ma propre expérience montrant comment j'ai été touché par la poésie, ce langage du cœur.

Il y a de cela plusieurs années, au moment de recevoir mon diplôme de doctorat, je fus invité à une fête où l'on me remit plusieurs jolis cadeaux. De tous ces cadeaux, celui qui me toucha le plus fut un poème écrit par ma mère, qu'on peut encore apercevoir accroché sur un mur de mon bureau, trente ans plus tard. Je le reproduis ici pour illustrer comment la poésie, même si elle n'a pas germé dans l'esprit d'une célébrité mondiale, peut nous toucher au plus profond de nous-même.

> Une mère ne peut que guider…
> puis s'effacer. Je savais
> Que ce n'était pas à moi de dire : « Voici la voie
> que tu dois emprunter. »
>
> Car je ne pouvais prévoir celle
> qui te ferait signe de la suivre
> jusqu'à des sommets inimaginables
> dont je n'avais peut-être jamais soupçonné
> l'existence.
>
> Et pourtant, dans mon cœur
> Je savais
> Que tu atteindrais les étoiles…
> Cela ne me surprend pas !

Alors que ma fille aînée, Tracy, n'était encore qu'une enfant de cinq ou six ans, elle me donna un jour un dessin qu'elle avait fait à l'école, accompagné d'un poème exprimant ce que son petit cœur ressentait alors. Sa mère et moi venions de nous séparer, et elle savait à quel point je trouvais douloureux de ne plus la voir tous les jours. J'ai également fait encadrer ce poème que j'ai accroché au mur à côté de mon bureau.

Même si le soleil ne brille plus,
Même si le ciel n'est plus jamais bleu,
Cela n'a pas d'importance
Car je t'aimerai toujours.

La lecture de ce poème ne manque jamais de me toucher droit au cœur et de me tirer des larmes de gratitude.

Pour finir, voici un poème que notre fille Sommer a récemment donné à sa mère pour Noël. Celle-ci l'a fait encadrer, puis l'a placé près de son lit afin de pouvoir le lire tous les soirs avant de s'endormir.

Ce que ton amour veut dire pour moi

Savoir que ton sourire m'accueillera
Sur le pas de la porte
Et qu'une douce parole chassera
Tous mes soucis.

Chaque fois que je rate une marche
Tu es là pour me remettre sur pieds
Et quand nous rions toutes les deux,
Alors seulement je me sens comblée.

Ton amour pour nous brille
Même quand il y a des nuages
Et je sais que tu ne nous quitteras jamais,
Quoi qu'il arrive.

On ne peut imaginer une mère comme toi,
Une mère comme on en voit rarement.
C'est pourquoi je t'aime,
C'est ce que ton amour veut dire pour moi.

Comme je le disais, la poésie est le langage du cœur, et vous êtes sur le point d'être touché par une soixantaine d'âmes, toutes plus grandes les unes que les autres, qui s'adressent directement à vous, à travers l'espace et à travers le temps. Ce livre vous sera particulièrement utile si vous envisagez sa lecture comme une façon de reprendre contact avec des âmes magnifiques qui ont peut-être quitté notre monde matériel, mais qui sont encore présentes parmi nous, spirituellement.

Je vous encourage à faire de ce livre la base d'un projet de régénération de votre âme qui s'échelonnera sur deux mois, deux mois au cours desquels vous lirez chaque jour *un seul* morceau choisi et ferez consciemment l'effort de mettre en pratique les suggestions qui l'accompagnent. Lorsque vous aurez terminé, faites-en votre livre de chevet. Consultez régulièrement la table des matières ; et si jamais vous avez besoin d'un petit remontant pour retrouver le goût de la patience, du pardon, de la bienveillance, de la méditation, de l'humilité, du leadership, de la prière ou de toute autre qualité abordée par ces maîtres anciens, relisez ce qu'ils ont à vous dire. Étudiez les essais qui vous intéressent tout particulièrement, puis appliquez les recommandations qui s'y rattachent. Laissez-vous guider par ce qu'il y a de plus grand !

Selon moi, c'est la meilleure façon d'enseigner la poésie, la prose et la littérature ; laissez-les prendre vie, laissez-les scintiller dans votre esprit, puis mettez cet éveil intérieur au travail. Nous sommes tous profondément reconnaissants envers ceux qui font battre le cœur de la vie plus vite et plus fort. Dans mon cas, ces grands maîtres du passé y sont parvenus, et je vous encourage à appliquer, vous aussi, ce langage du cœur et cette sagesse intemporelle dans votre vie.

Que Dieu vous bénisse,

Wayne W. Dyer

MÉDITATION

Apprenez à faire le silence en vous.
Laissez votre esprit apaisé
écouter et absorber ce qui l'entoure.
Pythagore
(580-500 av. J.-C)

Philosophe et mathématicien grec, Pythagore s'intéressait tout particulièrement à la théorie musicale et à l'étude des mathématiques en relation avec les mesures de poids et de distances.

Tout le malheur des hommes vient d'une
seule chose, qui est de ne savoir pas
demeurer en repos dans une chambre.
Blaise Pascal
(1623-1662)

Blaise Pascal, philosophe, scientifique, mathématicien et écrivain français, est l'auteur de plusieurs théories ayant contribué au développement de l'hydraulique et de la géométrie pure.

Ce chapitre est le seul dans ce recueil où j'ai choisi de souligner l'apport de deux auteurs majeurs pour un même sujet. Mon choix s'est porté sur deux hommes dont les vies sont séparées par plus de deux millénaires, mais qui étaient considérés à leur époque respective comme des mathématiciens et des scientifiques inégalables.

Pythagore, dont les écrits influencèrent la pensée de Platon et d'Aristote, contribua au développement des mathématiques et du rationalisme philosophique occidental. Blaise Pascal, célèbre mathématicien, physicien et philosophe religieux français, ayant vécu vingt-deux siècles après Pythagore, est considéré comme l'un des esprits scientifiques les plus originaux de tous les temps. On lui doit l'invention de la seringue, de la presse hydraulique et de la première calculatrice. La loi de la pression élaborée par Pascal est encore enseignée aujourd'hui partout à travers le monde.

En gardant à l'esprit la tendance de ces deux scientifiques à utiliser avant tout l'hémisphère gauche de leur cerveau (hémisphère associé à la science et à la rationalité), relisez leurs deux citations. Pascal : « Tout le malheur des hommes vient d'une seule chose, qui est de ne savoir pas demeurer en repos dans une chambre. » Pythagore : « Apprenez à faire le silence en vous. Laissez votre esprit apaisé écouter et absorber ce qui l'entoure. » Ils parlent tous deux de l'importance du silence et de la méditation dans votre vie, que vous soyez un comptable ou un avatar. Ils nous parlent d'une façon d'être rarement encouragée dans notre culture : de l'importance de créer des moments de solitude que vous pourrez passer en silence. Si vous voulez vous débarrasser de vos tracas, apprenez à demeurer assis en repos dans une chambre et à méditer.

On estime qu'une personne a en moyenne soixante mille pensées distinctes au cours d'une journée. Le problème est que les soixante mille pensées qui nous occuperont aujourd'hui sont identiques à celles d'hier et se répéteront à nouveau demain. Le même bavardage emplit notre esprit jour après jour. Apprendre à faire le silence et à méditer implique donc que vous trouviez une façon de vous glisser entre ces pensées (dans ce que j'appelle : la brèche.) Dans les espaces vides et silencieux qui séparent chacune de vos pensées, il est possible de savourer un moment de pure tranquillité, dans un monde qui nous est habituellement inaccessible. Là, l'illusion que vous êtes un être séparé des autres n'a plus cours. Toutefois, si vous avez plus de soixante mille pensées distinctes au cours d'une journée, vous n'avez littéralement pas le temps de vous immiscer entre vos pensées, car il n'y a tout simplement pas d'espace entre elles !

La plupart d'entre nous ont un esprit qui tourne à plein régime jour et nuit. Nos pensées sont un tissu de monologues intérieurs où il est question d'horaire, d'argent, de soucis, de fantasmes sexuels, de listes d'épicerie, de rideaux, de problèmes de famille, de plans de vacances et ainsi de suite, comme un manège qui n'arrête jamais de tourner. Ces soixante mille pensées portent généralement sur des activités banales de tous les jours et créent une habitude de penser qui ne laisse aucune place au silence.

Cette habitude de penser conforte notre croyance culturelle voulant que tout temps mort (silence) dans une conversation doit rapidement être comblé. Pour bien des personnes, le silence représente une source d'embarras et de gêne sociale. Par conséquent, nous apprenons à remplir aussitôt ces espaces, que nous ayons ou non quelque chose de substantiel à dire. Les moments de silence dans une voiture ou au restaurant sont perçus comme des moments embarrassants, et tout bon causeur sait comment les remplir avec un bruit de fond.

Et il en est ainsi de nous-mêmes ; nous ne savons pas comment gérer le silence que nous voyons comme quelque chose d'inutile et d'inquiétant. Nous poursuivons donc notre monologue intérieur, comme nous alimentons la conversation en société. Pourtant, c'est dans ce lieu de silence, où un maître ancien comme Pythagore nous invite à laisser notre esprit écouter et absorber ce qui l'entoure, que la confusion disparaît pour faire place à l'apparition de conseils éclairants. Mais la méditation affecte également la qualité de nos activités non silencieuses. La pratique quotidienne de la méditation est la seule chose dans ma vie qui me procure un sentiment de bien-être, qui me donne de l'énergie, qui améliore ma productivité à un niveau de conscience supérieur et qui me permet d'entretenir des relations interpersonnelles plus satisfaisantes et de me rapprocher de Dieu.

L'esprit est semblable à un étang. À la surface, vous voyez toutes sortes de turbulences, et pourtant celles-ci ne représentent qu'un aspect de l'étang. C'est sous la surface, dans les profondeurs, là où rien ne bouge, que vous découvrirez la véritable essence de l'étang, ainsi que celle de votre esprit. En allant sous la surface, vous vous infiltrez entre vos pensées, là où vous êtes en mesure de pénétrer dans la brèche. La brèche, qui n'est que vide et silence, est indivisible. Peu importe le nombre de fois où vous coupez le silence en deux, vous obtenez toujours plus de silence. C'est ce qu'on entend par *maintenant*. Et c'est probablement l'essence même de Dieu, une et indivisible.

Ces deux pionniers de la science, que nous citons encore aujourd'hui dans nos universités, s'intéressaient à la nature de l'univers. Ils se sont attaqués aux mystères de l'énergie, de la pression, des mathématiques, de l'espace, du temps et des vérités universelles. Le message qu'ils nous adressent est pourtant fort simple. Si vous voulez comprendre l'univers ou votre propre univers personnel, si vous voulez comprendre comment tout cela fonctionne, vous devez accueillir le silence, faire face à votre peur de demeurer en repos dans une chambre et ainsi plonger dans les profondeurs de votre esprit.

La musique vit dans les espaces entre les notes. Sans ces vides, sans ces moments de silence, il n'y aurait pas de musique, que du bruit. Or, il y a également du silence en vous, mais il est entouré de formes. Pour briser ces formes et découvrir la nature créative qui habite en vous, vous devez prendre le temps d'accueillir chaque jour le silence et pénétrer dans cet espace extatique qui sépare chacune de vos pensées. Tout ce que je pourrais écrire sur l'importance de la méditation ne pourra jamais vous convaincre.

En fait, vous n'en connaîtrez jamais la valeur à moins de vous engager à la pratiquer tous les jours.

Mon intention en écrivant ce petit essai sur l'importance de la méditation n'est pas de vous dire comment méditer. Pour cela, il existe de nombreux cours, manuels et guides audio qui vous expliqueront comment faire. Mon intention est plutôt de souligner que la méditation n'est pas réservée exclusivement aux aventuriers spirituels qui désirent passer leur vie plongés dans une profonde contemplation, sans égard à leur productivité ou à leur responsabilité sociale. En effet, la méditation est une pratique préconisée par ceux qui vivent en accord avec leur foi, par les passionnés des nombres, par les auteurs de théorèmes et ceux qui croient en la loi de Pascal. Il se peut toutefois que vous ressentiez ce dont parle Pascal lorsqu'il écrit : « Le silence éternel de ces espaces infinis m'effraie. »

Voici quelques suggestions pour surmonter cette terreur et apprendre à faire le silence en vous afin de pouvoir demeurer en repos dans une chambre :

- Exercez-vous à prendre conscience du rythme de vos inspirations et expirations afin de prendre l'habitude de vous tourner vers l'intérieur et votre moi silencieux. Vous pouvez vous y exercer au milieu d'une réunion, durant une conversation, et même au cours d'une soirée. Prenez-en simplement conscience et suivez le rythme de votre respiration pendant quelques instants, plusieurs fois par jour.

- Prenez aujourd'hui le temps de vous asseoir seul dans une chambre et observez le fonctionnement de votre esprit. Notez les diverses pensées qui entrent et qui sortent, ainsi que leur enchaînement. Le fait de prendre conscience de l'activité frénétique de votre esprit vous aidera à transcender ce rythme infernal.

- Lisez un livre sur la méditation pour apprendre comment pratiquer cet exercice ou joignez-vous à un groupe de méditation. Il y a sûrement des professeurs et des organisations dans votre localité qui peuvent vous aider à assimiler les rudiments de base. Je vous recommande, entre autres, le *Chopra Center for Well-Being*, un centre situé dans la ville de La Jolla, en Californie, et dirigé par mon ami et collègue Deepak Chopra. L'enseignement de la méditation y fait partie d'un vaste ensemble de services offerts.

- Plusieurs CD et cassettes peuvent également vous guider dans votre apprentissage de la méditation. Choisissez tout simplement un CD qui vous plaise. J'ai moi-même produit un enregistrement intitulé *Meditation for Manifesting* dans lequel j'enseigne un type de méditation appelé JAPA. Ce CD comprend une méditation matinale et une méditation vespérale où je vous aide, en utilisant le son de ma voix, à répéter le son du divin. Tous les profits sont remis à une œuvre de bienfaisance.

SAVOIR

Ne croyez pas ce que vous avez entendu.

Ne croyez pas les traditions, car elles sont passées entre les mains de plusieurs générations.

Ne croyez pas ce qu'on répète sans cesse.

Ne croyez pas simplement parce qu'il s'agit des écrits de quelque vieux sage.

Ne croyez pas aux conjectures.

Ne croyez pas à l'autorité, aux maîtres ou aux anciens.

Mais après une observation et une analyse attentive, si cela correspond à la raison et profite à tout un chacun, acceptez-le et vivez votre vie en conséquence.

BOUDDHA
(563-483 av. J.-C.)

Fondateur du Bouddhisme, l'une des principales religions mondiales, le Bouddha est né Prince Siddharta Gautama, dans le nord-est de l'Inde, près de la frontière du Népal. Voyant que la tristesse, la maladie et la mort touchaient même les plus riches et les plus puissants de ce monde, il décida, à l'âge de vingt-neuf ans, d'abandonner la vie qu'il menait pour se mettre à la recherche d'une vérité supérieure.

Le nom Bouddha est en fait un titre que l'on pourrait traduire par « celui qui est éveillé » ou « celui qui a connu l'illumination ». C'est le titre que l'on donna à Siddharta Gautama qui abandonna sa vie princière à l'âge de vingt-neuf ans pour entreprendre la quête spirituelle de toute une vie et trouver une façon de se libérer de sa condition humaine. On dit qu'il écarta les enseignements de ses contemporains et atteignit l'illumination (ou l'ultime compréhension) grâce à la méditation. Il assuma par la suite le rôle de professeur et enseigna à ses disciples le « dharma » (vérité).

Ses enseignements sont aujourd'hui à la base de la pratique du bouddhisme, une religion qui a joué un rôle majeur dans la vie spirituelle, culturelle et sociale de l'Orient et de l'Occident. J'ai délibérément choisi de ne pas aborder dans ce court essai les tenants du Bouddhisme pour me concentrer sur ce passage souvent cité et discuter de sa pertinence pour vous et moi aujourd'hui, quelque vingt-cinq siècles après la mort de celui qui a connu l'illumination.

Le mot clé dans ce passage est sans contredit « croire ». En fait, la phrase clé est « Ne croyez pas ». Tout ce qui constitue ce que vous appelez vos croyances repose en grande partie sur les expériences et les témoignages des autres. Si l'une de vos croyances vient d'une source extérieure, même si le processus de conditionnement est des plus convaincants et que de nombreuses personnes comme vous tentent de vous convaincre de la véracité de cette croyance, le fait qu'il s'agisse de la vérité de quelqu'un d'autre implique que vous l'acceptiez avec scepticisme.

Si j'essayais de vous convaincre que la chair d'un certain poisson est délicieuse, il est probable que vous m'écouteriez, mais vous continueriez à avoir des doutes. Si je vous montrais la photographie du poisson, accompagnée du témoignage de cent personnes qui corroborent mes dires, vous seriez peut-être un peu plus convaincu. Mais un doute persisterait, car vous n'avez pas vous-même goûté la chair de ce poisson. Vous ne contesteriez probablement pas le fait que je la trouve délicieuse ; mais tant que vos papilles gustatives n'en auraient pas fait l'expérience, votre vérité ne serait qu'une croyance fondée sur ma propre vérité, sur la foi de ma propre expérience. Et il en va de même pour tous les membres de votre tribu et leurs ancêtres avant eux.

Simplement parce qu'on vous l'a dit, parce qu'il s'agit d'une tradition immémoriale, parce qu'elle s'est transmise de siècle en siècle et parce que les plus grands maîtres de ce monde l'ont endossée, ce n'est pas suffisant pour adopter une croyance. Rappelez-vous le « Ne croyez pas » du Bouddha.

Au lieu d'utiliser le terme « croyance », essayez d'utiliser le terme « connaissance ». Quand vous avez vous-même goûté à la chair du poisson, vous possédez une connaissance. Autrement dit, vous avez eu un contact conscient avec l'objet de votre croyance et vous pouvez établir sa vérité en vous basant sur votre propre expérience. Vous savez nager ou rouler à bicyclette non pas parce que vous avez une croyance, mais parce que vous en avez fait l'expérience.

Celui qui a connu l'illumination vous rappelle, par-delà les siècles, d'appliquer cette même compréhension dans votre vie spirituelle. Il y a une différence fondamentale entre « savoir » et « être au courant ». « Être au courant » est en fait un synonyme de croyance. À l'inverse, le terme « savoir » est exclusivement réservé aux expériences directes, qui impliquent l'absence de doute. Je me souviens d'un guérisseur Kahuna renommé à qui j'avais demandé comment l'on devient guérisseur. Il m'avait répondu : « Dans le processus de la maladie, lorsque le savoir est confronté à une croyance, le savoir triomphe toujours. Les Kahuna sont élevés pour abandonner le doute et acquérir le savoir. »

Quand je pense aux paraboles de Jésus-Christ — un autre grand guérisseur — je ne peux exprimer aucun doute. Quand le Christ s'approchait d'un lépreux, il ne disait pas : « Je n'ai pas beaucoup de succès avec la lèpre ces temps-ci. Mais si tu suis mes conseils, tu as trente pour cent de chance de survie au cours des cinq prochaines années. » Comment ne pas voir le doute qui ronge pareille recommandation ? Mais au contraire, Jésus disait en s'appuyant sur un savoir absolu : « Tu es guéri. » Le même genre de contact conscient avec le savoir permettait à saint François de faire des miracles. En fait, tous les miracles surviennent lorsque le doute fait place au savoir.

Néanmoins, le pouvoir de persuasion des influences tribales est extrêmement puissant. On vous rappelle constamment ce que vous devez ou ne devez pas croire, ce en quoi les membres de la tribu ont toujours cru et ce qui vous arrivera si vous ne tenez pas compte de ces croyances. La peur devient le fidèle compagnon de vos croyances et, malgré vos doutes, vous adoptez ces croyances pour en faire des béquilles qui vous aideront à avancer péniblement dans la vie, tandis que vous chercherez une façon d'échapper aux pièges soigneusement placés sur votre route par les générations de croyants qui vous ont précédé.

Le Bouddha vous donne ici un excellent conseil, et vous pouvez constater que le mot « croyance » est absent de sa conclusion. Il vous dit que si une croyance est raisonnable – en d'autres termes, si vous savez qu'elle est vraie parce que vous l'avez vous-même observée et expérimentée – et profite à tout un chacun, alors et alors seulement, vivez en accord avec celle-ci !

Dans ce livre, je vous présente les réflexions de certains des plus célèbres et des plus géniaux esprits créatifs de tous les temps. Il est vrai que leurs conseils viennent d'un autre temps, et c'est pourquoi je vous encourage à traiter leurs écrits comme vous traitez tous les écrits qui se sont transmis de génération en génération. D'abord et surtout, essayez de mettre ces conseils en pratique. Demandez-vous dans quelle mesure ils sont raisonnables et en accord avec le bon sens, et si vous constatez qu'ils améliorent votre bien-être et celui des autres, vivez votre vie en conséquence. En d'autres termes, passez du doute au savoir.

Le fait de résister aux influences de la tribu est souvent perçu comme de la froideur ou de l'indifférence envers l'expérience et les enseignements de ceux qui se préoccupent le plus de notre bien-être. Je vous suggère de relire à nouveau les paroles du Bouddha si telle est votre conclusion. Il ne parle pas de rejet, mais d'être assez adulte et mature pour se faire sa propre idée et vivre de ce savoir, au lieu de s'en remettre aux expériences et aux témoignages des autres.

On ne peut rien apprendre des efforts des autres. Le meilleur professeur du monde ne peut absolument rien vous enseigner si vous n'êtes pas prêt à mettre en pratique ses suggestions. En fait, ces grands maîtres ne peuvent que vous présenter les choix offerts au menu de la vie. Ils peuvent les rendre très appétissants, vous aider à choisir les items que vous désirez goûter. Mais un menu ne sera jamais un repas.

Pour tirer profit de ces sages paroles, voici quelques hors-d'œuvre :

- Faites l'inventaire de vos croyances. Par exemple, que pensez-vous de la religion, de la peine de mort, des droits accordés aux minorités, de la réincarnation, des jeunes, des vieux, de la médecine alternative, de la vie après la mort, de vos biais culturels, de la possibilité des miracles ?

- Une fois que vous aurez dressé l'inventaire de vos croyances, déterminez quelles sont les croyances qui proviennent de votre propre expérience de vie et celles qui vous ont été transmises. Faites l'effort d'expérimenter vous-même ces croyances avant de les tenir pour vraies et de fonder votre vie sur celles-ci.

- Intéressez-vous à des systèmes de croyances à l'opposé de ceux qui vous sont familiers. Mettez-vous à la place de gens qui sont différents de vous. Plus vous accepterez de vivre des expériences « contradictoires », plus vous approfondirez votre propre vérité.

- Refusez de vous laisser séduire par des arguments reposant sur des idées qui vous sont imposées par des gens bien intentionnés. Autrement dit, cessez de gaspiller votre énergie pour des choses auxquelles vous ne croyez pas ou que vous savez être inapplicables !

LEADERSHIP

AGIR SIMPLEMENT

Les vrais chefs
sont à peine connus de leurs partisans.
Viennent ensuite les chefs
que les gens connaissent et admirent ;
viennent ensuite ceux dont ils ont peur ;
et finalement ceux qu'ils méprisent.

Ne pas faire confiance,
c'est ne pas inspirer confiance.

Lorsque le travail a été bien fait,
sans tracasseries ni fanfaronnades,
les gens ordinaires disent :
« Oh, nous y sommes arrivés ! »

LAO-TSEU
(6ᵉ siècle av. J.-C.)

Philosophe chinois, auteur du Tao-tö-king *ou* La voie, *ouvrage à
la base de la pratique du taoïsme.*

*J*e suis souvent étonné du nombre de politiciens qui s'attribuent
aujourd'hui le titre de chef, simplement parce qu'ils s'occupent
d'affaires publiques. D'un point de vue historique, il est clair que
nos dirigeants politiques sont rarement les véritables responsables
des changements qui affectent nos sociétés. Par exemple, qui ont

été les instigateurs de la Renaissance ? Est-ce les détenteurs du pouvoir politique de l'époque ? Les maires, les gouverneurs et les présidents des capitales européennes ? Bien sûr que non.

La Renaissance fut le fait d'artistes, d'écrivains et de musiciens qui étaient à l'écoute de leur cœur et de leur âme et qui amenèrent leurs concitoyens à découvrir cette voix qui retentissait à l'intérieur d'eux. Finalement, le monde entier prêta l'oreille et s'ouvrit à cette nouvelle sensibilité qui fut responsable du triomphe de la dignité humaine sur la tyrannie. Les véritables meneurs d'hommes sont rarement des fonctionnaires affublés d'un titre.

Considérez les titres que vous portez et voyez dans quelle mesure vous cherchez à vous y conformer. Vous portez peut-être le titre de mère ou de père, un titre qui vient avec d'énormes responsabilités. Quand les enfants vous demandent conseil parce qu'ils vous considèrent comme le chef de la famille, gardez à l'esprit que votre vœu le plus cher est qu'ils puissent dire un jour : « Je l'ai fait par moi-même », au lieu de vous accorder tout le mérite. Cherchez à améliorer vos qualités de chef de famille en vous défiant constamment de l'erreur qui consiste à penser que votre titre fait de vous un chef. Les vrais chefs n'ont que faire des titres. Mais l'ego les adore !

Pour aider les autres à développer leurs qualités de meneur tout en exerçant un véritable leadership, il faut faire l'effort de se libérer de l'influence de son propre ego. Les vrais chefs se méritent la confiance des autres, ce qui est fort différent du fait de jouir de la flatterie, des avantages et du pouvoir qui sont, pour l'ego, les véritables attributs d'un chef. Vous devez faire confiance aux gens si vous voulez qu'ils aient confiance en vous.

Notez les occasions où vous insistez pour que l'on fasse les choses à votre façon... ou pas du tout. Lao-Tseu nous dit que cette attitude est la moins efficace et la plus méprisée. Il se peut également que votre façon de diriger inspire la peur si vous utilisez des phrases du genre : « Je vous punirai si vous ne le faites pas à ma façon. » Lao-Tseu nous dit que les chefs qui jouent sur la peur sont peu qualifiés pour être d'authentiques meneurs d'hommes. Un chef qui aspire à être admiré ne maîtrise pas davantage, toujours selon Lao-Tseu, l'art de diriger. On l'entend souvent dire : « Je vous récompenserai si vous faites ce que je vous demande. » Mais le vrai chef agit de façon à passer quasiment inaperçu. Ce chef fait confiance aux autres, les encourage et les félicite lorsqu'ils trouvent leur propre voie.

Quand nos législateurs nous disent ce dont nous avons besoin, utilisent des tactiques de peur en prédisant d'affreuses conséquences ou nous incitent à agir sur la base de notre admiration pour eux, ils ne se comportent pas comme de vrais chefs. Un vrai chef sait se taire et laisse la population s'exprimer : « Nous avons créé cette économie florissante. »

Et il en va de même pour vous. Pour être un authentique chef dans votre propre vie et dans la vie des autres, exercez-vous à résister à la tentation d'être reconnu comme tel. Dirigez avec discrétion, faites confiance aux autres dès que vous en avez l'occasion. Moquez-vous gentiment du désir de votre ego de s'attribuer tout le mérite et reconnaissez en silence votre rôle de chef quand vous entendez les autres dire : « Oh oui, nous y sommes arrivés ! » Voici quelques suggestions pour mettre en pratique les sages conseils de Lao-Tseu :

- Avant d'agir, arrêtez-vous et demandez-vous si ce que vous êtes sur le point de dire va générer de la peur, de la haine, de l'admiration ou une conscience de soi. Choisissez de cultiver la conscience de soi.

- Conformez-vous à votre désir d'être un vrai chef en étant le plus efficace possible, sans vous faire remarquer. Surprenez quelqu'un en train de faire quelque chose de bien !

- Prenez conscience que c'est votre ego qui vous qualifie de raté. Au lieu de vous considérer comme un raté quand on ne vous attribue pas le mérite qui vous revient, rappelez-vous que vous avez réussi en tant que chef, et faites comprendre à votre ego, mais avec bonhomie, que c'est la bonne façon de diriger.

PATIENCE

Ne soyez pas désireux
de faire les choses rapidement.
Ne cherchez pas de petits avantages.
Le désir de faire les choses rapidement
empêche de les faire avec minutie.
Chercher de petits avantages empêche
la réalisation de grandes choses.

CONFUCIUS
(551-479 av. J.-C.)

*Maître et philosophe chinois dont la philosophie influence forte-
ment la vie et la culture chinoises depuis plus de deux mille ans.*

J'ai collé cette citation de ce grand maître de la Chine antique
au-dessus de ma machine à écrire afin de me souvenir de ne rien
faire qui pourrait m'empêcher de réaliser de « grandes choses ».
Il me semble que nous avons beaucoup à apprendre de notre
nature et de la façon dont nous entravons l'expression de notre
grandeur. Malheureusement, nous ignorons souvent notre nature
au profit de ce que notre esprit nous présente comme ce qui doit
être.

La patience est l'ingrédient clé de tous les processus du monde
naturel qui vous touchent de près ou de loin. Par exemple, si je
m'égratigne le bras ou me casse une jambe, le processus de
guérison se déroulera à son propre rythme indépendamment de ce
que je pourrai en penser. C'est ainsi que fonctionne le monde
naturel. Mon désir de voir mes blessures guérir rapidement est

absolument sans conséquence. Mais si je transpose cette impatience dans ma vie personnelle, cela m'empêchera de guérir complètement, comme le soulignait Confucius, il y a de cela plus de vingt-cinq siècles. Shakespeare fit preuve de la même sagesse lorsqu'il écrivit : « Comme je plains ceux qui n'ont pas de patience ! Une blessure peut-elle guérir autrement que petit à petit ? »

Je me rappelle avoir planté, quand j'étais petit, des graines de radis un jour de printemps. Lorsque vint l'été, je remarquai la présence de pousses vertes qui émergeaient du sol. Je les observai croître de jour en jour, mais finalement, n'en pouvant plus d'attendre, je me mis à tirer sur les feuilles de radis, espérant ainsi les faire pousser plus rapidement. Je n'avais pas encore appris que la nature nous révèle ses secrets à son propre rythme. Je tirai donc sur les petites feuilles de radis qui émergèrent du sol sans radis. Ma puérile impatience avait empêché le processus de se rendre à son terme.

Aujourd'hui, quand on me demande si je suis déçu parce que l'un de mes livres ne s'est pas classé parmi les meilleurs vendeurs, contrairement à mes livres précédents, je pense à cette obser-vation du sage chinois : « Les grandes choses ne craignent pas l'épreuve du temps. » Quel compliment à l'égard de Confucius de citer encore ses paroles et de mettre en pratique ses conseils deux mille cinq cents ans après sa mort ! J'écris moi aussi pour ces âmes qui ne se sont pas encore matérialisées, et si cela implique de sacrifier les petits avantages qui découlent d'une bonne position sur une liste de best-sellers, je m'en satisfais pleinement, même si mon ego n'y comprend rien !

Une phrase du livre *A Course in Miracle*s laisse perplexe tous ceux qui sont prisonniers de leur ego, car elle semble à première vue contradictoire. Cette phrase est la suivante : « Une patience infinie produit des résultats immédiats. » Cette phrase fait écho au conseil millénaire de Confucius dont il est ici question. Une patience infinie est le propre de la foi et du savoir absolu. Si vous savez, sans l'ombre d'un doute, que vos actions sont en accord avec votre raison de vivre et que vous êtes impliqué dans la réalisation de grandes choses, vous êtes alors en paix avec vous-même et en harmonie avec votre propre mission. Ce sentiment de paix, d'illumination bienheureuse, est votre récompense immédiate. Par conséquent, une patience infinie vous amène à un niveau de foi où il n'y a aucun intérêt à faire rapidement les choses. Vous cessez de ressentir le besoin d'obtenir des résultats immédiats, car vous avez compris que vos plaies et vos blessures guériront au rythme de la nature, et non au rythme de votre impatience.

Ce genre de certitude m'a beaucoup aidé dans mon travail d'écriture et dans ma vie professionnelle. Avec mes enfants, un résultat décevant ou une contre-performance passagère ne m'inquiète plus outre mesure, car j'ai à présent une vue d'ensemble de leurs vies. Comme le dit ce proverbe oriental, probablement inspiré des écrits de Confucius : « Avec du temps et de la patience, la feuille du mûrier devient une robe de soie. » Et c'est ainsi que je vois mes enfants. Nous profitons bien sûr des petits avantages qui s'offrent à nous ici et maintenant, mais je sais que ces revers contribueront à révéler leur grandeur plutôt qu'à la ternir.

L'impatience engendre la peur, le stress et le découragement. La patience se manifeste sous les dehors de la confiance, de la résolution et d'un sentiment de tranquille satisfaction. Tandis que vous examinez votre propre vie, voyez si vous exigez fréquem-ment des indicateurs de succès pour vous et pour les autres ou si vous tentez plutôt d'avoir une vue d'ensemble. Quand vous avez un but dans la vie et une vue d'ensemble de celle-ci, vous êtes capable de vous libérer de votre besoin d'approbation, que ce soit sous la forme d'insignes ou d'applaudissements.

Le fait d'avoir personnellement vécu des problèmes de dépendance et de les avoir surmontés présente peut-être certaines ressemblances avec des situations que vous avez connues. Quand j'étais dépendant de différentes substances comme l'alcool et la caféine, il m'arrivait de penser à arrêter. Mais dès que je réussissais à m'abstenir de boire pendant toute une journée, je baissais ma garde et célébrais l'événement en buvant une boisson gazeuse ou une bière. En m'attardant à mes petites victoires, j'empêchais le processus de se rendre à son terme. Une fois que j'eus développé une patience infinie, je remis ma vie entre les mains de Dieu, me rappelant que Dieu avait toujours été parfait avec moi, même dans mes moments les plus sombres. En étant d'une patience infinie, je me rendis compte que ces substances interféraient avec ma mission et mes objectifs de vie, et je laissai ces substances derrière moi.

Ne vous y trompez pas, toutes ces résolutions avortées, toutes ces tentatives infructueuses et tous ces échecs — tous ces petits avantages du moment, comme les appelle Confucius — faisaient partie du processus de purification. En étant patient envers moi-même, je pus être patient envers mes petites victoires, et ainsi éviter qu'elles me détournent de mon but. Je laissai donc le processus suivre son cours, et aujourd'hui je me rends compte à quel point le fait d'être patient m'a donné la capacité d'atteindre un niveau dont je ne soupçonnais même pas l'existence lorsque je me félicitais de mes petites victoires, même si elles étaient aussitôt suivies d'une nouvelle défaite. Si vous appréciez le paradoxe de cette situation, vous allez adorer ces deux dictons : « Une patience infinie produit des résultats immédiats » et « Prendre les choses un jour à la fois produit des résultats éternels. »

Pour constater à quel point l'impatience est absurde, avancez l'heure sur votre montre et tournez les pages de votre calendrier. Alors ? Avez-vous fait un bond dans le temps ? Les échecs et la frustration, de même que les succès du moment, font partie de la perfection de l'univers. En observant la nature — votre nature et celle du monde naturel — vous verrez que vous devez donner le temps à la blessure de guérir, à la figue d'être fleur et fruit, puis de mûrir. Faites confiance à votre nature et débarrassez-vous de votre désir de faire les choses rapidement.

Pour y arriver :

- Abandonnez les critères d'évaluation que l'on vous a inculqués, car ils ne tiennent compte que des succès du moment. Si vous êtes convaincu d'avoir une mission plus importante que ne le suggèrent les événements du jour, vous parviendrez à vous libérer de ces sottises. Prendre les devants dès le début de la partie peut s'avérer un désavantage si vous n'avez pas une vue d'ensemble de toute la partie.

- Pensez à ce que vous faites sur un horizon de cinq siècles au lieu d'un horizon de cinq minutes. Agissez en pensant à ceux qui seront là dans cinq cents ans et vous verrez que vous cesserez de vous intéresser aux résultats immédiats pour vous occuper d'affaires beaucoup plus importantes.

- Soyez aussi patient envers vous-même, quels que soient vos succès et vos déceptions, que Dieu l'a toujours été avec vous. Quand vous êtes capable de remettre un problème entre les mains d'une autorité supérieure avec laquelle vous êtes en contact, vous entrez aussitôt dans un état de patience infinie, et vous cessez de chercher de petits indicateurs de succès qui ne valent que pour aujourd'hui.

INSPIRATION

Quand vous êtes inspiré par un but élevé,
ou par quelque extraordinaire projet,
toutes vos pensées brisent leurs chaînes ;
Votre esprit transcende ses limites,
votre conscience se déploie dans toutes les directions,
et vous vous retrouvez dans un monde nouveau,
absolument merveilleux.
Des forces, des aptitudes et des talents inexploités
se manifestent, et vous vous rendez compte
que vous êtes beaucoup plus génial
que vous n'auriez pu l'imaginer.

PATANJALI
(entre le 1er et le 3e siècle av. J.-C.)

Auteur des Yoga Sutras, *Patanjali a vécu en Inde, probablement de un à trois siècles avant Jésus-Christ. Il est considéré comme l'initiateur de la tradition de la méditation. On le décrit également comme le mathématicien du mysticisme et l'Einstein du Bouddhisme.*

*E*nviron deux siècles avant Jésus-Christ, un homme considéré comme un saint par son peuple, écrivit un classique de la littérature hindoue, les *Yoga Sutras*, sous le pseudonyme de Patanjali. Dans ce livre, la pensée yogique est catégorisée en quatre volumes. Ces quatre traités sont intitulés *Samadhi* (Transcendance), *La Pratique du yoga*, *Le Pouvoir psychique* et *Kaivalya* (Libération).

Plusieurs considèrent que les écrits et les sutras de ce mystique, qui nous offre différentes méthodes pour connaître Dieu et atteindre un niveau de conscience élevé, sont le fondement premier pour développer sa spiritualité et se libérer des limites du corps et de l'ego.

J'ai choisi cet extrait de Patanjali parce qu'il exprime selon moi une vérité universelle, intemporelle. Je vous encourage à vous pencher avec moi sur les paroles de Patanjali, étape par étape, en vous rappelant que des millions de personnes jusqu'à ce jour, ont étudié les écrits de ce maître ancien, encore considéré aujourd'hui comme un avatar porteur d'une sagesse divine. Il tente dans ce passage de nous faire comprendre qu'en étant véritablement inspirés par quelque chose d'extraordinaire, des choses extra-ordinaires se produisent dans notre vie, et en particulier au niveau de nos processus de pensée. D'une certaine façon, quand nous sommes absorbés par quelque chose que nous aimons de tout notre cœur, nos pensées prennent une autre tournure et se libèrent de tout ce qui les entrave.

Si je me fie à ma propre expérience, je sais que j'ai davantage l'impression d'avoir un but dans la vie quand je m'adresse à un auditoire ou quand j'écris. Une forte impression d'être utilisé à bon escient m'envahit, comme si ce n'était pas vraiment ce corps appelé Wayne Dyer qui prononçait cette conférence ou écrivait ce livre. Lorsque cela se produit, je remarque que mon esprit ne connaît plus de limite. Je sais que je ne suis pas seul, qu'un guide divin m'accompagne, et alors parler ou écrire devient facile. J'ai l'impression dans ces moments d'abandon que mon corps et mon esprit sont en harmonie. Certains parlent de « canalisation », d'autres, d'une « expérience culminante. » Selon Patanjali, « Votre conscience se déploie dans toutes les directions, et vous vous retrouvez dans un monde nouveau, absolument merveil-leux. »

Tandis que vous réfléchissez à ces paroles, gardez à l'esprit qu'il s'agit d'un conseil intemporel. Même à des époques fort reculées, les gens savaient l'importance d'avoir un but dans la vie. Lorsque vous vivez une expérience culminante, un de ces moments de grande inspiration où vous sentez ne faire qu'un avec Dieu et l'univers, la vie vous apparaît comme une aventure merveilleuse. Ce genre de phénomène se produit lorsque vous atteignez un niveau appelé inspirationnel. Votre attention ne se porte plus dès lors sur ce qui va mal ou sur ce qui vous manque, mais sur ce sentiment d'équilibre que procure le fait d'être inspiré et qui vous permet de co-créer avec entrain. En d'autres termes, vous vivez un moment de grande inspiration.

Patanjali parle ensuite de ce que je considère comme l'aspect le plus phénoménal de cet état de grâce inspirationnel. « Des forces, des aptitudes et des talents inexploités se manifestent », nous dit-il. Cela veut dire que plusieurs des choses que nous croyions hors de notre portée se manifestent en nous. J'ai découvert que j'oublie la fatigue, malgré le manque de sommeil, quand je suis vraiment inspiré par un projet qui sort de l'ordinaire. Je me rends compte que je ne ressens plus la faim, que mon corps ne m'impose plus ses demandes incessantes, ce qui me permet de faire aisément mon travail. Quand je me concentre sur ce que je suis en train de faire, je ne ressens plus les effets du décalage horaire, même si j'ai traversé huit ou neuf faisceaux horaires au cours de la même journée.

Ces aptitudes et ces talents dont parle Patanjali sont inexploités dans la mesure où vous ne faites rien pour trouver l'inspiration. Je pense que l'expression « forces inexploitées » joue ici un rôle déterminant. Quand vous avez la conviction d'avoir un but dans la vie, vous activez des forces dans l'univers qui étaient précédemment hors de votre portée. Ce dont vous avez besoin devient accessible. La bonne personne se présente au bon moment. Vous recevez l'appel que vous attendiez. Même si cela peut sembler paradoxal, vous apprenez à gérer les coïncidences qui surviennent dans votre vie. Et quand vous faites appel à l'esprit, celui qui inspire, cet antique proverbe zen prend alors tout son sens : « Quand l'élève est prêt, le maître apparaît. »

Quand je m'adresse à un auditoire ou quand j'écris un livre en me demandant comment je pourrais me rendre utile, tout en laissant de côté mon ego, les mots « coincé » et « bloqué » ne me traversent jamais l'esprit. On dirait que je suis conscient que les conseils dont j'ai besoin sont là pour moi, tant que mon ego ne s'en mêle pas. Cette force inexploitée, dont fait état Patanjali, est activée par le lien qui m'unit au divin quand mon attention se porte exclusivement sur un projet qui met en cause la mission de mon âme. L'inspiration générée par ce projet agit comme un aimant sur les forces extérieures tant que l'ego n'interfère pas avec elles. Puis, comme le suggère Patanjali, « vous vous rendez compte que vous êtes beaucoup plus génial que vous n'auriez pu l'imaginer. » N'est-ce pas extraordinaire ? Goethe a écrit : « L'Homme ne vient pas au monde pour résoudre les problèmes de l'univers, mais pour découvrir ce qu'il doit faire. » Et j'ajouterai : « En suivant son inspiration. »

Si vous doutez de votre capacité à transcender vos limites et à activer en vous des forces inexploitées, relisez, avec toute l'ouverture d'esprit dont vous êtes capable, le sage conseil de l'un des plus grands maîtres spirituels que le monde ait connus. Et sachez qu'il y a en vous une personne qui dépasse en envergure tout ce que vous avez pu imaginer. Patanjali nous dit que cette personne se manifeste quand nous sommes inspirés par un projet extraordinaire. Il se peut que vous vous demandiez : « Mais que faire si j'ignore quel est ce projet ? Que dois-je faire pour découvrir mon but ? »

Gardez à l'esprit que votre tâche ici-bas n'est pas de demander comment, mais de dire oui ! Ouvrez-vous aux idées présentées dans ce passage de l'antique *Yoga Sutras* et ayez confiance ; toute question se résoudra d'elle-même. Demandez-vous : « Quand m'arrive-t-il de me sentir satisfait ? Quand m'arrive-t-il de me sentir extraordinairement bien, comme si j'étais un personnage important ? » Quelle que soit la réponse à ces questions, vous découvrirez qu'elles parlent toutes de servir vos frères humains, de servir votre planète, l'univers ou Dieu. Lorsque vous aurez pris la décision de vous libérer de l'emprise de votre ego et de chercher l'inspiration en vous impliquant dans la réalisation d'un projet extraordinaire qui ne flatte pas uniquement votre ego, vous saurez quoi faire.

Voici quelques suggestions pour mettre en pratique les idées de Patanjali :

- Prenez en note les activités qui vous inspirent le plus. Faites-le même si elles peuvent vous sembler insignifiantes ou inestimables. Qu'il s'agisse de jouer avec des petits enfants, de jardiner, de bricoler votre voiture, de chanter ou de méditer, contentez-vous de noter ces activités.

- Avec cet inventaire en main, voyez ceux qui parviennent à gagner leur vie en faisant ce genre de chose. Peu importe ce que vous aimez faire, il est possible de transformer cet intérêt en un projet emballant qui permettra à votre conscience de se déployer dans toutes les directions. Suscitez de nouvelles forces et de nouveaux talents qui vous rappelleront que vous êtes un personnage beaucoup plus grand que vous ne l'aviez imaginé.

- N'écoutez que votre voix intérieure, celle qui vous guidera vers cette extraordinaire activité. Ignorez les conseils de ceux qui vous disent ce que vous devriez faire de votre vie. Pour réussir, il faut que l'inspiration vienne de *vous*, et non de *l'extérieur*. Si c'était le cas, on ne parlerait pas d'*in*-spiration, mais d'*ex*-piration.

- Rappelez-vous les paroles de Ralph Waldo Emerson quand vous briserez les chaînes de votre conditionnement quant à ce que vous pensez de vous-même et de votre but dans la vie. « La santé mentale se mesure par une disposition à trouver toute chose bien. » Essayez et vous verrez des aptitudes et des talents insoupçonnés se manifester.

TRIOMPHE

LES SIX ERREURS HUMAINES

🌿 L'illusion qu'un gain personnel se fait toujours aux dépens des autres.

🌿 🌿 La tendance à s'inquiéter de choses que nous ne pouvons changer ou corriger.

🌿 🌿 🌿 Insister sur le fait qu'une chose est impossible parce que nous sommes incapables d'en venir à bout.

🌿 🌿 🌿 🌿 Refuser de laisser de côté des priorités en réalité insignifiantes.

🌿 🌿 🌿 🌿 🌿 Négliger le développement et le raffinement de l'esprit et ne pas acquérir l'habitude de la lecture et de l'étude.

🌿 🌿 🌿 🌿 🌿 🌿 Tenter de forcer les autres à croire les mêmes choses et à vivre de la même façon que nous.

MARCUS TULLIUS CICÉRON
(106-43 av. J.-C.)

Homme d'État romain et homme de lettres, Cicéron était le plus grand orateur et le plus articulé des philosophes de Rome. Les dernières années de la Rome républicaine sont généralement appelées période cicéronienne.

J e suis toujours ébahi quand je pense qu'il y a plus de deux mille ans, nos brillants et convaincants ancêtres marchaient sur le même sol que nous, respiraient le même air, observaient les mêmes étoiles et s'émerveillaient de voir le même soleil se lever. Il existe un lien profond et merveilleux entre nous et ces gens qui me fascine et me mystifie chaque fois que je lis ce qu'ils essayaient de faire comprendre à leurs concitoyens et à ceux qui, comme moi, allaient venir quelque deux mille ans plus tard.

Cicéron fut à une certaine époque considéré comme le père de son pays. Ce brillant orateur, homme de loi, auteur, poète, critique et philosophe, vécut un siècle avant la naissance du Christ et fut momentanément impliqué dans les conflits qui opposaient Pompée, César, Brutus et plusieurs autres personnages légendaires qui marquèrent l'histoire romaine. Il mena une longue et prolifique carrière de politicien et d'écrivain, ses écrits étant d'ailleurs considérés comme les plus influents de son temps. Mais on traitait durement les dissidents à cette époque, et Cicéron fut exécuté en 43 avant Jésus-Christ. Sur ordre de Marc-Antoine, sa tête et ses mains furent exposées sur la tribune du forum à Rome.

Dans l'un de ses plus mémorables traités, Cicéron présente les six erreurs de humaines telles qu'elles lui apparaissaient dans le contexte de la Rome antique. Vingt siècles plus tard, les voici à nouveau reproduites dans ces pages, accompagnées d'un bref commentaire. Nous avons encore beaucoup de choses à apprendre de nos ancêtres de l'Antiquité, même si en corroborant les six erreurs de Cicéron, je ne crains pas un instant de voir ma tête et mes mains exposées sur la tribune du président de la Chambre des représentants !

Première erreur : L'illusion qu'un gain personnel se fait toujours aux dépens des autres. Voilà un problème qui est malheureusement toujours d'actualité. Bien des gens croient pouvoir se donner de l'importance en prenant les autres en défaut. Un expert en motivation de réputation mondiale était récemment interviewé à la télévision. Voici en gros ce qu'il disait : « Je vaux plus que les autres, car je suis le seul à posséder tous les outils pour réussir. N'écoutez pas ceux qui se contentent de vous encourager : ce sont des inférieurs. » Je ne pus m'empêcher de penser à la première erreur évoquée par Cicéron.

Il y a deux façons de posséder le plus haut immeuble d'une ville. La première consiste à détruire tous les autres immeubles, mais cette méthode donne rarement de bons résultats car les actions de ce genre reviennent toujours hanter leur auteur. La seconde méthode consiste à construire votre propre immeuble et à le regarder grandir. Il en va de même en politique, en affaires et dans votre vie personnelle.

Deuxième erreur : La tendance à s'inquiéter de choses que nous ne pouvons changer ou corriger. Apparemment, les gens qui vivaient dans les temps anciens gaspillaient eux aussi leur énergie à s'inquiéter de choses sur lesquelles ils n'avaient aucun contrôle, et rien n'a vraiment changé depuis. L'un de mes professeurs m'éclaira un jour sur ce point de manière fort succincte. Il me dit : « Tout d'abord, il est inutile de se préoccuper des choses qui sont hors de ton pouvoir, car si tu n'as aucun pouvoir sur elles, il est inutile de s'en préoccuper. Deuxièmement, il est inutile de se préoccuper des choses que tu peux contrôler, car si tu peux les contrôler, pourquoi te donneraient-elles du souci ? » Après cela, à quoi bon se faire encore du souci ! Soit vous pouvez changer les choses, soit vous ne le pouvez pas, mais d'une façon ou d'une autre, se faire du souci est toujours une grossière erreur.

Troisième erreur : Insister sur le fait qu'une chose est impossible parce que nous sommes incapables d'en venir à bout. Nous sommes nombreux à souffrir de cette forme de pessimisme. Nous sautons trop vite à la conclusion que quelque chose est impossible simplement parce que nous ne voyons pas la solution au problème. Bien des gens m'ont dit que les anges, la réincarnation, les voyages astraux, la communication avec les morts, les voyages intergalactiques, la chirurgie génétique, les machines à remonter le temps, les voyages à la vitesse de la lumière, les guérisons miraculeuses, et ainsi de suite, étaient des impossibilités, simplement parce qu'ils ne pouvaient concevoir de telles idées.

Je me demande si les contemporains de Cicéron pouvaient imaginer l'invention du téléphone, du télécopieur, de l'ordinateur, de l'automobile, de l'avion, du missile, de l'électricité, de l'eau courante, de la télécommande, de la navette spatiale et de tant d'autres choses que nous prenons aujourd'hui pour acquises. Voici, à mon avis, une excellente devise : « Personne n'en sait jamais assez pour être pessimiste ! » Autrement dit, ce que vous ne pouvez aujourd'hui imaginer sera probablement un fait banal pour ceux qui habiteront cette planète dans deux mille ans.

Quatrième erreur : Refuser de laisser de côté des priorités en réalité insignifiantes. Nous sommes nombreux à consacrer la majeure partie de notre temps à des occupations mineures. Nous gaspillons notre précieuse force vitale en nous préoccupant de ce que les autres pensent de nous, de notre apparence ou de la griffe de nos vêtements. Notre vie se passe dans l'angoisse des querelles qui nous opposent à nos parents et à nos collègues de travail, et nos conversations ne sont souvent que bavardage. Notre ego devient la force motrice de notre vie, une vie où l'idée de notre propre importance occupe tout le devant de la scène.

Nous voyons des gens qui souffrent de la faim et de la famine un peu partout dans le monde, et pourtant nous perdons patience quand nous devons attendre cinq minutes pour avoir une table au restaurant, où la moitié de la nourriture finira vraisemblablement à la poubelle. Nous entendons parler de milliers d'enfants mutilés et assassinés par des terroristes, et pourtant nous acceptons cette situation sous prétexte que nous ne pouvons rien y faire. Et même dans nos propres vies, comme nous croyons souvent être incapables d'influencer le cours des choses, nous nous plongeons dans les petits jeux insignifiants inventés par notre ego.

Cinquième erreur : Négliger le développement et le raffinement de l'esprit, et ne pas acquérir l'habitude de la lecture et de l'étude. Arrivés au terme de leur parcours scolaire, bien des gens considèrent que leur esprit a atteint son plein développement. En effet, nous avons appris à considérer la lecture et l'étude comme un moyen pour obtenir une récompense sous la forme d'un diplôme ou d'un titre. Une fois notre diplôme en poche, le besoin d'étudier et de parfaire notre esprit s'évanouit aussitôt. Cicéron, qui avait remarqué cette même tendance chez ses compatriotes romains, tenta de les mettre en garde contre ce qui allait s'avérer le prélude à la chute de leur empire. Mais rien n'y fit.

Nos vies s'en trouvent grandement enrichies quand nous nous plongeons dans la littérature et la spiritualité, non parce que nous allons devoir passer un examen, mais simplement pour croître sur le plan personnel. Vous découvrirez que la lecture et l'étude vous procureront une expérience plus profonde et plus riche de la vie, et ce, de bien des façons. Ces activités sont d'ailleurs beaucoup plus gratifiantes quand vous les faites par choix plutôt que par obligation.

Sixième erreur : Tenter de forcer les autres à croire les mêmes choses et à vivre de la même façon que nous. De toute évidence, nous commettons tous cette sixième erreur. Nous avons souvent le sentiment d'être victimes de ceux qui nous imposent leur point de vue sur ce que nous devrions faire et sur la façon dont nous devrions vivre notre vie. Ce genre d'attitude n'engendre que tension et ressentiment. Personne n'aime se faire dire quoi faire et comment vivre sa vie. L'une des caractéristiques des gens hautement fonctionnels est qu'ils n'ont ni l'envie ni le besoin de contrôler les autres. Il est bon de nous le rappeler régulièrement, et de suivre le conseil qui conclut le *Candide* de Voltaire : « Il faut cultiver notre jardin. »

Si vos voisins décident de planter des choux et que vous choisissez de faire pousser du maïs, qu'il en soit ainsi. Malheureusement, nous avons tous tendance à mettre notre nez dans les affaires des autres, quand nous n'insistons pas carrément pour que leurs croyances et leur mode de vie soient semblables aux nôtres. Les familles font souvent l'erreur d'imposer leur volonté à chacun de leurs membres. Nos dirigeants politiques font aussi souvent l'erreur de déterminer à notre place ce qui est bon pour nous. Si vous croyez commettre à l'occasion l'une des six erreurs évoquées par Cicéron, voici quelques suggestions pour y remédier :

- Intéressez-vous à votre propre vie et aux façons de l'améliorer. Rendez-vous compte de ce que vous faites quand vous agressez verbalement les gens autour de vous, et arrêtez-vous sur-le-champ. Plus vous serez conscient de votre tendance à détruire les immeubles des autres, plus tôt vous entreprendrez la construction du vôtre.

- Quand vous êtes inquiet, demandez-vous : « Puis-je y remédier ? » Si la situation est hors de votre contrôle, n'y pensez plus. Si vous pouvez y remédier, retroussez-vous les manches et perfectionnez votre stratégie. Cette question vous libérera de tous vos soucis.

- Chaque fois que vous êtes confronté à un problème apparemment insoluble, rappelez-vous qu'il s'agit simplement d'une *solution* qui attend d'être trouvée. Si la solution vous échappe, voyez qui pourrait la trouver à votre place. Il y a toujours quelqu'un quelque part qui peut aborder les choses sous l'angle de la possibilité plutôt que sous l'angle de l'impossibilité. En fait, éliminez complètement le mot « impossible » de votre vocabulaire.

- Penchez-vous sur ce que vous considérez comme les plus graves problèmes auxquels nous sommes confrontés. Laissez tomber quelques-unes de vos activités complaisantes pour vous attaquer à quelque chose de plus significatif, et rappelez-vous que votre contribution, si modeste soit-elle, a un impact sur ces problèmes de société.

- Prenez tous les jours le temps de lire des livres ou d'écouter des cassettes traitant de spiritualité, que ce soit dans vos temps libres ou même dans la voiture. Prenez l'habitude d'assister à des séminaires ou à des conférences sur la croissance personnelle ou sur tout autre sujet éclairant.

- Cultivez votre jardin et libérez-vous de votre tendance à examiner et à juger comment les autres cultivent le leur. Rendez-vous compte de ce que vous faites quand vous vous répandez en commérages sur la façon dont les autres devraient vivre leur vie et débarrassez-vous de ces pensées. Ne dites plus « Voici ce qu'ils devraient faire » ou « Ils n'ont pas le droit de vivre et de penser ainsi. » Tenez-vous occupé et impliquez-vous dans vos propres projets de vie, et vous ne penserez même plus à forcer les autres à croire les mêmes choses et à mener la même vie que vous.

Figure dominante de la Rome antique, Cicéron, l'homme d'État, l'orateur, l'auteur et le philosophe nous donne ici une extraordinaire leçon de vie. Ne commettez pas ces mêmes erreurs que répète l'humanité depuis des siècles. Jurez plutôt de les éliminer de votre vie, un jour à la fois.

Si vous ne changez pas pour devenir pareils à de petits enfants, vous n'entrerez pas dans le Royaume des cieux.

JÉSUS DE NAZARETH
(6 av. J.-C.-30 apr. J.-C. environ)

Jésus est l'une des principales figures religieuses mondiales. Il est considéré par les chrétiens comme le Messie prédit par les prophètes de l'Ancien Testament.

Récemment, alors que je me préparais à donner une conférence dans une ville éloignée de chez moi, je fis l'étrange expérience de me trouver, sans le savoir, face à un miroir mural. J'étais assis à un bureau, devant un mur qui n'était en fait qu'un immense miroir, et chaque fois que je levais les yeux, je voyais ce personnage qui m'observait tandis que je prenais des notes. Au bout d'un moment, je décidai moi aussi de le dévisager, n'ayant aucunement conscience qu'il s'agissait de mon reflet dans une glace. Je me rappelle avoir pensé : « Voilà un vieux bonhomme qui me ressemble. »

Tandis que je l'observais, je pensai à l'être invisible qui vit à l'intérieur de chacun de nous. Cet être n'a ni frontière ni forme, et par conséquent ni commencement ni fin. Je parle de ce témoin invisible qui est sans âge et immuable, de l'éternel enfant à l'intérieur de nous. Nous devons devenir cet enfant intemporel pour entrer dans le Royaume des cieux, cette figure de l'éternité où les formes et les frontières, les commencements et les fins, les hauts et les bas, ne veulent plus rien dire.

Le paradis n'a ni frontière, ni périmètre, ni limite, ni pourtour. Au contraire, il représente ce qui transcende les démarcations. Il est pareil au petit enfant dont parle Jésus avec éloquence. Il est toujours en nous, avec nous ; il ne vieillit pas, et pourtant il veille sur nous, jour et nuit. Mais l'homme devant moi avait des paupières tombantes, des rides et des cheveux grisonnants. Il me ressemble vraiment ce vieux bonhomme !

L'enfant intemporel en moi, cet observateur éternel et immuable, ne connaît ni le jugement ni la haine. Il n'a rien à juger, personne à haïr. Pourquoi ? Parce qu'il ne voit pas les apparences. Tout ce qu'il sait faire, c'est regarder les choses et les gens avec moi. Il est ce que j'appelle « celui qui permet tout. » Il accepte les choses comme elles sont et voit le visage de Dieu dans les yeux de tous ceux qu'il rencontre. N'ayant ni forme ni taille, ni couleur ni personnalité, cet enfant sans âge ne s'attarde jamais à des détails aussi banals. N'étant prisonnier d'aucune barrière érigée par l'homme, il ne se laisse jamais aller à s'identifier à un groupe ethnique ou à une communauté culturelle, et c'est pourquoi il ne peut faire la guerre pour des motifs aussi futiles. Cet enfant intemporel et invisible vit toujours en paix avec les autres, se contentant d'observer, d'être témoin et plus important encore, de permettre.

Un jour que j'étais allé courir de bon matin, je ressentis une telle exaltation en moi qu'en rentrant à l'hôtel, après avoir complété mon parcours, je sautai par-dessus une clôture qui faisait plus d'un mètre de hauteur. Ma femme, qui m'avait vu faire, poussa un cri : « Ne fais pas ça ! On ne saute par par-dessus les clôtures quand on a cinquante-six ans. Tu aurais pu te tuer. » Ma première réaction fut de répondre : « C'est vrai, j'avais oublié. » Mon moi intemporel et invisible, cet observateur éternel, avait oublié pendant un instant qu'il vivait dans un corps qui avait déjà plus d'un demi-siècle !

Pour moi, ce passage du Nouveau Testament nous parle d'oublier notre corps, nos origines ethniques, notre langue maternelle, notre bagage culturel, la forme de nos yeux ou de quel côté de la frontière nous avons grandi, afin que nous puissions devenir comme les petits enfants qui sont insensibles à de telles compartimentations. Jésus ne nous dit pas de nous comporter de manière infantile, d'être immature, indiscipliné ou mal élevé. Au contraire, il nous parle de l'enfant qui ne juge pas, qui aime et accepte ce qui l'entoure, de l'enfant qui est incapable de mettre des étiquettes sur les gens ou sur les choses.

Quand nous sommes capables d'être comme des petits enfants, nous prenons conscience qu'il y a en chaque adulte un enfant qui aspire désespérément à être reconnu. L'enfant représente en général la plénitude, et l'adulte, le vide. La plénitude de l'enfant se manifeste dans sa capacité à vivre en paix, à aimer, à ne pas juger et à permettre. À l'inverse, la peur, l'anxiété, les préjugés et l'agressivité témoignent du vide de l'adulte. L'illumination peut être considérée comme un processus au cours duquel nous redécouvrons que le cœur du petit enfant est pur, et qu'il faut être capable d'une acception et d'un amour divin pour entrer dans le Royaume des cieux. Ayez pour but dans la vie de ressembler davantage à un enfant dans tout ce que vous faites.

La qualité première des génies est d'avoir conservé leur curiosité d'enfant. Les génies et les enfants partagent la même envie d'explorer sans se soucier des possibilités d'échec ou des critiques qu'on pourrait leur adresser. Je crois que le mot clé dans ce passage des Évangiles est « devenir ». Jésus nous dit de devenir quelque chose qui est perfection, bonté, amour et surtout, éternité. Nous l'avons tous en nous, et il ne peut ni vieillir ni mourir. Ce témoin doux et silencieux, voilà ce que nous voulons devenir. Ce mystique naïf, mais imaginatif, qui est naturellement d'une grande spiritualité, voilà l'enfant que nous voulons devenir. Quand nous y parvenons, nous devenons comme des *enfants* et laissons derrière nous nos habitudes d'adultes *infantiles*, qui nous empêchaient d'entrer dans le Royaume éternel des cieux.

Ce Royaume vous est d'ores et déjà accessible, ici et maintenant. Tout ce que vous avez à faire, c'est de devenir comme des petits enfants. Pour ce faire :

- Passez le plus de temps possible à observer les petits enfants. Ce faisant, rappelez-vous l'enfant en vous qui adorerait jouer avec eux. Le philosophe Héraclite a dit un jour : « L'Homme est davantage lui-même quand il retrouve le sérieux de l'enfant qui joue. » Soyez comme des enfants, joueurs, aimants et curieux, si vous désirez entrer dans le Royaume des cieux.

- Quand vous vous prenez trop au sérieux, pensez à cet observateur invisible qui vit en vous et qui connaît vos côtés les plus sombres. Cet observateur est-il sombre lui aussi ? Vous verrez rapidement que ce témoin ne peut ressembler à ce qu'il observe. Jurez ensuite de devenir semblable à lui.

- Prenez la décision de ne jamais laisser une vieille personne habiter votre corps. Bien sûr, votre corps prendra de l'âge, mais cet observateur éternel et invisible à qui rien n'échappe sera toujours un petit enfant innocent, prêt à entrer dans le Royaume des cieux à l'heure prévue.

DIVINITÉ

Vous êtes une parcelle de l'essence divine. Pourquoi, alors, êtes-vous ignorant de cette noble origine ? Pourquoi ne tenez-vous pas compte d'où vous venez ? Quand vous mangez, pourquoi ne vous souvenez-vous pas de celui qui mange, de celui que vous nourrissez ; ne savez-vous pas que vous donnez à manger au divin, que vous faites de l'exercice pour le divin ? Dieu vous accompagne partout où vous allez.

> Les hommes ne sont pas troublés par les
> événements,
> mais par l'opinion qu'ils en ont.

ÉPICTÈTE
(55-135)

Esclave émancipé, Épictète était un philosophe grec représentant de l'école stoïcienne. Bien qu'aucun de ses écrits ne nous soit parvenu, l'essentiel de ses doctrines a été colligé par son disciple Arrien.

À l'époque où j'étudiais en psychologie du counseling, Épictète était une grande source d'inspiration pour moi. Son nom était souvent mentionné lorsqu'il était question de l'influence de l'esprit sur nos émotions et sur notre comportement, et la littérature sur la psychothérapie rationnelle émotive nous renvoyait constamment à ses doctrines. Encore aujourd'hui, je suis extrêmement impressionné par la sagesse de cet homme né esclave au cours du siècle qui suivit la Crucifixion, qui retrouva la liberté en 90, avant d'être expulsé de Rome par un empereur despotique dont il avait dénoncé les méthodes tyranniques. Quelques années plus tard, je me suis plongé dans les principaux ouvrages de ce stoïcien, j'ai lu les *Discours* et j'ai appris à mieux connaître sa philosophie.

Les deux extraits cités, vieux de près de deux mille ans, contiennent des idées extrêmement intéressantes sur les plans spirituel et philosophique. Je les ai inclus dans ce livre parce que je crois qu'ils peuvent enrichir votre vie comme ils ont enrichi la mienne.

Dans le plus long extrait, celui qui débute par « Vous êtes une parcelle de l'essence de Dieu », Épictète nous rappelle que nous avons tendance à oublier que nous portons tous en nous une étincelle divine, une partie de Dieu. Cette idée est difficile à saisir, pourtant Épictète insiste pour dire, malgré son passé d'esclave, qu'il s'agit de la simple vérité. Imaginez un instant être parfaitement conscient que vous transportez Dieu avec vous.

Si Dieu est partout, alors il n'y a pas un seul endroit d'où Dieu est absent. Et cela vous inclut. Une fois que vous l'avez compris, vous recouvrez le pouvoir de votre propre source. Au lieu de vous voir comme un être coupé du pouvoir miraculeux de Dieu, vous affirmez votre divinité et retrouvez la puissance qui est en Dieu. Quand vous mangez, c'est Dieu que vous ingérez et nourrissez. Quand vous dormez, Dieu s'assoupit et se repose. Quand vous faites de l'exercice, Dieu se déplace avec vous et se renforce en même temps.

Au moment où vous lisez ces lignes, cela vous semble peut-être sensé, mais vous êtes probablement comme tant d'entre nous qui ont grandi dans l'ignorance de ce concept. Voici une image plus familière : Dieu, un vieil homme à la barbe blanche, assis sur son trône quelque part dans le ciel, fonctionnant comme une énorme distributrice automatique. Déposez un jeton, sous la forme de prières, et Dieu vous distribue ce dont vous avez besoin… mais pas toujours. Voilà un Dieu coupé et distinct de nous-mêmes. Épictète vous suggère de vous débarrasser de ce concept représentant l'univers comme une sorte de monarchie céleste, pour accueillir l'idée que vous êtes l'œuvre de Dieu, un fragment de Dieu lui-même.

Sai Baba, un avatar contemporain vivant en Inde, connaît et pratique le fait d'être une étincelle divine de Dieu, une parcelle de Dieu. Il a publiquement démontré sa sainteté de plusieurs façons, l'une d'entre elles étant une variation de l'aptitude divine qui consiste à multiplier les pains et les poissons. Quand un journaliste occidental lui a demandé s'il était Dieu, Sai Baba a répondu : « Oui, je le suis, et vous l'êtes vous aussi. La seule différence entre vous et moi, c'est que je le sais et que vous l'ignorez. » Quand vous savez que vous êtes une manifestation de Dieu, vous êtes en contact avec Dieu et vous vous traitez, vous-même et les autres, comme l'expression de cette volonté divine. C'est exactement ce qu'enseignait Épictète à Rome et en Grèce, il y a deux mille ans. Faites confiance à votre nature divine, ne remettez jamais en question la noblesse de votre véritable moi, et traitez-vous avec le même respect que vous avez pour Dieu.

La seconde observation d'Épictète, même si elle peut sembler simpliste, est sans doute l'information la plus utile qu'on m'ait jamais donnée. C'est l'opinion que nous avons des événements et non les événements eux-mêmes qui troublent nos vies. Quelle libération de savoir que rien ne peut nous inquiéter, que rien ne peut nous rendre malheureux, puisque nous contrôlons nos émotions en choisissant la façon dont nous traitons les événements, les gens et leurs opinions.

À l'époque où j'étais conseiller scolaire, il y a de cela plusieurs années, j'invoquais souvent la profonde sagesse de cette observation. Quand un étudiant était en colère parce qu'on lui avait dit ou fait quelque chose qui lui déplaisait, je lui demandais : « Imagine que tu ne sais pas ce qu'ils ont dit à ton sujet, serais-tu encore fâché ? » L'étudiant répondait quelque chose du genre :

« Bien sûr que non. Ce que l'on ne sait pas ne fait pas mal, non ? »
Je lui suggérais alors gentiment : « Ce n'est donc pas ce qu'ils ont
dit ou fait. C'est arrivé, mais il a fallu que tu l'apprennes pour te
mettre en colère et en venir à la conclusion que cela te
dérangeait. » L'étudiant se rendait alors compte que *rien ne peut
nous troubler à moins que nous y consentions*.

Ces deux observations d'Épictète ont considérablement
influencé ma vie et mes écrits, et j'aime bien me rappeler tous les
jours à quel point elles m'ont été précieuses. Je vous les présente
parce qu'elles ont pour moi une grande valeur. Ce vieux dicton
sanskrit résume bien la perspective spirituelle d'Épictète : « Dieu
dort dans le règne minéral, se réveille dans le règne animal et
pense en vous. » En d'autres termes, il n'y a pas un seul endroit
où Dieu n'est pas en train de dormir, de s'éveiller ou de se
promener. Dieu est la source universelle de toute vie, une
présence plutôt qu'une personne, et cette présence pense en vous.

Et comment devez-vous organiser vos pensées ? Servez-vous
de la présence de Dieu pour découvrir votre extraordinaire
capacité mentale. Ce ne sont pas les événements, les circonstances
ou les opinions des autres qui vous rendent mal à l'aise et anxieux,
c'est la façon dont vous utilisez le Dieu en vous, votre source
invisible, pour traiter ces émotions extrêmes, et dont dépend
votre bonheur. Rien de plus ! Prenez conscience que Dieu est en
vous, avec vous, devant vous et partout autour de vous, que vous
pensez sentir sa présence partout où vous allez, et qu'il est
également présent dans la façon dont vous recevez les événements
du jour. Pour mettre en pratique ces deux observations millénaires, mais toujours d'actualité :

- Rappelez-vous quotidiennement que vous êtes une
  création divine et que vous avez le droit d'être traité avec
  amour, par les autres et par vous-même. En vous
  concevant comme un être en contact avec Dieu, vous
  aurez beaucoup plus de respect envers vous-même.

- Pratiquez des rituels pour proclamer la présence de Dieu en vous et dans tout ce que vous faites. Bénissez votre nourriture et remerciez-en Dieu, et ce faisant, rappelez-vous qu'en prenant ce repas, vous nourrissez le divin en vous. De même, durant vos activités physiques, visualisez l'énergie de Dieu circulant dans chacune de vos cellules.

- Rendez grâce pour tout ce que vous recevez, y compris la pluie, l'air, le soleil et les orages, quelle que soit la façon dont ils se manifestent. La gratitude est une façon de reconnaître la présence de Dieu en toute chose.

- Débarrassez-vous de votre tendance à mettre votre malheur sur le dos de circonstances extérieures. Quand vous vous sentez de mauvaise humeur, demandez-vous : « Quelle opinion devrais-je adopter pour me débarrasser de mon malaise ? » Réfléchissez-y jusqu'à ce que votre envie de blâmer quelqu'un ou quelque chose d'autre que vous-même ait disparu. Cela peut se faire très rapidement si vous êtes prêt à ne plus jeter le blâme sur quiconque et à prendre conscience de la présence de Dieu en vous, comme Épictète nous encourageait à le faire, il y a deux mille ans.

❀ ILLUMINATION ❀

Avant l'illumination,
couper du bois,
porter de l'eau.

Après l'illumination,
couper du bois,
porter de l'eau.

PROVERBE ZEN

Fondé en Chine au cours du sixième siècle et largement répandu au Japon dès le douzième siècle, le Bouddhisme zen prêche l'atteinte de l'illumination par les moyens les plus simples possible.

Ayant étudié le phénomène des états supérieurs de conscience et ce qu'on appelle généralement l'illumination, ce petit proverbe zen a toujours été pour moi une grande source de bonheur. Quand nous réfléchissons à ce phénomène difficile à définir appelé illumination, nous faisons généralement allusion à un état de conscience que nous atteindrons un jour en adoptant de bonnes pratiques spirituelles et en travaillant assidûment à son avènement. Notre espérance est qu'une fois parfaitement éclairés, tous nos problèmes disparaîtront et céderont la place à une vie de pur bonheur.

Mais le message du célèbre proverbe est que l'illumination n'est pas quelque chose que l'on atteint, mais quelque chose dont on prend conscience. Une fois que vous en avez pris conscience, rien n'est plus pareil, et pourtant rien n'a vraiment changé. C'est un peu comme si vous aviez vécu toute votre vie les yeux fermés et que soudain vous les ouvriez. À présent vous voyez, mais le monde n'a pas changé ; vous posez simplement un regard neuf sur ce qui vous entoure. Ce proverbe où il est question de couper du bois et de porter de l'eau me dit que l'illumination n'exige pas que l'on prenne la position du lotus, quelque part dans une caverne au sommet de l'Himalaya. Ce n'est pas quelque chose que l'on trouve auprès d'un gourou, dans un livre ou en suivant un cours. L'illumination est une attitude envers tout ce que nous faisons.

Pour moi, l'illumination évoque une idée fondamentale, celle d'être immergé dans un sentiment de paix à chaque instant de ma vie. Si je suis anxieux, stressé, craintif ou tendu, je ne suis pas à la hauteur de mon potentiel d'illumination à ce moment-là. Je crois que le fait de prendre conscience de ces moments d'angoisse est l'une des façons de vivre l'illumination. J'ai entendu dire que la différence entre une personne éclairée et un ignorant est que la première est consciente de son ignorance, alors que la seconde ignore qu'elle est ignorante.

Le sentiment de paix intérieure et d'illumination qui m'habite s'est approfondi au cours des dernières années, et pourtant je continue à couper du bois et à porter de l'eau, comme je le faisais lorsque j'étais adolescent. Je travaille tous les jours pour mettre du pain sur la table, même si je ne fais plus le même genre de travail. Je fais tous les jours de l'exercice pour rester en santé, je mange bien, je me brosse les dents et je m'essuie moi-même les fesses. Au cours des trente dernières années, depuis la naissance de mon premier enfant et jusqu'à aujourd'hui où j'en ai sept autres à élever, j'ai toujours eu les mêmes préoccupations de base : comment les protéger, les nourrir, les conseiller et les traiter. Je continue à couper du bois et à porter de l'eau comme un bon père de famille qui se fait du souci pour ses enfants. L'illumination n'est pas une façon de se débarrasser des tâches quotidiennes. Alors à quoi bon être éclairé si cela n'élimine pas les corvées quotidiennes et ne vous permet pas de vivre une vie contemplative, sans incident ?

En général, l'illumination ne change pas le monde extérieur, mais modifie votre façon de l'appréhender. Par exemple, dans mon rôle de père, je ne considère plus mes enfants comme étant ma propriété, alors qu'auparavant leur comportement influençait énormément ma vie émotive. Je sais aujourd'hui que les crises de mon adolescente de dix-huit ans sont une façon pour elle d'attirer mon attention. Je ne me sens plus obligé de me joindre à ces explosions d'émotions juvéniles. Je constate également les succès que connaissent mes enfants depuis que j'ai adopté une attitude plus détachée à leur égard.

Ce détachement n'est pas de l'indifférence, mais la certitude que je peux choisir de vivre en paix à tout moment, même si les activités, les problèmes et les événements qui ponctuent ma vie demeurent les mêmes. Tant que j'aurai un corps physique, je devrai couper du bois et porter de l'eau. Mais la façon dont je conçois ces activités, voilà ce qui constitue l'illumination.

Je me rappelle avec dégoût toutes les fois où j'ai dû changer une couche particulièrement souillée ou, Dieu m'en garde, nettoyer le plancher après qu'un des enfants l'eut aspergé de vomissures. Je me disais : « J'en suis tout simplement incapable, ça me lève le cœur », et soit j'évitais de le faire, soit, si je n'avais pas le choix, je réagissais à cet assaut olfactif en étant moi-même malade. Que notre attitude puisse affecter nos réactions physiologiques à ce point, en plus de rendre certaines obligations parentales extrêmement désagréables, est tout bonnement incroyable.

Aujourd'hui, je peux m'attaquer à une couche souillée ou à une flaque de vomissures nauséabondes avec une attitude complètement différente. Et plus incroyable encore, je n'ai plus les mêmes réactions physiologiques, strictement parce que je n'entretiens plus les mêmes pensées. Les couches étaient là avant et elles seront là après l'illumination, comme les vomissures. Mais après l'illumination, vous pouvez vous mettre au travail avec détachement et sérénité. J'aime beaucoup cette exclamation tirée du livre *A Course in Miracles* : « Je peux choisir la sérénité au lieu de ça ! » Pour moi, cette affirmation résume tout ce que j'entends par illumination : être capable d'opter pour la sérénité tout en portant de l'eau, en coupant du bois, en livrant des marchandises, en plantant des clous ou en se livrant à toute autre activité imaginable.

L'illumination n'est pas quelque chose qui vous libère, mais qui vous permet de devenir cette liberté. Vous ne devenez pas un aigle planant dans le ciel ; vous devenez le ciel lui-même. Vous ne vous définissez plus à partir des limites de votre corps ; l'univers entier devient votre corps. Vous établissez un lien spirituel profond avec tout ce que vous voyez et tout ce que vous faites. Vous considérez vos tâches, même les plus banales, comme des occasions de connaître Dieu. Vous apportez un sentiment de paix partout où vous allez, car dans votre esprit, vous êtes tout et tout le monde. Ce qui vous intéresse, c'est moins de mettre des étiquettes sur les fleurs et sur les arbres que de les toucher et de les sentir.

Ce petit proverbe zen, qui se transmet depuis des milliers d'années parmi ceux qui recherchent l'illumination, est un merveilleux cadeau. Que ce soit à l'intérieur ou à l'extérieur de vous, vous n'aurez jamais plus à changer les choses que vous voyez, mais seulement le regard que vous posez sur elles. Voilà ce que j'appelle être éclairé !

Pour mettre en pratique dans votre vie ce petit proverbe zen, voici quelques stratégies fort simples que tout le monde peut adopter :

- Prenez conscience de votre « ignorance ». Celle-ci se manifeste tous les jours, chaque fois que vous permettez qu'on trouble votre sérénité. Voyez qui sont ceux que vous tenez responsables de vos moments de désespoir, à quelle occasion vous vous emportez, et s'il vous arrive souvent de tomber dans ce piège. Reconnaître votre ignorance est la meilleure façon de renverser cette situation. Et rappelez-vous que les ignorants ne savent pas qu'ils ne savent pas. Prenez-en conscience.

- Débarrassez-vous de votre tendance à voir l'illumination comme quelque chose que vous réaliserez dans un avenir plus ou moins éloigné, quand les circonstances qui entourent votre vie auront changé pour le mieux. Vous aurez toujours du bois à couper et de l'eau à porter, mais vous pourrez alors choisir la façon dont vous envisagez ces activités.

- Exercez-vous à apporter des modifications spécifiques à la façon dont vous approchez les choses qui troublent votre sérénité. Par exemple, si le fait d'être coincé dans un embouteillage ou une file d'attente vous met hors de vous, profitez de ces circonstances inhérentes à la vie moderne pour refondre votre monde intérieur. Créez un espace à l'intérieur de vous afin que l'illumination puisse surgir dans les moments où vous êtes tenté d'opter pour l'angoisse.

- Et finalement, n'allez pas crier sur les toits que vous êtes illuminé. La personne qui affirme être illuminée ne l'est certainement pas. Évitez également de participer à des discussions où il est question de votre illumination. Un enseignement zen dit qu'on ne doit pas répondre à quelqu'un qui recherche sincèrement l'illumination avant qu'il ne nous ait interrogé à trois reprises. Les sages se montrent discrets quant à leur propre réalisation de Dieu.

MOMENT PRÉSENT

Tiré du livre *Les Quatrains de Omar Khayyám*

Le doigt continue d'écrire, et après avoir écrit,
Il s'en va. Ni ta piété ni ton esprit
Ne sauront le convaincre d'effacer le moindre vers,
Et toutes tes larmes ne pourront laver un seul de ces mots.

OMAR KHAYYÀM
(1048?-1122)

*Omar Khayyám, érudit et astronome renommé, a vu le jour en
Iran. Sa poésie reflète ce qu'il pensait de Dieu, du bien et du mal,
de l'esprit, de la matière et du destin.*

*P*rès de mille ans se sont écoulés depuis la naissance de Omar,
un fabricant de tentes, un poète et un astronome, doublé d'un
brillant conteur, admiré pour ses récits philosophiques. Ce
quatrain tiré des *Rubaiyat* recèle une leçon qui n'a pas pris une ride
depuis mille ans. Ces paroles célèbres contiennent une subtile
vérité qui échappe malheureusement à bien des gens.

L'une des façons de comprendre la sagesse de ce quatrain
consiste à vous imaginer dans un hors-bord qui fend les flots à plus
de quarante nœuds. Vous êtes à la poupe et vous baissez les yeux
vers l'eau. Ce que vous apercevez dans cette scène imaginaire,
c'est ce qu'on appelle le sillage. À présent, je vais vous demander
de philosopher et de réfléchir aux trois questions suivantes.

Question #1 : Qu'est-ce que le sillage ? Vous en viendrez probablement à la conclusion que le sillage n'est rien de plus que la traînée que laisse derrière lui le bateau.

Question #2 : Qu'est-ce qui propulse le bateau ? (Le bateau vous représente en train de « naviguer sur les flots de la vie. ») La réponse est : « L'énergie du moment présent générée par le moteur, et rien de plus, est responsable de faire avancer le bateau. » Ou dans le cas de votre vie, les pensées du moment présent qui propulsent votre corps vers l'avant, et rien de plus !

Question #3 : Est-il possible que le sillage propulse le bateau ? La réponse va de soi. Une traînée ne pourra jamais faire avancer un bateau. Ce n'est qu'une traînée, et rien de plus.   « Le doigt continue d'écrire, et après avoir écrit, il s'en va... »

L'une des principales illusions de la vie consiste à croire que le passé est responsable des conditions actuelles de notre vie. Nous avançons souvent cette excuse pour expliquer pourquoi nous sommes incapables de sortir de nos ornières. Nous insistons pour dire que nous sommes victimes des problèmes auxquels nous avons été confrontés par le passé. Nous prenons les blessures que nous avons subies durant notre enfance, nous nous y accrochons et nous continuons à montrer du doigt ces regrettables expériences pour expliquer les tristes circonstances actuelles. Ces circonstances, comme nous aimons à le rappeler, nous empêchent d'aller de l'avant. En d'autres termes, nous entretenons l'illusion que notre sillage est le moteur de nos vies.

Pensez à une occasion où vous vous êtes blessé, ne s'agirait-il que d'une coupure à la main. Votre organisme a pris aussitôt le dessus et a entrepris de cicatriser la plaie, n'est-ce pas ? Bien sûr, on doit nettoyer la plaie si on veut qu'elle guérisse, et il en va de même des blessures émotives. La plupart du temps, la guérison se fait plutôt rapidement, car votre nature vous dit : « Cicatrisez toutes ces plaies et vous serez guéri. » Pourtant, quand votre nature vous dit : « Cicatrisez toutes ces plaies dans votre passé », au lieu d'écouter son conseil, vous préférez vous accrocher à ces blessures, vivre dans vos souvenirs et utiliser les remous provoqués par des événements passés pour vivre dans l'illusion qu'ils sont la source de votre immobilité et de votre incapacité à aller de l'avant.

Le doigt qui continue d'écrire dont parle Omar Khayyám est votre corps. Absolument rien ne peut effacer ce qu'il a écrit. Toutes vos larmes ne pourront effacer un seul mot de votre histoire. Votre intelligence, vos prières et votre piété ne peuvent altérer une seule goutte de votre sillage. Ce sillage, c'est la traînée que vous avez laissée derrière vous. Bien qu'il puisse vous être profitable de réfléchir à la signification de cette traînée, vous devez savoir au plus profond de vous que seules les pensées du moment présent, quant à la façon dont vous gérez votre sillage, sont responsables de votre situation actuelle.

On aime à répéter que les circonstances ne font pas l'homme, mais le révèlent à lui-même. Il est toujours tentant de mettre nos infortunes sur le dos du passé. C'est la voie de la facilité, car elle nous procure une excuse toute faite pour refuser de prendre les risques inhérents au fait de gouverner nous-mêmes notre bateau. *Nous avons tous*, et j'insiste là-dessus, connu des expériences et des situations pouvant servir d'excuses pour expliquer notre inaction. Le sillage de notre vie emporte avec lui les débris de notre passé. Les difficultés parentales, la dépendance aux drogues, les phobies, les abandons, les dysfonctionnements familiaux, les occasions ratées, les revers de fortune, les crises économiques et même l'ordre des naissances, brillent sous la surface du sillage de nos vies. Et pourtant, ce que le doigt a écrit, rien ne peut l'effacer.

Omar Khayyám nous rappelle, par-delà le temps, l'espace et la langue, que le passé est révolu, et que non seulement il est révolu, mais que nous ne pouvons rien faire pour le rattraper ou le rappeler. De plus, croire que le passé est le moteur de notre vie actuelle est une illusion. Ce doigt est toujours rattaché à votre cœur, et il peut écrire tout ce qu'il veut, peu importe ce qu'il a

écrit hier. Réveillez-vous et extirpez-vous de votre sillage, puis
prêtez l'oreille à la sagesse de ce célèbre fabricant de tentes !
   Les leçons essentielles de ce quatrain incluent :

- Vivez le moment présent. Coupez les liens qui vous
  relient à votre passé et qui vous servent aujourd'hui
  d'excuses. Vous êtes le produit des choix que vous faites
  présentement, et rien dans votre sillage ne peut vous
  affecter si vous écoutez la voix du sens commun.

- Chassez de votre vocabulaire tous les mots qui expriment
  le blâme. Surveillez les fois où vous utilisez des
  événements passés pour justifier votre incapacité à agir
  aujourd'hui, et dites-vous plutôt : « Je suis à présent libre
  de me détacher de ce que j'étais hier. »

- Séchez ces larmes qui symbolisent votre attachement au
  passé. La tristesse et l'apitoiement ne peuvent effacer le
  moindre fragment de votre passé. Rappelez doucement
  aux parties de vous-même qui ont été blessées que le passé
  est révolu. Tirez les leçons de ces expériences. Bénissez-
  les, car elles vous ont appris beaucoup de choses, puis
  concentrez-vous sur l'unité de travail de votre vie : le
  moment présent ! Il y a eu un passé, mais pas maintenant.
  Il y aura un avenir, mais pas maintenant. Emparez-vous de
  cette vérité millénaire et servez-vous-en pour écrire votre
  vie !

PRIÈRE

Seigneur, fais de moi un instrument de Paix
Là où est la haine, que je mette l'Amour
Là où est l'offense, que je mette le Pardon
Là où est la discorde, que je mette l'Union
Là où est l'erreur, que je mette la Vérité
Là où est le doute, que je mette la Foi
Là où est le désespoir, que je mette l'Espérance
Là où sont les ténèbres, que je mette la Lumière
Là où est la tristesse, que je mette la Joie
Ô Seigneur, que je ne cherche pas tant
À être consolé qu'à consoler
À être compris qu'à comprendre
À être aimé qu'à aimer
Car c'est en donnant que l'on reçoit
C'est en oubliant que l'on se retrouve soi-même
C'est en pardonnant que l'on obtient le Pardon
C'est en mourant que l'on ressuscite à la Vie éternelle.

SAINT FRANÇOIS D'ASSISE
(1182-1226)

Fondateur italien de l'ordre des Franciscains, saint François favorisait une approche de la religion fondée sur la joie et l'amour de la nature, où tous les êtres vivants sont nos frères et sœurs.

Cette prière est l'une des plus célèbres et des plus durables qui nous soient parvenues. Elle exprime le profond désir de tous les êtres humains d'incarner pleinement cet être spirituel qui habite notre corps matériel. Dans le texte de cette prière, saint François décrit ce qui constitue l'essentiel de notre moi supérieur. Personnellement, j'aime bien réciter cette prière en silence, mais aussi de vive voix, de temps en temps.

Je suis convaincu que vous entrez directement en contact avec saint François quand vous récitez cette prière qui a été écrite par l'un des êtres les plus divinement spirituels à avoir vécu parmi nous. La même force divine et invisible qui a circulé à travers cet homme aux douzième et treizième siècles circule également à travers vous et moi. Si vous sentez que vous avez des affinités avec l'homme qui a écrit cette prière, je vous suggère de lire ses biographies et de regarder le film intitulé *Frère soleil*. Sa vie a été une telle inspiration pour moi, comme je le mentionne ailleurs dans ce livre, que j'ai visité Assise afin de pouvoir marcher dans les mêmes forêts et prier dans la même chapelle où il a réalisé de nombreux miracles dont on a pu établir l'authenticité.

Cette prière, qui a survécu jusqu'à nos jours, parle du sens même de la prière. Pour bien des gens, prier est une façon d'implorer Dieu afin qu'Il nous accorde une faveur particulière, mais sainte Thérèse d'Avila parle de la prière de façon bien différente. Elle nous dit : « Ne demandez qu'une seule chose dans vos prières, soit de conformer votre volonté à la volonté divine. » C'est exactement ce dont il est question dans la prière de saint François. Au lieu de rechercher les faveurs d'un être qui nous serait extérieur, cette prière exprime au contraire le souhait de devenir un véhicule pour les désirs de Dieu. Pour la plupart d'entre nous, il s'agit d'un changement radical, mais aussi d'un premier pas vers l'illumination spirituelle.

Demander qu'on nous accorde la force de mettre l'amour là où est la haine, l'espérance là où est le désespoir et la lumière là où sont les ténèbres, c'est demander d'être libéré de la mesquinerie et des préjugés dont nous sommes prisonniers. C'est demander d'être l'expression du puissant amour que nous attribuons au Créateur et qui fait intrinsèquement partie de nous.

Pour ma part, j'ai récemment eu l'occasion de mettre cela en pratique.

Je jouais au tennis en double avec trois autres hommes. L'un d'eux, du côté des perdants, se comportait de manière odieuse et dérangeait tout le monde en donnant des coups de raquette sur le sol et en jurant sans arrêt. À la fin de la partie, il quitta le terrain furieux et refusa même de nous serrer la main. Tandis que les deux autres joueurs et moi-même quittions le terrain, je les entendis qui condamnaient les actions et l'attitude de l'autre homme. La tentation de me joindre à eux et de traiter l'absent de tous les noms faillit me faire oublier ces paroles : « Mettre l'espérance là où est le désespoir... la joie là où est la tristesse », ces paroles qui sont pourtant devenues une partie de moi-même tant j'aime les réciter.

Après avoir quitté le terrain, nous revîmes cet homme en colère, blessé dans son amour-propre. Je me dirigeai vers lui et mis mon bras autour de ses épaules en lui disant simplement : « Nous avons tous nos moments difficiles. » Ce n'est pas un sentiment de supériorité morale qui m'amena à poser ce geste, mais les paroles d'un homme qui avait vécu huit cents ans plus tôt, sur un autre continent, et qui s'exprimait ce jour-là à travers moi, sur ce terrain de tennis.

Quand nous savons que nous ne sommes jamais seuls, nous formulons nos prières différemment, afin de les adresser à ce avec quoi nous sommes déjà en contact : l'aspect le plus élevé et sacré de notre propre être. Si Dieu est partout, il n'y a alors pas un seul endroit d'où il est absent, y compris en nous-mêmes. Armés de cette révélation, nous pouvons prier Dieu afin qu'Il nous accorde la force morale dont nous avons besoin. Au lieu de demander d'être protégés du danger, nous demandons d'avoir la force d'être sans peur. Au lieu de demander le soulagement de nos souffrances, nous cherchons à acquérir la capacité de les transcender et de les vaincre. Nous cessons de présupposer que nous savons ce dont nous avons besoin et ce qui pourrait nous aider. Pourtant, l'expérience nous enseigne que les choses les plus profitables sont souvent celles auxquelles nous ne pensons pas. Comme l'écrivait William Shakespeare : « Dans l'ignorance de nous-mêmes, nous quémandons souvent nos propres maux, ceux que nous refusent les sages autorités pour notre propre bien. »

La prière de saint François est une façon de s'exercer à mettre en pratique dans notre vie quotidienne le réconfort, la compréhension, le pardon et l'action. Nous en sommes tous capables, et il nous arrive d'ailleurs régulièrement de le démontrer. Néanmoins, *la plupart du temps*, nous demandons aux autres, y compris à cet être que nous croyons distinct de nous-mêmes appelé Dieu, de *nous* consoler, de *nous* comprendre, de *nous* pardonner et de *nous* fournir ce dont nous avons besoin.

En récitant cette petite prière, nous nous engageons sur la voie d'une véritable croissance spirituelle. Nous laissons notre ego derrière nous, en acceptant que cette partie sacrée de nous-mêmes soit une force dominante dans notre vie. Cette prise de conscience, extrêmement intime et pourtant quasi universelle, peut amener d'incroyables transformations dans nos vies si nous nous en servons pour entrer en communion avec cet infini auquel nous demandons humblement la force et le courage de vivre conformément aux principes exposés par saint François.

J'ai toujours aimé cette histoire du maître qui dit à un jeune avatar particulièrement avancé sur le plan spirituel : « Je te donnerai une orange si tu es capable de me dire où se trouve Dieu ! » Le jeune homme répondit : « Je vous donnerai deux oranges si vous êtes capable de me dire où Dieu n'est pas ! » La morale de cette histoire : Dieu est partout. Lorsque vous priez Dieu, vous priez une présence puissante et éternelle qui est une partie de vous-même. Communiez avec cette présence en chassant toute idée de séparation entre elle et vous, puis mettez en pratique les divines paroles de saint François, le plus souvent possible. Pour conclure cet essai, voici ce qu'écrivait Ralph Waldo Emerson au sujet de la prière :

« La prière pour arriver à ses propres fins est un vol et une mesquinerie, et suppose un dualisme entre la nature et la conscience. Dès que l'homme prend conscience qu'il ne fait qu'un avec Dieu, il cesse de supplier pour voir la prière dans toute action. »

Je vous suggère de mettre en pratique les paroles de saint François en intégrant les idées suivantes à votre vie de tous les jours :

- Prenez l'habitude de réciter en silence cette prière tous les jours. Le simple fait de prononcer ces paroles vous aidera à agir conformément à l'esprit de cette prière au cours de la journée.

- Si quelqu'un vous offense, qu'il s'agisse d'un membre de votre famille ou d'un inconnu, avant de répliquer, demandez-vous : « Ce que je suis sur le point de dire est-il motivé par mon besoin d'avoir raison ou mon désir d'être aimable ? » Choisissez la réponse motivée par votre désir d'être aimable, même si votre ego s'y objecte de quelque façon.

- Exercez-vous à mettre l'amour là où règne la haine, en particulier quand vous lisez les journaux ou quand vous regardez le journal télévisé. En semant l'amour, même si cela peut sembler difficile, vous contribuez à éradiquer la haine de notre monde, mais vous devrez faire preuve d'une grande vigilance pour surmonter le conditionnement culturel qui vous a appris que nous devons rendre « œil pour œil, dent pour dent. »

- Regardez dans votre cœur et dressez la liste de tous ceux qui vous ont blessé, d'une façon ou d'une autre, au cours des ans. Semez le pardon là où est la douleur. Le pardon est à la base même de l'éveil spirituel, et c'est ce dont parle saint François d'Assise dans sa divine prière.

LE CHAGRIN COMME BÉNÉDICTION

Je vis le chagrin qui buvait un verre de tristesse et l'interpellai : « Elle a un goût sucré, n'est-ce pas ? » « Tu m'as démasqué, répondit le chagrin, et tu as ruiné mon entreprise. Comment puis-je vendre de la tristesse à ceux qui savent qu'elle est une bénédiction ? »

JALALUDDIN RÛMI
(1207-1273)

Poète mystique persan et saint soufi, Jalaluddin parle du pur amour que nous pouvons éprouver, par-delà notre ego, dans cette union extatique avec Dieu dont se languit notre âme.

Comme nous aimons avoir du chagrin ! Nous lisons même des livres qui traitent de l'importance du processus de deuil, puis nous allons jusqu'à penser que le chagrin est une étape nécessaire pour surmonter nos malheurs et retrouver notre santé mentale. Mais Jalaluddin Rûmi, un poète mystique du treizième siècle, qui rédigea son œuvre sur le territoire actuel de l'Afghanistan, nous envoie un tout autre message du fond du Moyen Âge. Il nous suggère que le chagrin est une bénédiction et non quelque chose que nous devons tolérer comme s'il s'agissait d'un mal nécessaire. Ce n'est pas quelque chose de douloureux, mais plutôt une occasion de boire le doux nectar distillé par les moments les plus sombres de notre vie.

Pour la plupart d'entre nous, avoir du chagrin est une façon de réagir à un malheur ou à un événement tragique, une façon naturelle de contrer la douleur que nous éprouvons. Mais si nous comprenions la sagesse des paroles de Rûmi, nous serions capables de transformer ce chagrin en quelque chose de doux et de sucré.

L'un des plus grands enseignements de ma vie m'est venu de mon exploration de la kabbale, un texte mystique du judaïsme remontant à plusieurs siècles, comme les enseignements de Rûmi. C'est une leçon fort simple : « Nos chutes nous procurent l'énergie dont nous avons besoin pour nous propulser à un niveau supérieur. » Je lus et relus à plusieurs reprises ce magnifique exemple de sagesse antique. Et tandis que je laissais ces sages paroles soulager l'angoisse des moments les plus douloureux de la vie, je décidai de les mettre en pratique chaque fois que j'éprouverais de la tristesse et du chagrin. Et c'était bien vrai : chaque chute s'est révélée une occasion de générer l'énergie nécessaire pour atteindre un niveau de conscience supérieur. Chaque plongée dans le désespoir porte en elle l'énergie pour aller encore plus haut.

Combien de fois dans votre vie le désespoir – qu'il ait été provoqué par un accident, une maladie, un désastre financier, une rupture, un incendie ou une inondation, une reprise immobilière ou un décès – vous a-t-il plongé dans l'angoisse, la colère, le déni et le chagrin ? Comme la plupart d'entre nous, vous avez sombré dans la tristesse et ressenti le besoin de partager avec les autres votre infortune. Finalement, après une longue période de temps, vous avez commencé à remonter la pente et à accepter ce qui vous était arrivé.

À présent, supposons que vous sachiez que ces événements qualifiés par vous de malheur ou de chute devaient se produire exactement comme ils se sont produits. Supposons que vous sachiez que vous deviez faire l'expérience de ces événements qui ont provoqué chez vous tristesse et chagrin. Supposons finalement que vous aviez le choix d'agir ou non en conformité avec cette nouvelle prise de conscience. Il ne fait pas de doute que ces suppositions contredisent tout ce que l'on vous a enseigné sur la façon de réagir à une catastrophe ou à un décès. Je ne vous dis pas d'ignorer vos propres émotions, mais les observations de Rûmi montrent qu'il est possible de réagir différemment à ce genre de circonstances. Et c'est pourquoi je vous encourage à accueillir ce don et cette douceur qu'est *aussi* la tristesse.

L'univers est un système intelligent dont nous sommes une partie intrinsèque et où rien n'arrive par accident. Il y a quelque chose à tirer de cette tristesse, ici et maintenant. Vous pouvez assimiler cette leçon et goûter à la douce certitude du mystère. Il ne s'agit pas de faire semblant d'aimer les tragédies, mais simplement de vous en servir pour générer l'énergie dont vous avez besoin pour atteindre de nouveaux sommets dans votre vie. Vous pouvez interpeller votre tristesse, comme le fit Rûmi huit cents ans plus tôt, et vous dire : « Elle a un goût sucré, n'est-ce pas ? » Autrement dit, il y a quelque chose à tirer de cette tristesse, dans l'immédiat, et je vais boire à sa santé et ainsi ruiner l'entreprise de ces marchands de chagrin.

Dans les sociétés dites primitives, la mort est une occasion de célébrer, car ces gens savent que même en temps de deuil et de chagrin, personne ne peut remettre en question le moment de notre naissance et le moment de notre mort. Tout est ordonné par le divin ! Peut-être trouvons-nous un certain réconfort dans la célébration de cette tristesse et dans la constatation que tout cela fait partie de la perfection de notre univers, issu de cette intelligence invisible et structurante qui circule dans toutes les cellules de la création, y compris dans les nombreuses expériences douloureuses que nous connaîtrons au cours de notre vie.

Quand j'étais étudiant, je pratiquais le saut en hauteur au sein de l'équipe d'athlétisme de mon école secondaire. Je ne dirai rien des hauteurs que je franchissais, car depuis la sortie d'un certain film, nous savons tous que les blancs ne savent pas sauter ! Néanmoins, je me rappelle l'époque où j'avais l'habitude de placer la barre, de reculer de dix à quinze mètres, de courir à toute vapeur vers la barre, puis de m'abaisser le plus bas possible afin de générer l'énergie supplémentaire qui allait me permettre de m'élever au-dessus de la barre. En m'abaissant, je pouvais sauter plus haut. Ma pratique de l'athlétisme à l'école secondaire renvoie une image analogue à celle de Rûmi. C'est le message de la kabbale et c'est le message que je vous adresse aujourd'hui.

Le chagrin, lorsqu'il se résume à l'expérience d'un sentiment de tristesse et d'affliction, vous maintient dans les profondeurs de votre effondrement. Il vous immobilise et fait peser sur vous le poids de la culpabilité et de l'angoisse. À l'inverse, quand vous savez que le désespoir est en fait une douce bénédiction, vous court-circuitez le processus qui engendre chagrin et tristesse, et cet effondrement vous aide à reprendre votre aplomb afin que vous puissiez vous élever au-dessus des fondrières inhérentes à la vie sur terre.

Voici quelques issues au dilemme chagrin et tristesse :

- Arrêtez-vous quand vous éprouvez du chagrin et dites-vous d'une voix ferme : « Suis-je obligé de souffrir ainsi, à l'intérieur comme à l'extérieur, à cause de ce malheur que je finirai par considérer comme une bénédiction ? » Écoutez, puis agissez conformément à la réponse que vous aurez reçue. Quoi qu'il arrive, vous aurez découvert qu'il est possible d'apporter une réponse plus constructive au désespoir.

- Exercez-vous afin d'être capable d'exprimer honnêtement les émotions que suscite en vous un malheur, sans croire que vous devez pour cela éprouver du chagrin. Il est possible de vivre un malheur, d'en parler, tout en étant conscient qu'il s'agit *aussi* d'une bénédiction. N'exigez aucun changement immédiat. Acceptez les choses comme elles sont, mais en acceptant également la possibilité d'adopter un comportement différent.

- Peut-être avez-vous accepté l'idée que le chagrin et la tristesse soient deux choses inséparables parce qu'on vous a enseigné que toute autre attitude serait considérée comme distante et inhumaine. Mais quand vous aurez compris que toute chute est en fait une bénédiction et que tous nos malheurs font partie d'un plan divin, vous apprendrez progressivement à adoucir votre peine et acquerrez l'énergie nécessaire pour vous élever vers de nouveaux sommets, dans toutes les sphères de votre vie.

ÉQUILIBRE

Éloignez-vous de temps en temps,
　　détendez-vous un peu,
　　et Votre jugement sera plus sûr
　　quand vous retournerez
　　à votre travail ;
　　car un travail ininterrompu
　　finira par altérer
　　votre jugement...

Prenez suffisamment de recul
　　et votre travail vous apparaîtra plus petit
　　et vous pourrez plus facilement l'embrasser
　　d'un seul regard,
　　et voir si l'harmonie
　　ou les proportions de l'ensemble
　　laissent à désirer.

LÉONARD DE VINCI
(1452-1519)

Peintre, sculpteur, architecte, musicien, ingénieur, mathématicien et scientifique italien, Léonard de Vinci fut l'un des plus brillants esprits de l'histoire de l'humanité.

Quand un homme de la stature de Léonard de Vinci nous donne un conseil, je suis, pour ma part, tout ouïe. Considéré par de nombreux historiens comme l'esprit le plus curieux de tous les temps – voilà ce que j'appelle un compliment ! – ses réalisations sont tout bonnement prodigieuses. On lui attribue également le mérite d'avoir été l'instigateur de la Renaissance, période histori-que qui marque la fin du Moyen Âge.

Léonard voyait des mystères partout et allait jusqu'au fond des choses pour les résoudre. Il étudia la terre et les cieux, nota le mouvement des astres et dessina les plans d'une machine volante, quatre cents ans avant l'invention du premier avion. Architecte et artiste chevronnés, Léonard se plongea également dans l'étude de la nature et de la personnalité humaine. Ses portraits témoignent d'une maîtrise demeurée inégalée et d'un réalisme où est capturée l'essence même de ses sujets. Des volumes entiers sont consacrés à l'étude de la magnifique fresque intitulée *La Dernière Cène*. Aucun sujet n'échappa à la curiosité de Léonard, et dans la citation présentée ci-dessus, il vous offre un outil pour développer votre propre créativité.

Quand nous nous arrêtons à l'extraordinaire quantité d'œuvres artistiques produites par Léonard de Vinci au cours de sa vie, il nous vient aussitôt à l'esprit l'image d'un bourreau de travail, d'une personnalité de type A qui passe tous ses temps libres à peindre, à sculpter et à inventer. Pourtant, il nous conseille quelque chose de diamétralement opposé, et que je partage entièrement. Cet homme aux talents multiples nous conseille de nous évader loin de la routine quotidienne et de prendre du recul afin de gagner en efficacité et en productivité.

Il me semble que les gens extrêmement productifs ont le sens de l'équilibre et de l'harmonie. Ils ont le sens de la mesure et savent quand prendre du recul et chasser leurs soucis du moment de leur esprit. Le mot clé est « équilibre ». Pour éviter d'être dévoré par quoi que ce soit, vous devez être capable de vous en éloigner de temps à autre. Votre travail, votre famille ou votre projet vous apparaîtront dès lors « plus petits », comme le suggère Léonard.

S'éloigner d'un point fixe nous donne en effet l'impression que celui-ci est plus petit. Mais en étant plus éloigné, vous pouvez également l'embrasser plus facilement du regard et en détecter aussitôt les faiblesses et les défauts. Même si Léonard parlait en tant qu'artiste, son conseil est encore valable aujourd'hui, quelle que soit la nature de votre travail.

J'ai découvert que je pouvais mettre en pratique le conseil de Léonard dans mon travail d'écrivain et de conférencier, ainsi que dans plusieurs autres projets. Quand je délaisse momentanément mes recherches et le bloc-notes jaune sur lequel j'écris, que ce soit pour courir sur une longue distance ou simplement pour aller à l'extérieur durant quelques jours, comme par magie, tout semble plus clair à mon retour. Je suis toujours stupéfait des idées qui me viennent après avoir laissé de côté mon travail pendant quelque temps. On dirait qu'elles se manifestent dans les moments où je me préoccupe le moins du résultat de mes recherches. Ce grand maître aux multiples talents nous dit de prendre du recul, de nous détendre, de ne pas nous acharner, de cesser la lutte et de laisser notre divin conseiller nous aider. Il dit : « Détendez-vous un peu, et votre jugement sera plus sûr quand vous retournerez à votre travail. » Une façon d'y parvenir dans notre monde moderne consiste à prendre l'habitude de méditer avant d'entreprendre toute activité importante, qu'il s'agisse de planifier une rencontre entre gens d'affaires, de se présenter à une entrevue pour un emploi, de donner une conférence ou de peindre un portrait. Le simple fait de vous laisser aller à méditer améliorera grandement votre productivité. Au cours des dix dernières années, je ne me suis jamais présenté devant un auditoire sans avoir préalablement médité, seul, durant au moins une heure (une heure étant le strict minimum.) Au sortir de ma méditation, je me rends compte que je peux m'avancer sur la scène ou prendre mon stylo en toute confiance, car je sais que je suis en contact avec la partie supérieure de moi-même, celle qui n'a peur de rien. Je peux m'observer à loisir en train de travailler, et tout semble alors couler de source, comme si la main de Dieu guidait ma langue ou mon stylo.

Quand vous décidez de prendre du recul par rapport à votre travail afin de créer un espace où vous détendre, vous invitez le divin à prendre part à votre activité. Ironiquement, moins vous vous mettez de pression pour exécuter ou compléter une tâche, plus vous semblez à même d'y parvenir. Quand vous êtes détaché du résultat que vous recherchez, vous permettez au résultat de prendre lui-même les choses en main. Ce même principe est à l'œuvre dans presque toutes les activités de loisirs.

Par exemple, sur une piste de danse, votre objectif n'est pas de vous rendre à un endroit en particulier. Vous dansez pour avoir du plaisir, et l'endroit où vous vous retrouvez est laissé au processus de la danse. De même, quand vous assistez à un concert, votre objectif n'est pas de rester jusqu'à la fin, mais de savourer chaque instant qui passe. Ce qui compte, ce n'est pas de rester jusqu'à la fin, mais le processus qui nous y amène. Imaginez que vous mangez une banane. Quel est votre but ? De la manger en entier ? Ou d'en savourer chaque bouchée ? Ceci est vrai pour tout ce que nous faisons dans la vie. Quand nous parvenons à nous détendre et à nous abandonner, nous nous laissons naturellement captiver par le processus, et le résultat apparaît comme par magie.

Léonard de Vinci nous encourage à mener une vie plus équilibrée, quelles que soient les activités auxquelles nous nous adonnons. Impliquez-vous dans vos activités, mais essayez de les apprécier pour ce qu'elles sont, plutôt que pour ce qu'elles vous apporteront en bout de ligne. De plus, n'hésitez pas à délaisser une activité quand vous sentez que votre jugement n'est plus aussi sûr. Ce faisant, vous obtiendrez une meilleure vue d'ensemble, et paradoxalement, vous stimulerez votre pouvoir créateur.

Pour mettre en pratique le conseil de cet homme remarquable :

- Exercez-vous à vous détacher du résultat de votre travail et de vos projets. Vivez le moment présent en appréciant vos

activités pour le plaisir qu'elles vous procurent
présentement, plutôt que pour leurs conséquences.

- Délaissez votre travail de temps en temps pour ne rien
  faire. Pas de contrainte de temps, pas de date limite, pas
  de réveille-matin, en fait, pas d'horloge du tout.
  Contentez-vous de vivre et remarquez le sentiment de
  liberté qui vous envahit. Prendre du recul, en vous
  libérant de toute contrainte, vous permettra de reprendre
  le collier avec plus de vitalité et un jugement plus sûr.

- Faites ce que je fais chaque fois que je me sens coincé. Je
  remets simplement tous mes tracas entre les mains de
  Dieu en Lui disant : « Je ne sais plus quoi faire et je
  n'arrive pas à trouver de réponse. Je Vous demande donc
  de m'aider à résoudre ce problème. » Simpliste ? Peut-
  être, mais cela semble toujours fonctionner. Mon esprit
  s'éclaircit et les réponses apparaissent chaque fois que je
  demande l'aide de Dieu.

- Rappelez-vous que l'un des hommes les plus productifs de
  l'histoire, un homme qui a excellé dans tous les secteurs
  de l'activité humaine, vous offre le conseil suivant :
  « Éloignez-vous de temps en temps, détendez-vous un
  peu. » S'il y a un conseil dont vous devriez tenir compte,
  c'est bien celui de cet homme aux multiples talents.

ESPOIR

Pour la plupart d'entre nous,
le danger n'est pas de viser trop haut
et de rater la cible,
mais de viser trop bas
et de l'atteindre.

MICHEL-ANGE
(1475-1564)

Peintre, sculpteur, architecte et poète italien, Michel-Ange
Buonarroti, artisan de la Renaissance italienne, est une figure
remarquable de l'histoire des arts visuels.

Au cours des vingt-cinq dernières années, j'ai régulièrement participé à des émissions de radio et de télévision qui m'ont permis de converser avec des auditeurs qui téléphonaient et se joignaient à la discussion. Les animateurs de ces émissions m'ont souvent reproché d'offrir beaucoup trop d'espoir aux gens confrontés à des situations désespérées, car selon eux, cela pourrait s'avérer dangereux. Même si leurs critiques sont bienveillantes, je n'arrive pas à comprendre pourquoi le fait d'avoir trop d'espoir pourrait être dangereux.

Quand les gens me font part d'un diagnostic médical qui exclut tout espoir de guérison, je les encourage à envisager une conclusion complètement différente. Je parle souvent de la loi qui a rendu possibles tous les miracles qui se sont produits depuis le début des temps. J'explique que cette loi n'a jamais été abrogée et qu'elle est toujours en vigueur. Je cite les cas de personnes qui n'avaient plus que six mois à vivre et qui ont surmonté leur maladie et leur diagnostic. Je reçois tous les jours des lettres de gens qui ont refusé de viser trop bas et d'endosser les espoirs mitigés de leur entourage, et qui me disent à quel point ils sont reconnaissants d'avoir reçu un message d'espoir dans un moment difficile.

Je crois que cette célèbre citation de Michel-Ange, qui mourut à quelques jours de son quatre-vingt-dix-neuvième anniversaire, et qui continua à sculpter, à peindre, à écrire et à décorer malgré son grand âge, à une époque où l'espérance de vie se situait autour de trente ans, parle précisément de l'importance d'avoir des visées et des buts élevés. Le danger n'est pas d'entretenir de faux espoirs, mais plutôt une absence ou un manque d'espoir qui nous fait réviser à la baisse nos espérances avant même que nous puissions nous en occuper et les réaliser.

Nous sommes tous concernés par cela, et pas seulement les gens qui veulent surmonter la maladie physique. Le monde est rempli de gens qui ont visé trop bas et entretenu des pensées sans envergure, et qui tentent à présent d'imposer cette façon de penser à tous ceux qui sont prêts à les écouter. Le véritable danger est d'abandonner la partie ou d'adopter pour nous-mêmes des critères de succès médiocres, ne laissant aucune place à l'espoir. Écoutez attentivement ce que Michel-Ange essaie de vous dire, cet homme que plusieurs considèrent comme le plus grand artiste de tous les temps.

Je me rappelle avoir vu le *David* de Michel-Ange à Florence et être demeuré cloué sur place. La taille, la majesté et l'énergie qui semblaient bondir hors du marbre, c'était Michel-Ange qui me disait : « Visez plus haut. » Quand on lui demanda comment il avait pu créer un tel chef-d'œuvre, il répondit que ce David était déjà présent dans le marbre, et qu'il avait simplement ciselé jusqu'à l'en libérer. Viser haut, en effet. Et parlant de hauteur, allez un jour visiter la Chapelle Sixtine où Michel-Ange passa quatre années, couché sur le dos, à peindre le plafond entre 1508 et

1512. C'était un projet que les artistes moins doués considéraient impossible, et pourtant Michel-Ange y parvint et réalisa au cours de sa vie beaucoup d'autres chefs-d'œuvre pleins d'énergie et de talent, et témoignant bien sûr de ses hautes visées.

Pratiquement toutes les œuvres de Michel-Ange expriment l'idée que l'amour aide les êtres humains à surmonter leurs conflits pour accéder au divin. Cette vérité est à l'œuvre dans les trois cents sonnets qu'il écrivit, et visible dans la façon dont il a représenté divers thèmes spirituels dans ses toiles, ses sculptures et ses plans architecturaux. Fils d'un modeste banquier italien, cet homme, qui a su entretenir des espoirs ambitieux, de grands rêves et des attentes élevées, s'est démarqué comme l'un des chefs de file les plus respectés de la Renaissance, et même de l'histoire humaine.

Il y a de cela quelques années, un jour que je traversais un village de Bali en compagnie de ma femme, les habitants nous apprirent que le travail d'un homme assis à l'entrée du village était de fabriquer des nuages. J'écoutai attentivement les villageois nous expliquer que cet homme pouvait, grâce au pouvoir de son esprit, fabriquer des nuages qui leur apportaient la pluie dont ils avaient besoin durant les périodes de sécheresse. Néanmoins, je demeurai sceptique, car mon propre conditionnement tribal me disait que la formation des nuages était hors de la portée de la conscience humaine. Mais aujourd'hui, je sais une chose par rapport à ce conditionnement : *Personne n'en sait assez pour être pessimiste.*

Il m'est arrivé de m'étendre sur le gazon avec mes propres enfants et de fabriquer des nuages avec eux, et même si nos voisins se moquent de ces fous de Dyer qui pensent pouvoir fabriquer des nuages, je finis toujours par ignorer leur pessimisme dès que j'entends l'un des enfants s'écrier : « Regarde Papa ! Mon nuage va heurter le tien ! » Je ne vois pas ce qu'il y a de mal à penser ainsi. En fait, je partage l'avis de Michel-Ange : il est beaucoup plus dangereux d'entretenir de faibles attentes à notre endroit que l'inverse.

Le conseil de Michel-Ange est tout aussi valable aujourd'hui qu'il l'était à son époque, il y a de cela cinq cents ans. N'écoutez jamais ceux qui tentent de vous refiler leur pessimisme. Ayez confiance en vos capacités de sentir l'amour qu'exhalent le *David*, *La Madone et l'enfant* et les célestes fresques qui ornent le plafond de la Chapelle Sixtine. Cet amour est un lien conscient entre vous et cet artiste qui, comme vous et tous les autres êtres humains qui ont vécu sur terre, fit l'expérience de ce sentiment universel d'unité.

Ses œuvres sont nées du message qu'il nous a légué et que j'ai reproduit au début de cet essai. Visez haut, refusez les pensées sans envergure et les attentes qui n'engagent à rien, et surtout, ne vous laissez pas séduire par cette idée absurde qu'il est dangereux d'avoir trop d'espoir. En fait, le fait d'avoir de grandes espérances vous guidera sur le chemin de la guérison et vous aidera à produire vos propres chefs-d'œuvre, qu'il s'agisse d'une fresque ou d'un panier de fruits.

Pour mettre en pratique le conseil de Michel-Ange, suivez ces règles de base :

- Refusez d'écouter ou d'intérioriser les déclarations de ceux qui se targuent de connaître vos limites. N'oubliez jamais ceci : *Quand vous vous disputez au sujet de vos limites, vous n'en retirez que de nouvelles limites.*

- Par-dessus tout, ne visez jamais trop bas et n'entretenez jamais de pensées sans envergure. Vous êtes une divine manifestation de Dieu, et à cet égard, vous êtes en contact avec ce qui provoque et crée les miracles.

- Gardez l'espoir vivant en vous rappelant cette célèbre remarque d' Einstein : « Les grands esprits ont toujours été confrontés à l'opposition violente des esprits médiocres. »

- Quand vous aurez déterminé ce qui vous intéresse dans la vie, si vous vous sentez mal équipé pour en faire une réalité, imaginez Michel-Ange à quatre-vingt-dix-neuf ans, en train de peindre, de sculpter et d'écrire. Imaginez qu'il vous explique que vous pouvez créer tout ce que vous désirez, et que le grand danger n'est pas d'avoir de trop grandes espérances, mais d'atteindre des objectifs médiocres.

POUVOIR DE L'ESPRIT

MON ESPRIT EST POUR MOI UN ROYAUME

Mon esprit est pour moi un royaume,
Tant j'y trouve de joies
Excédant toutes les autres félicités
Que le monde nous offre et fait croître dans sa bonté.
Bien que je désire ce que la plupart possèdent,
Mon esprit me garde néanmoins de tout besoin impérieux.

La pompe des princes, les richesses engrangées,
La force de remporter la victoire,
L'esprit habile qui sait guérir les plaies,
La silhouette qui charme l'œil amoureux ;
Rien de tout cela ne me fera céder,
Car mon esprit pourvoit à tout.

Je vois quantité de gens souffrir,
Et des grimpeurs trop pressés bientôt tomber ;
Je vois que les faux pas de ceux qui sont en haut,
Menacent tous ceux qui sont en bas ;
Ils endurent leur labeur et s'arrangent avec la peur :
De tels soucis mon esprit jamais ne pourra supporter.

Je vis satisfait, telle est mon enseigne,
Ne cherchant rien de plus que le nécessaire ;
Je ne supporte aucune attitude hautaine ;
Car voyez, ce qui me manque, mon esprit me l'offre.
Et ainsi je triomphe comme un roi,
Satisfait de ce que mon esprit m'apporte.

Certains en ont trop, et pourtant ils en veulent encore ;
J'en ai peu, mais cela me suffit.
Ils sont pauvres, malgré tout ce qu'ils possèdent,
Et je suis riche avec le peu que j'ai.
Ils sont pauvres, je suis riche ; ils mendient, je donne ;
Ils sont dans le manque, je laisse aller ; ils se languissent, je
     vis.

Je ne ris pas des malheurs des autres ;
Je ne leur garde pas rancune pour ce qu'ils obtiennent ;
Aucun bien matériel ne peut créer de remous dans mon
     esprit ;
Mon état d'esprit pareil à lui-même toujours demeure.
Je ne crains nul ennemi, je ne rampe devant personne ;
Je ne hais pas la vie, ni ne crains ma fin.

Certains mesurent leur plaisir à leur convoitise,
Leur sagesse à la rage de leur volonté ;
Leur trésor est leur seul confident,
La ruse, leur seul talent :
Mais pour moi, de tous les plaisirs,
Avoir l'esprit tranquille est le plus grand.

La santé et la tranquillité sont ma richesse,
Une conscience nette, mon choix de défense ;
Je ne cherche pas à plaire en soudoyant,
Ni à offenser par la supercherie.
Ainsi je vis ma vie, ainsi je mourrai ;
Que tous puissent en faire autant.

SIR EDWARD DYER
(1543-1607)

Poète anglais de l'ère élisabéthaine, Sir Edward Dyer est mieux connu pour le lyrisme de ce premier vers « My mind to me a kingdom is. »

Sir Edward Dyer, courtisan et poète du 16ᵉ siècle, était extrêmement populaire en son temps, et pourtant seulement quelques-uns de ses poèmes lui ont survécu. Ce poème est son œuvre la plus connue, un trésor que je vous offre par-delà les siècles. Ce poème sur le potentiel de l'esprit est depuis longtemps l'un de mes préférés. Son rythme est harmonieux, il se lit facilement et semble s'adresser directement au lecteur.

Je peux vous assurer que mon affection pour ce poème n'a rien à voir avec le fait que je porte le même nom que son auteur. J'ai reçu des centaines d'exemplaires de ce poème de gens me demandant si je suis un descendant de Edward Dyer. Bien que le thème de mes livres semble parfaitement en phase avec le titre de son poème, je ne crois pas avoir de liens de parenté avec Sir Edward Dyer. Néanmoins, chaque fois que je lis ce poème, émerveillé, je ne peux m'empêcher de contempler ce royaume, celui de mon esprit.

Le poète décrit le bien-être qu'il éprouve à être détaché de tout, y compris de son propre corps, et à vivre dans le royaume d'un esprit en paix avec lui-même. Avez-vous déjà pensé à quel point votre esprit est formidable ? Vous ne pouvez ni le voir ni le toucher ; il n'a ni substance ni frontière ; il n'a sa place ni dans le temps ni dans l'espace, et pourtant il est toujours avec vous, guidant et dirigeant pratiquement toute votre vie. Voilà votre royaume, un royaume que vous et vous seul pouvez utiliser, en toutes circonstances, pour créer une dynastie de joie et de plaisir pour vous-même. L'esprit est un lieu de liberté, un endroit à l'abri de tous les envahisseurs, un refuge de rationalité quand tout se dérobe autour de vous. Voilà cet esprit invisible et pensif. Je vous invite à reconnaître ses fabuleux pouvoirs et à apprécier l'étendue de son vaste empire.

Si vous êtes irrésistiblement attiré par des choses qui peuvent vous faire du mal, rappelez-vous les mots du poète : « Mon esprit me garde néanmoins de tout besoin impérieux. » Dyer fait allusion à notre capacité de choisir. Prenez conscience que vous détenez le pouvoir de choisir. Il n'y a rien ni personne à part vous à blâmer pour vos envies et vos dépendances malsaines. Entrez dans votre royaume intérieur, là où votre esprit est capable de faire des choix qui supplanteront vos envies. Quand vous êtes aveuglé par votre désir de l'emporter à tout prix, vous pouvez blâmer les pressions que fait peser sur vous la société ou pénétrer dans ce puissant royaume et demander à votre esprit de servir le bien commun plutôt que votre ego imbu de lui-même.

Le besoin d'accumuler plus que nécessaire, de connaître le succès à tout prix et de chercher constamment l'approbation des autres, ne nous est pas imposé ; il est consécutif à la façon dont nous choisissons d'utiliser ce mystère invisible en nous : notre esprit. Edward Dyer nous dit qu'ils sont nombreux autour de nous à posséder trop de biens, et que pourtant ils en veulent encore plus. « Ils sont pauvres, malgré tout ce qu'ils possèdent, et je suis riche avec le peu que j'ai. » Il les voit vivre dans l'agonie, ne jamais être satisfaits et toujours à la poursuite de ce *plus* qui ne cesse de leur échapper. « Ils sont dans le manque, je laisse aller ; ils se languissent, je vis. »

Comme le suggère gentiment le poète, nous avons le choix d'être consumés par l'avarice et le désir de posséder, d'endurer notre labeur, d'être victimes des faux pas des autres et de vivre dans la peur ou encore de décider que « de tels soucis, [notre] esprit jamais ne pourra supporter. » Sachez que ces choix sont ceux de votre esprit. Et de personne d'autre. Le bonheur et la satisfaction sont à votre portée comme nous le suggère le poète dans ce vers : « Je vis satisfait, telle est mon enseigne, ne cherchant rien de plus que le nécessaire. »

Votre esprit est désireux et capable de vous assurer une vie de sérénité et de tranquillité. En choisissant de modifier votre façon de penser, vous pouvez commencer une nouvelle vie. En vous appuyant sur ce royaume intérieur, vous créez une vie de don, plutôt qu'une vie de manque. Dans votre esprit, vous êtes toujours libre de vivre en paix.

Vos peurs ne viennent pas de l'extérieur, mais des choix faits par votre esprit. Quand vous chassez de votre royaume les vestiges de toute une vie de conditionnement, vous pouvez même éliminer votre peur de la mort. Vous entrez dans un état de grâce, que Sir Edward Dyer décrit ainsi : « Je ne hais pas la vie, ni ne crains ma fin. »

Votre royaume est la façon dont vous utilisez votre esprit dans toutes les circonstances de la vie. Vous en êtes le roi, le souverain absolu. Personne ne peut vous troubler sans le consentement de votre esprit royal. Personne ne peut vous déprimer sans votre permission. Personne ne peut vous blesser sans votre décret.

Ce poème vous invite à ne plus jauger votre plaisir en fonction de ce que vous convoitez, à mettre fin à votre besoin de prouver votre valeur et de conquérir, et à cesser de mesurer votre succès à l'aune de vos activités mondaines pour vous tourner vers l'intérieur, vers un lieu où la tranquillité et la sérénité ne dépendent que d'une pensée. Seule une pensée vous sépare de la conclusion de ce célèbre poème : « La santé et la tranquillité sont ma richesse. »

Il y a une dernière chose à considérer dans votre royaume intérieur. Votre esprit est responsable de votre tranquillité, mais aussi de votre santé. Modifiez la façon dont vous envisagez la guérison et votre corps réagira différemment à la maladie. Dans ce royaume où règne un esprit serein et débarrassé du besoin de gagner, d'acquérir, de peiner et de convoiter, vous produisez des molécules de santé. Vous faites baisser votre pression artérielle, vous éliminez les risques d'ulcères, vous renforcez votre système immunitaire et diminuez vos chances de contracter une maladie contagieuse. Rien n'est impossible au royaume de votre esprit.

Adoptez ces paroles poétiques décrivant l'esprit comme un royaume sur lequel règne votre moi invisible. Les suggestions suivantes vous aideront à mettre en pratique dans votre vie ce merveilleux et si émouvant poème :

- Exercez-vous à contrôler votre esprit afin d'éliminer vos comportements autodestructeurs. Demandez-vous pourquoi vous avez choisi de vous laisser troubler, au lieu d'utiliser votre esprit pour créer en vous tranquillité et sérénité. Quand vous êtes déprimé ou en colère, essayez d'adopter une nouvelle façon de penser.

- Prenez le temps d'observer votre esprit et de vous émerveiller de tout ce dont il est capable. Contemplez votre royaume intérieur et refusez de laisser pénétrer dans cet espace sacré toute pensée qui pourrait le polluer.

- Rappelez-vous régulièrement que rien ni personne ne peut vous rendre malheureux sans votre consentement et que vous êtes la somme de vos choix. Pourquoi choisiriez-vous de faire de votre esprit une porcherie quand vous pouvez habiter un royaume ? Vous aussi, vous pouvez dire comme Edward Dyer : « Mon esprit est pour moi un royaume. »

- Apprenez par cœur sa conclusion : « Ainsi je vis ma vie, ainsi je mourrai », et n'oubliez pas que vous êtes le roi de votre royaume intérieur.

MISÉRICORDE

Tiré du *Marchand de Venise*

La nature de la miséricorde n'est pas qu'on la force.
Elle vient du ciel et tombe comme une douce pluie
Sur ce qui est sous elle. Et elle bénit deux fois :
Elle bénit qui la donne et celui qui reçoit.
C'est chez les plus puissants qu'elle est la plus puissante,
Et au roi sur son trône elle sied mieux qu'une couronne.
Son sceptre arbore la force du pouvoir temporel,
L'attribut de la crainte et de la majesté,
Où siègent la peur et la terreur des rois ;
Mais la miséricorde l'emporte sur le pouvoir
Du sceptre. Elle a son trône dans le cœur des rois ;
Et le pouvoir terrestre ressemble le plus au sien
Quand la miséricorde tempère la justice.
(*traduction de P. Spriet*)

WILLIAM SHAKESPEARE
(1564-1616)

*Poète et dramaturge anglais de l'époque élisabéthaine et jaco-
béenne, William Shakespeare est l'auteur de langue anglaise le
plus célèbre.*

Comment choisir parmi les œuvres d'un homme que plusieurs
considèrent comme le plus grand dramaturge et poète de tous les
temps ? Lire William Shakespeare, c'est se perdre dans une
utilisation de la langue anglaise d'une richesse et d'une inventivité

sans précédent. Mon choix s'est d'abord porté sur le monologue magistral de Hamlet où celui-ci se pose la question qui hante tous ceux qui cherchent une vérité et une compréhension supérieures. « Être ou ne pas être », telle est certainement *la* question. Toutefois, j'avais l'impression d'avoir traité ce sujet en abordant le conflit qui nous force à choisir entre souffrir les flèches d'un destin monstrueux ou prendre les armes contre une mer de problèmes, et ainsi en venir à bout.

J'ai finalement choisi cet extrait sur l'éloge du pardon, tiré du *Marchand de Venise*, car j'ai le sentiment qu'il s'agit des quatorze répliques les plus profondes et les plus réalistes jamais écrites sur cet attribut humain.

Vivre l'esprit du pardon et le mettre en pratique tous les jours est la meilleure façon de dompter nos instincts les plus primitifs tout en cultivant l'amour et la compassion. Quand quelqu'un nous blesse, notre première réaction est généralement de nous venger. Notre côté le plus brutal nous pousse à la vengeance, rarement à la miséricorde. Néanmoins, Shakespeare nous dit que cette miséricorde, qu'il présente comme un attribut de Dieu, « vient du ciel et tombe comme une douce pluie sur ce qui est sous elle. Et elle bénit deux fois. » Le premier à bénéficier du pardon ou de la compassion est celui qui l'accorde. Pour l'essentiel, ce message résume toute la sagesse de la littérature psychologique, à savoir : ayez de la compassion pour vous-même, ne vous jugez pas trop sévèrement quand vous commettez une erreur ou quand vous n'êtes pas à la hauteur de certaines attentes. Adoptez un état d'esprit qui vous permet de vous détacher de vos erreurs et de vos échecs, et d'être bon et doux avec vous-même. Pardonnez-vous d'avoir été humain, trop humain, au point d'avoir fouillé dans les recoins les plus obscurs de votre être et d'en être ressorti embarrassé et déçu de vos agissements. Accordez-vous cette miséricorde, car cette qualité, selon Shakespeare : « Au roi sur son trône elle sied mieux qu'une couronne. » Et vous deviendrez vous-même miséricordieux. Quand vous êtes capable de vous accorder à vous-même cette première bénédiction du pardon, vous vous ouvrez à la possibilité de l'offrir à celui qui reçoit.

Si vous êtes incapable d'éprouver une véritable compassion pour vous-même, vous ne serez jamais capable d'en éprouver pour les autres. Comment aimer les autres quand on ne s'aime pas soi-même ? Comment faire la charité aux pauvres quand on n'a pas d'argent ? Apprendre à éprouver de la compassion pour vous-même est possible si vous suivez le sage et astucieux conseil de mon maître Sri Nisargadatta Maharaj. Il me dit : « Le pécheur et le saint ne font qu'échanger leurs rôles. Le saint a péché et le pécheur sera sanctifié. » Nous avons tous péché, même ceux que nous appelons des saints. Quand on y réfléchit, il devient plus facile d'avoir de la compassion pour soi-même. Et une fois que vous y serez parvenu, vous pourrez exprimer votre compassion pour les autres. Voilà la double bénédiction du pardon dont parle Shakespeare.

Bien que nous craignions tous ceux qui détiennent la force du pouvoir temporel, symbolisé par le sceptre du roi, la miséricorde, comme nous le rappelle le barde, se situe au-delà de l'influence du sceptre. Il faut une qualité quasi divine pour être capable de regarder dans les yeux ceux qui se sont mal conduits envers nous ou qui nous ont blessés, d'une façon ou d'une autre, et résister à la tentation de brandir le sceptre de notre pouvoir impérial. Mais quand nous sommes capables de compassion pour ceux qui nous ont offensés, nous en arrivons à un point où « le pouvoir terrestre ressemble le plus au sien. »

En tant que parents ou adultes en position d'autorité en vertu de notre âge et de notre force physique, nous avons souvent l'occasion de déployer les symboles de notre pouvoir royal. Il est particulièrement tentant de distribuer les punitions et de nous venger quand quelqu'un nous désobéit. La compassion est souvent la dernière de nos préoccupations. Mais j'ai appris à me remémorer à quel point Dieu a toujours fait preuve de patience et de miséricorde à mon endroit, même dans les moments les plus sombres et les plus terrifiants de ma vie. Je n'ai jamais eu l'impression d'être abandonné de Dieu, même si plusieurs personnes autour de moi exprimaient tout sauf de la compassion pour mes écarts de conduite. Cette qualité quasi divine est particulièrement utile quand la miséricorde tempère la justice, au lieu de la remplacer.

Quand je dois remplir mon rôle de père auprès de mes enfants, soit qu'ils aient enfreint une règle, brisé un accord ou fait les quatre cents coups, je me rappelle ce conseil de Shakespeare nous encourageant à tempérer la justice par la miséricorde. Je leur dis que je les aime et que je sais ce que c'est que de faire des erreurs, et par conséquent je les punis en faisant preuve de miséricorde et de compassion, afin qu'ils se sentent toujours aimés une fois que cet indicent est derrière nous.

Cette notion d'être toujours miséricordieux s'applique à toutes vos relations, dans tous les secteurs de votre vie. Toutefois, faire preuve de compassion envers ceux qui vous ont offensé ou déçu ne veut pas dire accepter d'être leur victime. C'est plutôt une façon de dire : « Je vous comprends, je me préoccupe de vous et je vous pardonne, mais je ne tolérerai pas d'être traité de la sorte ou que vous pensiez que cela est acceptable. » Par la suite, vous ne ressentirez plus le besoin de vous venger ou de prouver votre supériorité. En étant miséricordieux, vous serez beaucoup moins inquiété et abattu par les comportements malveillants dont vous êtes chaque jour témoin. Vous deviendrez capable de répondre à celui qui vous a offensé par des paroles d'amour, et vous ne serez plus obsédé par la colère, la haine et finalement le désir de vous venger.

Le fait d'être toujours disposé à pardonner dans votre cœur vous permettra de vous concentrer sur les choses que vous approuvez plutôt que sur celles que vous désapprouvez. Par exemple, au lieu d'être paralysé par la colère que suscitent en vous des maux comme la faim dans le monde, portez plutôt votre attention sur ce que vous souhaitez, soit éduquer et donner à manger aux gens, et ce faisant, votre compassion vous mènera à une solution empreinte de bonté. La miséricorde que vous ressentez dans votre cœur pour vos amis et votre famille vous aidera également à vous concentrer sur la compassion plutôt que sur les représailles, à mettre en lumière un affront plutôt qu'à chercher réparation.

Comme le dit Shakespeare dans cette pièce absolument passionnante, c'est chez les plus puissants que la miséricorde est la plus puissante. Autrement dit, plus vous êtes puissant, plus votre capacité à pardonner témoigne de votre puissance, et moins vous auez à faire l'étalage de vos symboles d'autorité.

Mettez en pratique les idées avancées par l'un des plus grands manieurs de mots de l'histoire en adoptant les suggestions suivantes :

- Quand vous êtes confronté à une situation où vous devez déterminer ce qui est juste ou non, soyez conscient des deux côtés de votre propre personnalité. Le premier côté est celui du roi qui détient le pouvoir de punir, l'autre, celui de l'être miséricordieux qui offre amour et compassion d'abord et avant tout. Bien sûr, je vous encourage à rechercher la justice, mais assurez-vous de la tempérer par la miséricorde.

- Accordez-vous la compassion que vous méritez quelles qu'aient été vos actions passées. Arrêtez de vous juger aussi durement. Toutes ces erreurs et mauvaises actions étaient nécessaires afin que vous puissiez surmonter cette étape de votre vie. Soyez bon envers vous-même et chassez tous les sentiments malsains qui vous habitent.

- Une fois que vous avez fait état de vos sentiments, et que justice a été rendue, passez à autre chose. Faites-le *tout de suite* ! Ne gardez pas rancune et ne culpabilisez pas les autres en leur rappelant constamment ce qu'ils vous ont fait, cela ne ferait qu'entretenir votre propre dissonance. Passez à autre chose.

- Remettez tout ce qui vous rend confus entre les mains de Dieu. Dites simplement : « Mon Dieu, je trouve cela extrêmement difficile de pardonner, et c'est pourquoi je m'en remets à vous. Je sais que Vous me guiderez afin que je me conduise avec miséricorde et humanité. » Ce geste vous libérera de cette colère qui vous paralyse et vous aidera à voir le saint dans le pécheur, car au fond, ils ne font qu'échanger leurs rôles.

UNITÉ

Tiré de *Devotions upon Emergent Occasions*

MÉDITATION XVII

Personne n'est une île, entière en elle-même ; tout
homme est un morceau de continent, une partie du tout.
Si une motte de terre est emportée par la mer, l'Europe
en est amoindrie, tout autant que s'il s'agissait d'un
promontoire, ou que s'il s'agissait du manoir d'un de tes
amis ou le tien propre : la mort de chaque être humain
me diminue, parce que je fais partie de l'humanité ;
donc, n'envoie jamais demander pour qui sonne le glas ;
il sonne pour toi.

JOHN DONNE
(1572-1631)

*Le poète anglais, John Donne, est considéré comme l'un des
meilleurs et des plus talentueux poètes métaphysiques. Chez lui, le
paradoxe de l'union humaine entre l'esprit et la matière est un
thème récurrent.*

*P*eut-être que l'idée qui définit le mieux le mysticisme est celle
de l'unité, ici décrite de façon poignante par le poète John Donne,
au début du 17ᵉ siècle. L'idée de l'unité de la conscience et de
l'intégrité du genre humain est omniprésente dans toutes les
littératures religieuses et même dans des textes aussi anciens que
les Upanishads. La sagesse mystique ancienne nous dit que dans le

jardin des mystiques, les distinctions comme je, tu, il, nous, vous, ils, n'ont pas cours. John Donne exprime essentiellement la même idée, « Personne n'est une île », dans le premier vers de son célèbre poème. Pour atteindre un niveau de conscience supérieur et connaître la félicité, nous devons comprendre la vérité de ce premier vers, mais pour cela, nous devons d'abord nous assurer que notre ego a saisi le message.

Notre ego, qui insistera toujours pour dire que nous sommes séparés les uns des autres, nous définit essentiellement sur la base de nos frontières physiques. De plus, il nous dit que nous sommes séparés de notre environnement et que nous pouvons en faire ce que nous voulons. Pourtant, les poètes et les mystiques nous ont toujours rappelé l'existence du lien qui nous unit à tous les êtres vivants, avec lesquels nous ne faisons qu'un. Nous devons regarder sous la surface et au-delà des apparences pour saisir l'unité de la conscience dont ils parlent.

Quand nous observons notre corps, il semble être à première vue un organisme distinct des autres. Mais si nous y regardons de plus près, nous nous rendons compte qu'il est composé d'une multitude d'organes et de réseaux de fluides contenant des milliards et des milliards de formes de vie et de bactéries invisibles, travaillant de concert pour former ce que nous appelons notre corps. Pour paraphraser le poème de John Donne, nous pourrions dire : « Aucune cellule n'est une île, toute cellule est un morceau du corps, fait partie du tout ; si une forme de vie tombe malade, le tout s'en trouve amoindri. La mort ou la maladie de chaque cellule me diminue, parce que je fais partie de ce tout. »

Même si les cellules de votre foie n'entrent jamais en contact avec les cellules de votre bouche, elles sont liées entre elles et sont vitales au fonctionnement de votre organisme. C'est pourquoi chaque fois qu'une cellule est amoindrie, c'est tout votre corps qui s'en trouve diminué. Et il en va de même de l'humanité. Nous sommes les cellules de ce corps appelé humanité, et dans la mesure où nous pensons être séparés des autres, et par conséquent en compétition avec eux, nous diminuons l'humanité dans son ensemble. Les Amérindiens expriment cette idée d'unité en disant : « Aucun arbre n'a de branches assez sottes pour se battre entre elles. » De toute évidence, une cellule qui part en guerre contre ses voisines finira par détruire l'ensemble et se détruire elle-même, par le fait même. C'est exactement la façon dont se conduisent les cellules cancéreuses. En refusant de coopérer avec les cellules voisines, elles les détruisent, tout comme elles détruiront l'organisme si rien n'est fait pour les en empêcher. Un programme particulièrement stupide s'il en est un.

Dans *Devotions upon Emergent Occasions*, John Donne s'adresse à chacun d'entre nous. Il nous rappelle que nous sommes tous membres d'un même organisme et que personne ne peut survivre seul. Pratiquement tout ce qui touche notre existence dépend des autres cellules de l'organisme. Mener une existence solitaire, c'est un peu comme si votre cœur battait à l'extérieur de votre corps, coupé des artères, des veines et des autres organes qui doivent fonctionner en harmonie avec celui-ci pour vous maintenir en vie.

Imaginez une vague ou une goutte d'eau qui se voudrait distincte de l'océan. Séparée de l'océan, elle est faible, mais renvoyez-la à sa source, et elle redevient aussi puissante que l'océan. La poésie de John Donne nous rappelle à cette vérité première. Quand nous choisissons d'être des îles, complets en nous-mêmes, nous renions la puissance de notre source et nous diminuons l'ensemble de l'humanité. Mais dans le jardin des mystiques, où le « nous » supplante le « je », la guerre est une impossibilité, car sur une planète ronde, il est impossible de se dire d'un côté plutôt que de l'autre. Dans nos vies individuelles, le fait de nous voir comme des îles, ne faisant partie d'aucun ensemble, est la cause de notre incapacité à vivre pleinement les expériences les plus riches et les plus édifiantes que la vie a à nous offrir.

Quand vous vous voyez comme un être en contact avec tous ceux qui vous entourent, vous cessez aussitôt de juger votre prochain qui vous apparaît dès lors comme une personne à laquelle vous êtes relié par des fils invisibles, comme vos chevilles et vos coudes partagent la même force vitale, invisible et silencieuse. Par conséquent, le fait d'éprouver de la compassion pour les gens devient une réaction immédiate. L'humanité vous apparaît comme une grande famille, une et indivisible. À partir du moment où vous considérez les autres comme des membres de la famille, et non plus comme des concurrents ou des traîtres, vous laissez de côté vos intentions belliqueuses pour leur tendre la main avec amour.

Cette notion d'unité représente un changement majeur par rapport à ce que nous avons appris au sein de notre tribu, de notre famille et de notre pays. Notre lien identitaire passe de ce qui nous sépare à ce que nous avons en commun. Notre fixation ne porte plus sur les apparences, mais sur la découverte que nous sommes vitaux les uns pour les autres. La haine est remplacée par le désir de régler nos différends, comme l'oncologiste qui s'efforce d'éradiquer les cellules cancéreuses de l'organisme afin qu'elles ne soient plus une force dissonante à l'intérieur du corps.

J'ai découvert que je suis beaucoup plus calme et détendu quand je me remémore les premiers mots de ce passage d'une grande sensibilité. Il fut un temps où je regardais les mendiants, avec leurs petits écriteaux en carton, avec mépris, allant même jusqu'à m'exclamer afin que tous ceux à portée de voix m'entendent : « Pourquoi est-ce qu'ils ne vont pas se chercher du travail s'ils veulent de l'argent ? » Aujourd'hui, je sais qu'un lien mystérieux et même mystique m'unit à ces gens. Leur pauvreté, leur malpropreté et leur mauvaise santé nous diminuent tous, moi y compris. Par conséquent, je les bénis en silence et jure de faire plus pour éliminer ce genre de fléau de la planète, et plus important, j'éprouve de la compassion et de l'amour dans mon cœur. Cela me rappelle que nous avons besoin les uns des autres et que ce lien est plus fort que les liens tribaux qui nous unissent à notre famille immédiate.

Quand vous entendez sonner les cloches parce quelqu'un a été victime de violence, écoutez attentivement et rappelez-vous ce qu'écrivait John Donne, il y a déjà plus de quatre siècles. Pour qui sonne le glas ? Il sonne pour nous tous, et pour toi !

Pour appliquer ces idées sur l'unité de la conscience, commencez par :

- Arrêter de vous voir comme un être séparé de ceux qui souffrent partout dans le monde sur la base de votre éloignement géographique. Quand vous prenez conscience que quelqu'un souffre dans un autre pays, récitez une prière en silence pour cette personne et voyez si vous pouvez sentir dans votre cœur le lien qui vous unit à elle.

- Voir Dieu en tous et en toutes choses et comportez-vous tous les jours comme si la présence de Dieu était véritablement de la plus haute importance. Essayez de ne pas juger ceux qui ont moins d'ambition, qui sont moins pacifiques et moins bons, et prenez conscience que la haine et les préjugés sont à la racine du problème. Quand vous jugez ceux qui expriment de la haine, vous les haïssez à votre tour, vous contribuez à propager le cancer au lieu de le traiter.

- Utiliser le moins d'étiquettes possible pour vous différencier des « autres ». Vous n'êtes pas américain, californien, italien, juif, d'un certain âge, trapu, sportif ou toute autre étiquette. Vous êtes un citoyen du monde, et quand vous cesserez de mettre des étiquettes partout, vous commencerez à voir Dieu dans chaque jardin, dans chaque forêt, dans chaque maison, dans chaque créature et dans

chaque personne, et une extraordinaire tranquillité
d'esprit sera votre récompense.

TEMPS

SUR LE TEMPS

Envole-toi, Temps jaloux, va jusqu'au bout de ta course,
Agis sur les heures paresseuses qui avancent d'un pas lourd
Et qui s'écoulent avec la lenteur du plomb.
Goinfre-toi de ce que tes entrailles dévorent,
Car tout cela n'est que fausseté et vanité,
Et simples rebuts périssables.
Si légère est notre perte,
Si léger est ton gain.
Quand tu auras enseveli toute chose mauvaise,
Et quand finalement ta propre gloutonnerie t'aura consumé,
Alors, par un baiser à chacun d'entre nous,
L'Éternité accueillera notre félicité.
Nous serons inondés de joie
Quand toute chose authentiquement bonne
Et parfaitement divine,
Aux côtés de la vérité, de la paix et de l'amour,
Brillera pour toujours sur Son trône suprême.
Cette simple vision nous transporte de bonheur.
Et quand notre âme céleste s'élèvera dans le ciel,
Alors nous quitterons ce monde frustre,
Attirés par les étoiles, et toujours nous siègerons,
Ayant triomphé de la Mort, du Hasard et de toi, Ô Temps !

JOHN MILTON
(1608-1674)

La poésie et la prose de John Milton ont fait de lui l'une des figures les plus connues et les plus respectées de la littérature anglaise.

*P*endant l'élaboration de ce livre, j'ai eu la chance de lire des milliers de poèmes écrits par les plus grands penseurs de l'histoire. Le thème du temps, perçu comme un ennemi, est très populaire chez ceux qui s'intéressent au drame de la condition humaine, et en particulier chez les poètes. Parmi eux, John Milton est considéré comme l'un des plus grands, et ils sont encore nombreux aujourd'hui à parler de ce génie du 17e siècle et auteur du *Paradis Perdu*, comme du poète ayant eu le plus d'influence dans leur vie.

Il est compréhensible que le dilemme du temps soit devenu un thème récurrent puisque nous considérons que son passage est responsable de l'affaiblissement et de la destruction de notre corps. La vérité première de notre condition d'êtres de chair et de sang peut se résumer en une phrase : *Nous finissons tous par vieillir et mourir.* Cette vérité s'applique que vous soyez un poète du 17e siècle, une actrice célèbre, un homme extrêmement puissant ou une femme au foyer. Que cela vous plaise ou non, personne n'échappe à cette réalité. Et c'est ce que John Milton met en lumière dans ce poème sur le temps.

Mais il essaie aussi d'aller au-delà de l'apparente supériorité du temps, en parlant de la seule chose qui puisse vaincre son passage : l'éternité, celle qui réservera un chaleureux accueil à son âme, l'éternelle amie du poète et l'élément décisif pour connaître la félicité, la grâce et le salut. Milton décrit le temps en disant qu'il se goinfre de ce que ses entrailles dévorent, puis nous explique sur le mode poétique que tout ce qu'il engouffre est faux, vain et rebut périssable. « Si légère est notre perte (celle des humains), si léger est ton gain (celui du temps). »

Il décrit l'éternité qui nous accueille d'un baiser, et la joie que nous éprouvons à être libérés de l'emprise du temps. L'éternité nous emporte et nous introduit au caractère intemporel de la vérité, de la paix et de l'amour. Milton le dit très bien dans sa conclusion : « Attirés par les étoiles, et toujours nous siégerons, ayant triomphé de la Mort, du Hasard, et de toi, Ô Temps ! »

J'adore la façon dont il résume la question. Le poète sait que c'est tout ce dont nous avons besoin pour nous libérer de notre peur du vieillissement et de la mort.

Milton perdit la vue au début de la quarantaine et dut dicter ses poèmes à une époque où cela représentait beaucoup plus de travail qu'aujourd'hui. Il sentit les effets du temps sur sa propre vie. Pour ma part, j'aime m'imaginer John Milton, aveugle, assis dans une pièce froide aux murs de pierre, dictant et écoutant pendant qu'un assistant prend en note ses observations, et ressentant un profond sentiment de satisfaction à l'idée qu'il est en train de décrire la seule façon de triompher de son destin terrestre.

Lisez le poème de Milton attentivement. Vous y entendrez le faible murmure du temps qui vous souffle à l'oreille : « Vous finirez vous aussi par vieillir et mourir. »

Mais puisque tout dans notre monde physique est en constante mutation, et puisque tout ce dont nous faisons l'expérience par l'intermédiaire de nos sens est fermement ancré dans la temporalité et finit par se consumer du fait de sa propre gloutonnerie, il me semble qu'il possible de connaître la joie et de quitter ce monde frustre dès maintenant, sans avoir pour cela à attendre le moment de notre mort. Je crois qu'il est de notre ressort de vivre chaque jour dans la vérité, la paix et l'amour, et de sourire plutôt que de frissonner à l'idée du passage du temps. Nous pouvons, collectivement, faire un pied de nez au temps, car notre principal pôle d'identification n'est pas le temps, mais des concepts intemporels comme l'amour, la vérité et la paix. Votre moi éternel n'a peur ni du vieillissement ni de la mort.

J'aime bien savoir que je peux m'adresser au temps en m'appuyant sur la vérité, l'amour et la paix au cœur de mon être intemporel et qu'il n'est pas nécessaire de mourir pour connaître les joies de l'éternité. Je célèbre mon triomphe tous les jours en vivant, dans la mesure du possible, une vie axée sur la vérité, la paix et l'amour, et en me rappelant que cette joie dont parle Milton est à moi, aujourd'hui même, et non dans quelque avenir lointain !

Examinez votre moi physique et tout ce qu'il possède, et exercez-vous à vous en moquer gentiment. Tout cela, le temps vous l'a prêté et vous le reprendra. Vous avez peut-être remarqué en lisant les œuvres des grands poètes qui ont vécu avant vous que ce thème revient régulièrement sous leur plume. La lutte semble souvent engagée entre la vie et la mort, le hasard et la liberté de choisir. Et bien sûr, entre le temps et l'éternité. Néanmoins, vous vivez ici et maintenant et vous pouvez cesser de percevoir la vie comme un champ de bataille. Faites la paix avec le temps. Moquez-vous de son œuvre, et sachez que ce rire ne fait pas de vous une victime. Observez de votre promontoire éternel que l'observateur est immunisé contre le temps.

Sentez ce que Milton essaie de vous faire comprendre malgré sa cécité et son corps vieillissant. Un sentiment de triomphe. Savoir que l'âme est là où notre félicité réside. « Alors nous quitterons ce monde frustre, attirés par les étoiles, et toujours nous siégerons. » L'éternité englobe le présent !

Pour transcender la dualité temps/éternité, pratiquez tous les jours la trilogie de Milton :

- *Vérité.* Vivez la vérité dont vous trouvez les échos en vous, sans vous soucier de la façon dont vous avez été conditionné ou de ce que les autres pourraient en penser.

- *Paix*. Prenez la décision de toujours choisir ce qui vous apporte, à vous et aux autres, un sentiment de paix intérieure et extérieure.

- *Amour*. Soyez une force d'amour aussi souvent que possible et réprimez les pensées porteuses de haine, de préjugés et de colère chaque fois qu'elles remontent à la surface.

L'intemporalité de la vérité, de la paix et de l'amour vous fournit les outils dont vous avez besoin pour regarder le temps droit dans les yeux et lui dire avec conviction : « Je ne te crains pas, car je suis éternel et jamais tu ne pourras m'atteindre. »

HUMILITÉ

SOLITUDE

Heureux celui dont les souhaits et les soins
Se limitent à quelques hectares de terre paternelle,
Satisfait de respirer l'air de son pays natal
    Sur son propre sol

Dont les vaches donnent du lait, dont les champs donnent du
    pain,
Dont les troupeaux lui fournissent ce dont il a besoin pour se
    vêtir ;
Dont les arbres lui donnent de l'ombre en été,
    Et du bois de chauffage en hiver.

Béni celui qui voit doucement passer dans l'insouciance,
Les heures, les jours et les années,
Jouissant de la santé et de la tranquillité d'esprit ;
    Calme durant le jour,

Dormant à poings fermés durant la nuit.
Une vie d'étude et d'aisance, de douces récréations
Et d'innocence, qui par-dessus tout me plaît,
    Faisant une large place à la méditation.

Ainsi permettez-moi de vivre, invisible, inconnu ;
Et sans me regretter laissez-moi mourir,
Volé à ce monde, et que pas une seule pierre
    N'indique où je gis.

ALEXANDER POPE
(1688-1744)

*Poète et satiriste anglais, Alexander Pope était la terreur littéraire
de son époque et l'exemple même du néo-classicisme anglais.*

À première vue, ce célèbre poème d'Alexander Pope semble
porter uniquement sur l'importance de trouver la paix et la
tranquillité comme condition préalable au bonheur. Et en effet, il
s'agit d'un thème omniprésent dans l'œuvre de ce poète du 18e
siècle qui vécut dans la forêt de Windsor près de Londres. Pope,
qui souffrait d'une déviation de la colonne vertébrale et de
tuberculose qui limitèrent sa croissance à 1,50 mètres, endura
toute sa vie de terribles migraines. Sa difformité et sa maladie le
rendirent particulièrement sensible à la douleur physique et
mentale, ce qui explique en partie pourquoi la solitude, la nature
et l'autosuffisance, loin du bruit et de la fureur de la foule, sont
des thèmes récurrents dans sa poésie.

Notre monde naturel, en cette fin de vingtième siècle, est fort
différent de celui que connut Pope trois cents ans plus tôt, d'où
l'extrême importance de son message poétique. De nos jours,
« respirer l'air de son pays natal, sur son propre sol » signifie
souvent se faire brûler les yeux par le smog urbain et respirer des
émanations nocives et des polluants atmosphériques. Les gens
autosuffisants, capables de vivre du lait de leurs vaches, de tisser la
laine de leurs moutons et de se chauffer l'hiver grâce aux arbres
qui les abritent du soleil durant l'été, se font rares. De plus, ils
sont encore moins nombreux, ces gens bénis, qui peuvent voir
passer « dans l'insouciance, les heures, les jours et les années,
jouissant de la santé et de la tranquillité d'esprit. »

De notre côté, nous constatons plutôt que notre santé se
détériore, en raison des maladies environnementales, du stress et
d'un monde de plus en plus bruyant où les véhicules de
construction, les souffleurs de feuilles, les bulldozers, les
marteaux-piqueurs, les camions et les sirènes harcèlent constamment nos sens. Le conseil de Pope, même s'il date de quelques

siècles, a certainement gardé toute sa pertinence dans le monde d'aujourd'hui.

Les trois premiers vers de ce poème font allusion à notre besoin de respirer de l'air pur, de parvenir à l'autosuffisance et de savourer quelques moments de solitude et de calme durant la journée. Je vous encourage à faire tout votre possible pour intégrer ces trois éléments à votre vie, quel que soit l'endroit où vous vivez. Prenez le temps de quitter la ville et de renouer avec la nature ; le bonheur vous y attend dans quelque petit coin tranquille.

À la quatrième strophe, Pope décrit sur le mode poétique comment en arriver à dormir à poings fermés en mélangeant récréation, innocence et méditation. Comme j'ai parlé ailleurs dans ce livre de l'importance de la méditation, je n'y reviendrai pas. Notez toutefois que certains des ingrédients nécessaires à une vie heureuse – l'étude, l'aisance, la détente et l'innocence – sont valables en tout temps et en tout lieu. Quand je m'accorde la liberté d'étudier des choses qui m'intéressent, de me détendre, de jouer au tennis, de nager ou de courir durant la journée, j'éprouve cette innocence « qui par-dessus tout me plaît », et en particulier lorsque je viens de méditer.

Les quatre strophes de « Solitude », le plus célèbre poème d'Alexander Pope, avant la rédaction de « The Rape of the Lock », présentent différentes façons de parvenir au bonheur. Elles constituent un appel à communier avec un environnement naturel et sans stress. Je vous encourage à tenir compte de ce conseil poétique, même si vous vivez dans un cadre urbain, surpeuplé et bruyant. Pour ma part, je suis irrésistiblement attiré par la dernière strophe de ce poème : « Ainsi permettez-moi de vivre, invisible, inconnu. »

J'ai eu le rare privilège d'être en présence d'avatars et d'êtres divins. Je n'oublierai jamais ma rencontre avec ces êtres extrêmement évolués qui ont su soumettre leur ego et vivre en silence comme des sages, réticents à baigner dans la lumière de leur propre divinité. En fait, ils ont littéralement choisi de disparaître en tant qu'êtres de chair et de sang. Ils ne cherchent jamais à s'attribuer le mérite de leurs extraordinaires dons, qui doit, selon eux, revenir entièrement à Dieu. Lorsqu'on demanda à saint François d'Assise, le grand guérisseur du 13ᵉ siècle, pourquoi il ne guérissait pas son propre corps malade, il répondit qu'il voulait démontrer à tous qu'il n'était pas réellement l'auteur de ces guérisons miraculeuses.

Pour moi, la grandeur et le bonheur se mesurent à notre capacité à dompter notre ego, au point de ne plus avoir besoin de nous attribuer du mérite, de ne plus avoir besoin de la gratitude ou de la reconnaissance des autres, de devenir indifférents à l'opinion des gens et de se contenter de faire ce que nous avons à faire, simplement parce qu'il s'agit de notre mission. Être vraiment honnête et magnanime, être capable de donner de façon anonyme et de résister à la tentation d'en être félicité, est très joliment exprimé dans le classique du cinéma *Une Obsession magnifique*. Une fois que nous n'avons plus besoin de gloire, nous faisons l'expérience d'un nouveau genre de liberté. Et comme le dit le poète : « Et sans me regretter laissez-moi mourir, volé à ce monde, et que pas une seule pierre n'indique où je gis. »

J'ai ressenti cela en présence de la véritable grandeur. C'est une sorte d'humilité qui devait, je l'imagine, habiter des êtres comme Jésus de Nazareth, Bouddha et Lao-Tseu. Quand je pris place devant Mère Meera — un maître divin né en Inde, mais vivant aujourd'hui en Allemagne — et regardai dans ses yeux divins, je vis un être si dépourvu d'ego qu'elle me toucha sans même prononcer une seule parole, et je ressentis au plus profond de moi qu'elle n'avait et n'aurait jamais besoin qu'on lui témoigne de la reconnaissance pour son incroyable spiritualité. Quand Carlos Castaneda parle de ses relations avec les Naguals, les grands maîtres spirituels, il insiste toujours sur leur désir d'anonymat et d'humilité. Ces maîtres, qui ressemblent à des gens tout à fait ordinaires, possèdent une sensibilité extraordinaire et mènent une vie profonde, mais empreinte d'humilité, toujours présents, mais passant presque inaperçus. Voilà les qualités paradoxales que je retrouve dans la dernière strophe du poème d'Alexander Pope. Apprenez à vivre sans attirer l'attention et dans l'anonymat, débarrassé du besoin de vous faire remarquer. Faites ce que vous avez à faire parce que vous vous sentez appelé par cette tâche, puis retirez-vous dans la dignité et le calme.

Ma première rencontre avec mon maître actuel, Guruji, débuta par un long silence qui dura près d'une heure. Toute parole aurait été superflue. Quand on me demanda plus tard d'enseigner un cours sur la méditation, jamais il ne fit allusion à ce que je lui devais. Les grands maîtres savent l'importance de l'anonymat et de l'humilité.

Personne n'a aussi bien résumé cette idée que Lao-Tseu, ce maître de la Chine antique, à qui je consacre un chapitre entier dans ce livre. Il nous rappelle : « Toutes les rivières se jettent dans l'océan parce que celui-ci se trouve plus bas qu'elles. Voilà le pouvoir de l'humilité. »

Pour mettre en pratique la sagesse d'Alexander Pope, je vous suggère de vous pencher sur les idées suivantes :

- Accordez-vous des moments de solitude au cours de la journée où vous ne faites que demeurer en silence. Si possible, chassez les bruits stridents de la vie moderne en faisant jouer de la musique classique à bas volume dans votre maison ou votre entreprise. Ce qu'on appelle « l'effet Mozart » apporte un réel sentiment d'équilibre et de calme qui stimule la productivité et diminue le stress.

- Allez renouer avec la nature, écoutez le bruit des animaux et des oiseaux, du vent et des vagues, en respirant lentement et profondément un air non pollué. La nature sauvage est encore la meilleure cure de rajeunissement qui soit.

- Inscrivez-vous à un cours de yoga ou utilisez un enregistrement vidéo pour apprendre les mouvements de base qui vous aideront à ramener l'harmonie dans votre corps. Pratiquez le yoga tous les jours.

- Apprenez à donner anonymement à tous ceux qui sont dans le besoin, sans rechercher leurs louanges. Développez, vous aussi, cette obsession magnifique dont je parlais plus tôt. Je vous recommande également de visionner les films *Une Obsession magnifique* et *Frère soleil*, qui racontent la vie de saint François d'Assise et sa transformation en un esprit généreux d'une extrême humilité.

- Rappelez-vous cette pensée métaphysique de Henry David Thoreau, qui résume parfaitement le message du poème de Pope : « L'humilité, comme les ténèbres, révèle les lumières célestes. »

VÉRITÉ/BEAUTÉ

ODE À UNE URNE GRECQUE

Ô formes attiques ! Splendides attitudes ! Avec une dentelle
Ciselée d'hommes et de jeunes filles de marbre,
Avec des branches de forêt, avec l'herbe foulée,
Toi, forme silencieuse, tu nous empoignes et jettes loin de la
    pensée
Comme le fait l'Éternité : Pastorale froide !
Lorsque le vieux temps saccagera cette génération,
Toi, tu resteras au milieu d'autres malheurs
Que les nôtres, comme une amie de l'homme à qui tu dis :
La Beauté, c'est la vérité ; la vérité, c'est la Beauté ; sur la
    terre
Voilà tout ce que vous savez, tout ce que vous avez besoin de
    savoir.
(Traduit par Armand Robin)

JOHN KEATS
(1795-1821)

*Probablement le poète romantique anglais le plus doué de sa
génération, John Keats abandonna la pratique de la médecine
pour se consacrer à la poésie.*

Quelque chose dans l'univers survit à nos vies individuelles de
simples mortels. Nous ne savons pas exactement quelle est cette
chose qui nous laisse perplexe, mais elle a inspiré le jeune John
Keats à écrire son célèbre poème *Ode à une urne grecque*. Au

moment où le poète contemplait les deux amoureux qui ornent cette urne, il était lui-même confronté à la mortalité. Son frère venait de mourir dans la jeune vingtaine et ses propres problèmes de santé devaient lui coûter la vie l'année suivante, à l'âge de vingt-six ans. Ce morceau choisi est la cinquième et dernière strophe du poème *Ode à une urne grecque*, que le poète a choisi de conclure par deux vers qui résument parfaitement une approche transcendante de l'existence, mettant en lumière la véritable source du bonheur.

Je pense au message qui est au cœur du poème de John Keats tous les jours, chaque fois que je regarde par la fenêtre de mon bureau. Il y a deux mois, mon fils et moi avons nettoyé le petit boisé situé devant la maison où j'écris. Nous avons taillé les arbustes, coupé les arbres morts et donné une coupe de cheveux radicale aux buissons qui bordent l'entrée. Devant ma fenêtre, nous laissâmes ce qui semblait être le tronc d'un petit arbre mort à l'écorce décolorée, mesurant à peine un mètre de haut. Comme nous n'avions pas de pelle sous la main, nous décidâmes de remettre l'opération au lendemain. Mais une chose en amenant une autre, je dus quitter la ville pour une tournée de conférences et personne ne repensa à ce bout de bois planté dans le sol. À mon retour, il y avait des pousses sur les branches de ce petit arbre desséché et je décidai de laisser la pelle là où elle était.

Aujourd'hui, quand je regarde par ma fenêtre, j'aperçois des milliers de boutons en fleurs, des feuilles vertes et des branches là où il n'y avait qu'un bout de bois planté dans le sol. C'est un spectacle magnifique. La force vitale, invisible pour les yeux, c'est l'éternité à laquelle Keats fait allusion quand il écrit : « Lorsque le vieux temps saccagera cette génération, toi, tu resteras au milieu d'autres malheurs que les nôtres. » Et effectivement, ce toi est l'ami de tous ceux qui disent : « La Beauté, c'est la vérité, la vérité, c'est la beauté, sur la terre voilà tout ce que vous savez, tout ce que vous avez besoin de savoir. »

La force vitale qui a ramené à la vie ce qui semblait être un morceau de bois mort, c'est ce que nous appelons, tout simplement, la vérité. Bien sûr, chacun d'entre nous peut voir à sa façon cette vérité, ainsi que toutes celles que parvient à manifester pour nous l'éternité. Cependant, John Keats nous suggère d'identifier la beauté à la vérité et la vérité à la beauté… un point, c'est tout ! La beauté est au cœur de cette forme silencieuse et éternelle qui est notre vérité. Prenez conscience que ce « toi » est un don de la beauté, et vous ferez la paix avec tous les aspects de votre vie.

Au cours de l'histoire, les poètes, les philosophes et les scientifiques ont associé la beauté à la sérénité qui découle d'une vie pleinement vécue. Selon le Dr Abraham Maslow, être capable d'apprécier la beauté est une caractéristique de niveau élevé, observable chez les gens particulièrement fonctionnels. Maslow, qui fut l'un des premiers à étudier notre potentiel pour la grandeur, est parvenu à identifier certains traits spécifiques chez les personnes extrêmement fonctionnelles et autoactualisées.

Maslow appelle cet état de conscience ancré dans la sérénité « autoactualisation ». Peut-être Maslow avait-il pressenti que cet état était étroitement lié à la vérité. Emerson disait de la beauté qu'elle était « l'écriture de Dieu », « un sacrement au bord de la route », et il nous exhorte d'ailleurs « à ne jamais manquer une occasion de voir tout ce qui est beau. » Keats semble aller encore plus loin que la simple appréciation de la beauté en parlant d'une équation entre beauté et vérité.

Donc, qu'est-ce que la vérité ? La vérité, c'est d'abord et avant tout ce qui constitue pour vous le réel. Et ce qui est réel, c'est ce dont vous faites l'expérience avec vos émotions et vos sentiments. Par conséquent, si vous sentez que cela est vrai parce que vous le savez et que vous en avez fait l'expérience, ce n'est pas seulement la vérité, c'est aussi la beauté qui se manifeste. Éprouver le sentiment d'avoir réussi est beau et vrai. Témoigner son appréciation à un être cher est beau et vrai. Vos sources d'inspiration sont vraies, donc belles. Quand vous choisissez de voir les choses sous cet angle, cette étincelle de vie invisible et éternelle dont Keats dit qu'elle est l'amie de l'homme vous apporte la vérité, et par conséquent, la beauté.

Chaque fois que je regarde par la fenêtre de mon bureau et que j'aperçois ce que j'avais cru être une souche morte, je ne peux m'empêcher de penser que cette force vitale qui s'exprime là sous la forme de bourgeons, de feuilles et de branches, circule également en moi. Voilà ma vérité. Je partage cette force vitale et éternelle avec un bout de bois planté dans le sol, sachant qu'elle restera parmi ceux qui me succéderont quand ma génération retournera à la poussière. Il n'y a pas de plus grand mystère, et pourtant, c'est notre vérité, et par conséquent je choisis de l'appeler beauté.

Je sais dans mon cœur que si nous pavions toute la surface de la planète, ce « toi » dont parle Keats ferait pousser une touffe d'herbe à travers le bitume. Ce « toi » éternel ferait encore une fois éclore la beauté. Rien ne peut l'arrêter. Voilà la vérité. Et c'est aussi *votre* vérité. Pour paraphraser Keats, je dirai que sur terre, c'est tout ce que vous avez besoin de savoir.

Lorsqu'un cœur s'ouvre à l'expérience de la beauté de la vérité, la solution à l'une des énigmes les plus difficiles – la mort – lui est donnée. Pensez à John Keats, atteint de tuberculose au début de la vingtaine, confronté au fait que son corps n'en ait plus pour longtemps, et qui pourtant s'ouvre à la beauté d'une vie vraie. Voyez la beauté partout où vous sentez la présence de la vérité ; la beauté et la vérité vous habiteront en permanence. Apprenez à vous connaître vous-même, vivez votre vérité et vous aurez la beauté.

Il me semble que dans ces quelques vers inoubliables, John Keats nous dit de découvrir notre propre vérité, d'écouter notre cœur, et la beauté sera partout présente. Agir autrement, c'est perdre notre capacité à apprécier et à vivre l'extase de la vie, cette même extase qui parvient à insuffler la vie à la graine, à la racine, à la fleur, et même à vous.

Faites éclore la poésie dans votre vie en mettant en pratique les suggestions suivantes :

- Examinez ce qui est pour vous la plus grande vérité. D'où vient cette vérité personnelle ? À quels moments vous sentez-vous particulièrement inspiré et satisfait ? Qu'est-ce qui vous procure le plus de satisfaction ? Vos réponses sont la manifestation du « toi », cet espace où s'épanouit la force vitale éternelle en vous, et la beauté qu'elle engendre constitue votre authentique moi.

- Faites confiance à ce que vous considérez être beau et vrai. Vivez votre propre vérité sans vous laisser influencer par l'opinion des autres. Si quelque chose vous inspire et retentit en vous comme une extase, alors cette chose est vraie et par conséquent, belle.

- Débarrassez-vous des préjugés qui vous amènent à considérer les occupations et les intérêts des autres comme étant laids, inappropriés et inauthentiques. Demeurez fidèle à votre vérité, mais épargnez aux autres vos jugements de valeur acrimonieux.

- Exercez-vous à apprécier la beauté partout où vous allez. La nature est un trésor inépuisable de miracles. Voyez tout ce qu'elle offre de beauté. Cherchez ce « toi » divin et invisible que vous savez être éternel et qui pousse partout et en tout lieu. Conservez-le dans votre cœur. Si une chose est vraie, alors elle est belle. Gardez cela à l'esprit et refusez de gaspiller votre énergie à voir le monde autrement.

PASSION

PHILOSOPHIE DE L'AMOUR

I

Les fontaines se mêlent à la rivière
Et les rivières à l'océan,
Les vents célestes se mélangent pour toujours
À une suave émotion ;
Rien n'est isolé dans le monde ;
Toutes choses, par une loi divine,
Se rencontrent et se mêlent en un même esprit.
Alors pourquoi pas toi et moi ?

II

Vois la montagne qui embrasse les cieux
Et les vagues qui s'éteignent les unes les autres ;
On ne pardonnera pas à ma sœur la fleur
Si elle méprise son frère ;
La lumière du jour étreint la terre
Et les rayons de lune embrassent la mer :
Mais que vaut cette œuvre adorable
Si tu me refuses un baiser ?

PERCY BYSSHE SHELLEY
(1792-1822)

Poète et philosophe anglais, Percy Bysshe Shelley rejeta toutes les conventions qui selon lui étouffent la liberté et l'amour humains et se rebella contre les édits de la politique et de la religion anglaises.

*L*a poésie de Percy Bysshe Shelley est un legs inestimable sur l'importance de vivre notre quotidien avec passion. L'Encyclopédie Britannica, une autorité s'il en est une, dit de ce poète romantique anglais : « Après une série de gestes d'éclat, Shelley transposa progressivement sa quête passionnée d'amour et de justice sociale dans ses poèmes qui comptent aujourd'hui parmi les plus belles œuvres de langue anglaise. » Vivre passionnément est en soi une énorme récompense dont l'intensité augmente quand on est conscient que la mort, avec ses arrêts arbitraires, peut survenir à l'improviste, comme ce fut le cas pour Shelley.

Imaginez. Voilà un homme, né en Angleterre au début du 19e siècle, qui risqua sa vie pour distribuer des pamphlets prônant les droits politiques et l'autonomie des Catholiques d'Irlande, qui se maria à dix-neuf ans malgré l'opposition des deux familles, dont la première femme se suicida alors qu'il n'avait que vingt-quatre ans, et qui perdit deux de ses enfants au cours des années qui suivirent. Il épousa ensuite sa maîtresse, Mary Wollstonecraft, réalisant ainsi son désir de vivre avec une partenaire capable de « ressentir la poésie et de comprendre la philosophie. » Shelley voyagea à travers toute l'Europe, subsistant grâce à l'écriture et à la publication de ses poèmes. Il croisa Lord Byron dans plusieurs grandes villes européennes où ils joignirent leurs efforts pour proclamer que les poètes étaient les véritables législateurs de la terre à l'origine des valeurs humaines et des formes qui façonnent l'ordre social.

Cet homme, ce fervent idéaliste qui écrivit sur son amour de l'amour et sa passion pour la passion, devait périr à vingt-neuf ans au cours d'une tragédie maritime, laissant derrière lui une œuvre considérable en prose et en vers. Son existence, comme sa poésie, témoignent de son extraordinaire passion pour la vie. Il défendit des causes impopulaires, risqua sa célébrité et sa vie pour elles, tout en savourant chaque instant de son existence. Le poème cité ici, « La philosophie de l'amour », nous donne un aperçu de la passion qui brûlait dans le cœur de cet idéaliste, un poème qui me chuchote à l'oreille, comme la plupart de ses œuvres romantiques : *Ressens en toi l'amour que tu éprouves pour ceux que tu adores, et exprime-le avec passion, sinon ta vie ne sera qu'une suite de frustrations.*

L'amour, l'amour passion, est un désir intime qui teinte chacune de nos pensées, à toute heure du jour. C'est un état de félicité que nous associons généralement au romantisme et à la sexualité lorsqu'il est partagé dans l'extase avec l'être aimé. Dans le poème de Shelley, les rivières, les vents, les montagnes, les fleurs et les rayons de lune se mêlent, se mélangent, s'étreignent et s'embrassent, autant de métaphores de cet état de félicité partagé. Pourquoi, sous-entend-il, choisiriez-vous plutôt la frustration de ne pas exprimer ces sentiments ? Je me rappelle encore les diverses occasions au cours de ma vie où j'ai souffert parce que j'étais incapable de partager mon amour avec l'être aimé. Lorsque finalement cet amour s'est manifesté par de longues embrassades et des baisers, je me suis retrouvé au septième ciel !

Mais la passion n'est pas uniquement réservée aux choses de l'amour, comme en témoignent tous ceux qui ont connu l'extase de la création. Quand nous nous penchons sur le rôle de la passion dans nos vies, il est important de prêter attention aux choses qui éveillent cette passion en nous. Personnellement, j'ai connu l'extase de la création par le biais de l'écriture et de mes conférences. En fait, plusieurs situations déclenchent en moi cet état de félicité qui correspond parfaitement au type d'union décrit par Shelley dans son poème.

J'ai connu l'extase d'être en parfaite union avec mon corps lors d'un marathon et pendant un match de tennis chaudement disputé. J'ai connu l'extase en méditant et en faisant de longues promenades avec mon épouse ou en observant mes enfants. Shelley parle d'un amour et d'un cœur joyeux capables d'apprécier la beauté de notre monde et de tous ceux avec qui nous communions. Mais il ne s'agit pas exclusivement d'une passion qui nous enchaîne à nos extases sexuelles. Ce qu'il décrit, c'est une existence où vous vivez non pas comme si demain était un autre jour, mais comme si chaque jour était *le* jour – ce qui est fondamentalement le cas – en partageant votre passion avec ceux qui vous entourent, puisqu'une joie partagée est une double joie.

Trop souvent, nous nous embourbons en prenant la vie trop au sérieux et en utilisant toutes les ressources de notre esprit pour alimenter notre colère ou, pire encore, notre indifférence. La joie et l'extase viennent de l'intérieur ; c'est quelque chose qui ne s'achète pas. Bien sûr, nous recherchons tous la joie et le bonheur, mais il nous arrive souvent de penser que ce n'est pas un état d'esprit convenable lorsque finalement nous y goûtons. Pour apprécier cet état de félicité, il vous faudra remettre la passion au cœur de votre vie. Sans aucun doute dans votre vie amoureuse et sexuelle, mais aussi dans vos loisirs, dans votre vocation et dans toutes vos interactions avec cet univers prodigieux. Il y a tant de raisons d'être passionné.

J'ai remarqué que les gens qui ont une passion ou la volonté d'aller jusqu'au bout, semblent toujours obtenir ce qu'ils désirent quand ils ne permettent pas aux autres de salir ou de ternir ce qu'ils ont en tête. Shelley a vécu chaque seconde de sa vie en conformité avec son idéalisme exalté, et avec une passion qu'il a su transposer magnifiquement dans sa poésie. Relisez son poème et demandez-vous : « En effet, pourquoi pas ? »

Pour injecter de la passion dans votre vie :

- Rappelez-vous que vous faites partie d'un univers de joie. Laissez vos émotions, vos moments de bonheur et vos extases se manifester plus souvent dans votre vie quotidienne. Quand vous êtes joyeux, vivez-le pleinement et exprimez-le. Comme il est écrit dans le Nouveau Testament : « La joie est le fruit de l'esprit. » Ne vous en privez pas.

- Écrivez vos propres vers. Prenez le temps de noter les choses qui suscitent votre passion. Qu'il s'agisse de poterie ou d'antiquités, de mathématiques ou de musique, exprimez cette passion en vos propres mots.

- Accordez-vous la permission d'être passionné par les gens et par les choses, et ne vous laissez pas intimider par cette petite voix intérieure qui s'amuse à vous critiquer. Quand celle-ci essaie de vous ridiculiser, dites-lui doucement, mais avec conviction, de vous attendre dans le hall d'entrée et invitez-la plus tard à vous rejoindre si le cœur vous en dit.

- Dites aux gens que vous aimez ce que vous ressentez aussi souvent que possible. Cela vous donnera l'occasion de partager votre joie, et ce faisant, de la doubler.

- Lisez, lisez et relisez encore la poésie des êtres de passion, comme celle de Shelley. Essayez de sentir leur cœur battre contre le vôtre. Imaginez-vous en train de voir et de ressentir ce qu'ils ont vu bien avant votre arrivée sur cette planète.

COMMUNICATION

UN ARBRE VÉNÉNEUX

J'étais furieux contre mon ami :
J'exprimai ma colère, et ma colère s'apaisa.
J'étais furieux contre mon ennemi :
Je ne l'exprimai point, et ma colère crût.

Et je l'arrosai de peurs,
Soir et matin de mes larmes ;
Je fis briller sur elle mes sourires,
Et mes douces et sournoises ruses.

Et elle crût nuit et jour,
Jusqu'à donner une pomme éclatante ;
Mon ennemi la vit reluire,
Et comprit qu'elle était mon bien.

Il se glissa dans mon jardin,
Quand la nuit eut voilé le ciel,
Et au matin je vis avec plaisir
Mon ennemi gisant au pied de l'arbre.

WILLIAM BLAKE
(1757-1827)

William Blake, poète, graveur, peintre et mystique anglais, est mieux connu pour son mysticisme et la complexité de son symbolisme.

William Blake est l'un de mes héros. Au cours de sa vie, il fut un poète, un peintre et un artiste accompli, mais ce mystique visionnaire fut en général ignoré par ses contemporains qui le prirent pour un fou. Il passa toute sa vie au seuil de la pauvreté et mourut dans la misère. Et pourtant, cet homme est aujourd'hui considéré comme l'un des esprits les plus originaux et les plus brillants de l'histoire littéraire, sans compter que ses rares gravures sont des trésors valant plusieurs millions de dollars.

J'ai dévoré ses poèmes épiques à plusieurs reprises au cours de ma vie, et comme j'ai toujours aimé le citer, décider quelle œuvre j'allais inclure dans ce livre a été pour moi un énorme défi. Ses vers les plus célèbres sont tirés de la première strophe du poème « *Allegories of Innocence* », écrit en 1803 : « Voir le monde dans un grain de sable et le ciel dans une fleur des champs, tenir l'infini dans la paume de sa main et l'éternité dans une heure. » Blake s'intéressait avant tout à la capacité de l'esprit à percevoir Dieu et l'infini, à la valeur de notre imagination et à l'unité de l'univers. Étant donné que j'ai déjà abordé ces thèmes ailleurs dans ce livre, j'ai choisi le poème « Un Arbre vénéneux », un excellent exemple de ce que ce « fou génial » a à nous offrir aujourd'hui. Notez que ce poème a été écrit, il y a plus de deux cents ans, à l'époque de la Révolution française, alors qu'elle faisait rage à quelques centaines de kilomètres de la résidence de Blake.

Le poème « Un arbre vénéneux » nous parle de la nécessité d'entretenir de bonnes relations par le biais de la communication. L'essentiel pour Blake est de communiquer. « J'étais furieux contre mon ami : J'exprimai ma colère, ma colère s'apaisa. » Peut-on exprimer plus simplement une vérité aussi profonde ? Quand vous avez le bon sens et le courage de parler à vos êtres chers des émotions qui vous habitent, la colère et la fureur s'évanouissent comme par magie.

J'ai souvent eu tendance par le passé à garder le silence lorsque j'étais en colère. Je reconnais aujourd'hui que je prenais un certain plaisir à laisser mijoter ma fureur, à rejouer l'incident encore et encore dans ma tête et à inventer des dialogues imaginaires avec la personne qui m'avait mis de mauvaise humeur. En fait, tant que je refusais d'en parler à mes amis et à mes êtres chers, ma colère persistait. Pourtant, quand je finissais par m'ouvrir à eux, à communiquer et à exprimer sincèrement ce que je ressentais, même si cela pouvait leur sembler absurde, ma colère s'évanouissait aussitôt comme par magie. « J'étais furieux contre mon ennemi : Je ne l'exprimai point, ma colère crût. » C'est précisément ce que j'avais besoin d'apprendre, et j'avoue y travailler encore tous les jours.

Par le passé, il m'est arrivé de me créer des ennemis parmi les gens que j'aimais le plus. À l'instant où ils devenaient mes ennemis, je faisais taire ma colère pour jouer à toutes sortes de petits jeux intellectuels et élaborer des scénarios incroyablement complexes dont j'étais le seul à connaître l'existence. Ainsi, cette tendance à taire la fureur inexprimée qui m'habitait me permettait de créer ce que Blake appelle un arbre empoisonné. Je l'arrosais de mes larmes et faisais luire sur ses branches la lumière de mes sourires sournois. Et le résultat ? Il continuait à croître et à porter des fruits, des fruits si vénéneux qu'ils finissaient par détruire ceux que j'avais étiquetés comme étant mes ennemis. Je les voyais, eux aussi, « gisant au pied de l'arbre. »

Le message de ce poème est particulièrement profond. Il s'applique non seulement aux relations personnelles, mais aussi à toutes les situations où vous êtes confronté à des gens. Chaque fois que vous sentez cette étincelle s'éteindre dans votre cœur, vous courez le risque de vous embourber. Pour vous en sortir, vous devrez vous arrêter et faire de cette personne un ami plutôt qu'un ennemi. Dites-lui : « Je sens que tu essaies de me manipuler et je préfèrerais que tu arrêtes tout de suite ! » Ce genre de déclaration franche et sincère chassera votre colère et inhibera la croissance d'un arbre vénéneux qui pourrait un jour vous détruire, ainsi que tous ceux qui seront devenus vos ennemis.

De même, dans votre cercle familial, quand vous sentez la colère monter en vous, essayez de rassembler le courage nécessaire pour exprimer vos émotions, sans être grossier et sans hausser la voix. J'ai découvert que chaque fois que je reste silencieux pour punir mes enfants, cela n'apaise nullement ma colère. En fait, les choses ne font qu'empirer, car étant devenus ennemis, un arbre vénéneux se met alors à pousser en chacun de nous. À l'inverse, quand je parviens à exprimer mes sentiments et mes déceptions, cela mène généralement à une discussion ouverte où chacun peut s'exprimer, et qui se termine généralement par des embrassades et des « je t'aime moi aussi ». N'est-ce pas extraordinaire ? « J'exprimai ma colère, et ma colère s'apaisa. » Voilà des mots que vous devriez apprendre par cœur si vous vous demandez comment faire pour tisser des liens plus sereins, plus souvent.

Évidemment, les conflits sont souvent inévitables. Je dis souvent que dans une relation où les deux partenaires sont d'accord sur tout, l'un d'entre eux est superflu. Notre âme sœur est souvent une personne qui ne nous ressemble pas, une personne qui a l'art de nous faire sortir de nos gonds. Cette personne est notre âme sœur précisément parce qu'elle sait comment nous mettre en rogne. Quand il vous arrive de perdre votre sang-froid, dites-vous que la personne qui en est la cause a quelque chose d'important à vous apprendre. Elle vous enseigne en effet que vous n'êtes pas encore capable de vous maîtriser, que vous n'avez pas encore appris à désamorcer une situation explosive quand on vous pousse à bout.

Pour retrouver votre calme, vous devrez dire à votre ami, à votre amant, à votre enfant, à votre parent ou à votre belle-mère exactement ce que vous ressentez. Dites-le franchement, sur un ton détaché, et vous verrez que votre colère s'évanouira aussitôt. En agissant ainsi, vous éliminerez toute possibilité de semer en vous le germe d'un arbre vénéneux.

Pour mettre en pratique dans votre vie les idées exprimées dans le célèbre poème de William Blake, commencez par adopter les suggestions suivantes :

- Au lieu de garder le silence, que vous en soyez l'instigateur ou la victime, brisez-le en disant par exemple : « Pourquoi ne dirions-nous pas franchement ce que nous ressentons, sans porter de jugement ? »

- Une fois que vous avez brisé le silence, commencez chacune de vos phrases par « Je sens que... » Insistez sur le fait qu'à ce moment précis, ce dont vous avez le plus besoin, c'est qu'on tienne compte de ce que vous ressentez. Réclamez-vous de vos propres émotions et vivez-les comme vous le feriez avec un ami sur qui vous pouvez compter. Il ne s'agit pas de discuter du différend, mais de communiquer vos émotions. Écoutez ensuite attentivement ce que l'autre personne a à vous dire, en lui indiquant que vous n'êtes plus sur la défensive. Apprivoisez vos émotions.

- Déterminez à l'avance pendant combien de temps vous imposerez le silence autour de vous. Si vous dites soixante minutes, même si vous vous sentez encore embarrassé ou blessé, rétablissez la communication. Vous verrez que le fait de communiquer, au lieu de vous crisper, apaisera votre colère presque instantanément.

- Ne vous couchez jamais en colère. Cela va littéralement compromettre votre champ d'énergie commun et accélérer la croissance de l'arbre vénéneux. Avant d'aller au lit, exprimez simplement vos émotions et faites l'effort de poser un geste affectueux, même si pour cela vous devez faire preuve d'humilité et réprimer votre ego.

Plus vous serez à même de créer une atmosphère où chacun sent qu'il peut parler franchement, surtout lorsqu'il s'agit d'un différend entre deux ou plusieurs personnes, moins la situation risquera de dégénérer. Se montrer désagréable est encore la meilleure façon de semer et cultiver en nous un arbre vénéneux.

AUDACE

Tiré de *Faust*

Perdre une journée à hésiter – demain ce sera encore
La même histoire – et le jour suivant à gagner du temps.
Chaque indécision apporte son lot de retards,
Et des jours sont perdus à pleurer sur les jours perdus.
Es-tu sérieux ? Saisis l'instant présent ;
L'audace contient une part de génie, de puissance et de
    magie.
Engage-toi, et ton esprit s'échauffera.
Entreprends ton ouvrage, et avant longtemps il sera
    complété.

JOHANN WOLFGANG VON GOETHE
(1749-1832)

Poète, dramaturge et écrivain allemand, Johann Wolfgang von Goethe s'est intéressé au développement naturel et organique des choses, plutôt qu'à leur caractérisation idéaliste, et au besoin de l'Homme de croire en lui-même.

Johann Wolfgang von Goethe est universellement reconnu comme un véritable géant de la créativité s'étant illustré dans une multitude de domaines. Il était l'exemple même d'un homme aux talents multiples. Non seulement s'intéressa-t-il à plusieurs domaines, mais il fut aussi de son vivant un écrivain, un dramaturge, un poète, un journaliste, un peintre, un homme d'État, un éducateur et un philosophe de renommée mondiale. Au cours de ses quatre-vingt-deux ans d'existence, il produisit une œuvre olympienne, regroupée sous la forme de cent trente-trois immenses volumes, dont quatorze uniquement consacrés à la science. Il écrivit des ouvrages remarquables sur les contes de fées, les romans et les drames historiques, et son interprétation du mythe de Faust, l'un des chefs-d'œuvre de la littérature moderne, marqua le couronnement de toute une vie de créativité.

Aujourd'hui, ce que Goethe a de plus pertinent à nous dire ne se trouve pas tant dans ses ouvrages que dans la façon dont il a vécu. Goethe a toujours cherché à mener une vie pleine et entière, à se familiariser avec tous les aspects de l'activité humaine, et à connaître l'extase dans toutes ses activités. Cet homme, doué d'une vitalité phénoménale, possédait une extraordinaire énergie créatrice. Nous avons beaucoup à apprendre de lui si nous acceptons de nous laisser guider par sa grandeur dans les méandres du monde d'aujourd'hui.

Cet extrait de *Faust* est l'un des passages les plus souvent cités dans la littérature sur la croissance personnelle. Vous avez probablement déjà lu ou entendu le sixième vers : « L'audace contient une part de génie, de puissance et de magie. » On retrouve cette citation dans de nombreux livres, y compris dans un ouvrage que j'ai moi-même écrit, il y a plus de vingt ans. Dans ce recueil sur la sagesse, qui regroupe soixante des esprits les plus créatifs à avoir noté par écrit leurs pensées, j'ai décidé d'inclure un chapitre sur un idéal universellement accepté : l'audace.

Pendant que je travaillais à l'écriture de ce livre, je téléphonais tous les jours à mon éditrice pour lui lire ce que j'avais fait au cours de la journée. Et tous les jours, elle s'exclamait : « Wayne, tu es incroyable ! Comment arrives-tu à produire tous les jours des textes aussi intéressants ? Et tu ne te contentes pas d'inventer et d'écrire : tu fais de la recherche, tu lis, puis tu décris de manière poétique ce que tu penses de ces poètes et de ces philosophes. Tu es pour moi une véritable source d'inspiration ! » Je souriais intérieurement en l'écoutant me complimenter ainsi, mais je lui faisais aussi remarquer que la réponse à ses questions n'avait rien d'un secret. Pour parvenir à créer de manière constante, il faut au moins être capable de s'y mettre.

Si je choisis de me traîner les pieds toute la journée, j'aurai perdu ma journée, et cela recommencera le lendemain, et je finirai par me lamenter sur tout ce temps perdu. Quand Goethe demande « Es-tu sérieux ? », je réponds « Je le suis », et je saisis l'instant présent. J'accepte de suivre le conseil de cet homme qui a su accomplir tant de grandes choses, dans tant de domaines différents, en l'espace de quatre-vingt-deux ans.

Ne songez pas au produit fini et ne vous attardez pas à l'ampleur de la tâche. Commencez par saisir l'instant présent. Qu'il s'agisse de l'écriture d'une lettre ou de téléphoner à quelqu'un, pourquoi ne laisseriez-vous pas ce livre de côté pour vous en occuper dès maintenant. Contentez-vous de vous mettre au travail. Placez un signet entre ces deux pages, et quand vous aurez *amorcé* votre projet, reprenez votre lecture. Vous découvrirez ainsi la signification de cette phrase : « L'audace contient une part de génie, de puissance et de magie ».

La célèbre remarque de Thomas Edison, « Le génie, c'est un pour cent d'inspiration et quatre-vingt-dix-neuf pour cent de transpiration », parle de l'importance de saisir l'instant présent. Ce un pour cent d'inspiration, il vient de la reconnaissance de vos pensées et de vos émotions. Pour actualiser le génie qui sommeille en vous, vous devez commencer par mettre en pratique votre inspiration. J'ai expliqué à mon éditrice que mon « secret » pour arriver à terminer mes livres et mon travail à temps était en fait fort simple : tous les jours, à une heure précise, sans me soucier du nombre de fois où j'ai été interrompu ou des raisons qui pourraient m'amener à faire quelque chose d'autre, j'entreprends l'essai suivant. Je ne m'engage pas à le compléter, mais je m'y attèle quand même. Et tenez-vous bien, cette audace contient effectivement une part de génie, d'énergie et de magie, car à partir du moment où j'ai commencé à lire, à faire des recherches et à écrire la phrase qui me servira d'introduction, je trouve toujours le moyen de terminer ce que j'ai entrepris. Et cela a toujours fonctionné pour moi.

Je vous suggère de coller des copies du poème de Goethe dans les lieux que vous fréquentez quand vous essayez de ne pas saisir le moment présent. Il vous fera penser à tous les aspects créatifs de votre vie que vous avez laissés en plan par manque d'audace. Votre répugnance à entreprendre un projet est l'élément qui vous retient et vous empêche de faire fonctionner vos méninges à plein régime. Votre tendance à vous détourner du travail à faire, votre procrastination, est la cause première de tout ce temps perdu. Choisir de commencer, sans penser à la suite des choses, m'aide à compléter ce travail d'écriture qui me plaît tant, et cela m'aide également à saisir l'instant présent et à explorer d'autres facettes de mon existence qui m'apportent, elles aussi, un sentiment de plaisir, de satisfaction et d'équilibre.

Au lieu de parler d'éventuels projets de voyage où nous pourrions, ma femme et moi, nous évader et passer du bon temps ensemble, mais qui risquent de ne jamais voir le jour, je pense au pouvoir de l'audace et me rappelle que notre corps et notre esprit s'échauffent dès que nous passons à l'action. Je dis alors : « Fini le bavardage, réservons tout de suite nos places. Et je vais l'inscrire sur le calendrier pour être sûr de ne pas l'oublier. » Et nos projets finissent toujours par se réaliser quand nous mettons un terme à nos tergiversations. De même, plusieurs activités familiales ont été rendues possibles parce que nous avons laissé nos hésitations de côté pour passer à l'action. Maintenant !

Cette invitation à faire preuve d'audace nous vient d'un homme accompli et d'une extraordinaire hardiesse. Lisez attentivement les paroles d'encouragement de Goethe et mettez-les en pratique dans votre vie afin que vos projets passent de l'état d'ébauche à celui de réalité concrète. Mettez-vous au travail, et laissez la magie faire son œuvre.

Pour apprendre à faire preuve d'audace à la manière de Goethe, adoptez les suggestions suivantes :

- Mettez par écrit cinq choses qui vous trottent dans la tête depuis un certain temps, mais que vous n'avez pu, pour diverses raisons, concrétiser dans votre vie. Le simple fait de les inscrire sur une feuille de papier sera votre point de départ.

- À présent, quelles que soient vos hésitations, ne faites rien, si ce n'est vous attaquer au premier point apparaissant sur votre liste. Faites de même avec les autres points au cours des quatre jours suivants. Ne vous engagez pas à aller jusqu'au bout de votre projet, mais uniquement à l'entreprendre. Vous comprendrez ce dont parle Goethe lorsqu'il dit que s'engager échauffe l'esprit.

- Arrêtez de trouver des excuses pour expliquer pourquoi vous êtes incapable d'accomplir les choses vraiment importantes dans votre vie. Si vous n'êtes pas parvenu à faire ce que vous aviez dit que vous feriez, c'est essentiellement parce que vous avez refusé de saisir l'instant présent. Toutes vos excuses ne sont que cela, des excuses. Et vous savez dans votre cœur qu'il en est effectivement ainsi.

- Entourez-vous de gens dynamiques. Côtoyez des gens qui font preuve d'audace. Et inversement, éloignez-vous physiquement de ceux qui vous encouragent à vous complaire dans vos excuses et vos explications. Gardez votre champ énergétique immédiat intact de toute contamination.

❋ IMAGINATION ❋

Et si vous dormiez ?
Et si dans votre sommeil
Vous rêviez ?
Et si dans votre rêve
Vous alliez au ciel
Et que vous y cueilliez
Une fleur étrange et magnifique ?
Et si à votre réveil
Vous teniez cette fleur
Dans votre main ?

SAMUEL TAYLOR COLERIDGE
(1772-1834)

Poète et essayiste anglais, Samuel Taylor Coleridge fut le critique le plus perspicace de son époque et le porte-parole intellectuel du mouvement romantique anglais.

J'ai tant de respect pour ce poème écrit par l'un des plus célèbres poètes, critiques littéraires, théologiens et philosophes de l'histoire, que je l'ai mis en exergue de mon livre sur la genèse des miracles, *Real Magic*. Coleridge consacra sa vie à exprimer un principe créateur fondamental, applicable aussi bien aux humains qu'à l'univers entier. Le premier élément de tout processus de création, tel qu'il est défini par ce principe unificateur, c'est l'imagination.

Ce poème, à la fois simple et poignant, vous invite à creuser dans votre imagination et à repenser votre entente avec la réalité.

Ce que nous appelons le réel a ses limites, mais en rêve, notre imagination ne connaît pas de frontière. L'entente que nous avons conclue avec la réalité contredit l'idée qu'il pourrait nous être possible d'introduire un objet du monde des rêves dans le monde physique. Mais Samuel Taylor Coleridge vous invite à reconsidérer cette impossibilité. Et *si* vous étiez capable de le faire ? Que se passerait-il ?

Pensez à tout ce que vous pouvez faire en rêve. Si vous dormez huit heures par jour, cela veut dire que vous passerez trente ans de votre vie dans cet état onirique, en présumant que vous vivrez jusqu'à quatre-vingt-dix ans. Vous passez donc le tiers de votre vie dans un état de conscience où votre entente avec la réalité est battue en brèche et où vous pouvez matérialiser tout ce dont vous avez besoin grâce au pouvoir de votre pensée. Vous entrez dans un monde où le temps ne compte plus. En fait, vous pouvez librement avancer ou reculer dans le temps. Vous pouvez voir et parler aux morts, voler à votre guise, passer à travers les arbres et les immeubles, changer de forme instantanément, devenir un animal si vous le voulez, respirer sous l'eau et vous trouver à plus d'un endroit en même temps.

Mais ce qu'il y a d'encore plus extraordinaire, c'est que vous êtes convaincu que votre rêve est réel. Votre imagination est alors si convaincante que vous perdez de vue votre entente avec la réalité pendant le tiers de votre vie.

À votre réveil, vous vous dites : voilà la réalité, tout le reste n'était qu'un songe. Et pourtant, Samuel Taylor Coleridge a passé sa vie à étudier la capacité de notre imagination à altérer notre perception des deux tiers de notre vie où nous croyons être éveillés. En d'autres termes, que se passerait-il si à votre réveil, vous teniez une fleur dans votre main ? Cela voudrait dire que vous possédez le don d'ubiquité, c'est-à-dire, la capacité de vous trouver à deux endroits différents en même temps.

Examinons à présent ce qu'on appelle l'ubiquité, une habileté, associée à un niveau de conscience extrêmement élevé, qui permet de se trouver à deux endroits à la fois. Comment un tel exploit est-il possible ? Revenons au monde des rêves. Tous les personnages qui peuplent vos rêves sont le produit de votre esprit. Quand vous discutez avec quelqu'un en rêve, vous êtes vous-même, mais vous êtes aussi, en même temps, la personne avec qui vous parlez. En fait, vous ne parlez pas à quelqu'un d'autre, vous êtes à la fois vous-même et vos interlocuteurs. Autrement dit, vous êtes à deux endroits en même temps. De même, la fleur que vous apercevez en rêve n'est pas une fleur au sens où vous pouvez en voir lorsque vous êtes éveillé. En fait, dans votre rêve, vous êtes aussi cette fleur, mais comme votre imagination cesse quasiment de fonctionner à votre réveil, vous perdez votre capacité à créer sans limites dès que vous quittez le monde des rêves.

Il n'est pas absurde de penser qu'il est possible de rapporter une fleur du monde des rêves. Tout ce que vous êtes capable d'accomplir, de vivre et de connaître dans ce monde purement imaginaire où vous passez le tiers de votre vie, vous pouvez aussi l'accomplir, le vivre et le connaître dans les deux tiers restants. Pour y parvenir, chassez vos doutes et accordez-vous le privilège de connaître l'extase tout en étant éveillé.

Ce poème sur le rêve, que j'ai dû lire et réciter un millier de fois, me rappelle mon objectif de vivre dans un rêve éveillé en m'accordant les mêmes privilèges, les mêmes libertés et les mêmes pouvoirs que je prends pour acquis en rêve. Cela me fait aussi penser à ce que l'un de mes poètes préférés, William Blake, disait du fabuleux monde de l'imagination : « L'imagination est le monde réel et éternel dont ce monde végétal n'est qu'une ombre délavée... l'imagination est le corps éternel de l'Homme, Dieu Lui-même, le corps divin... »

À mon avis, nous aurions tort de penser qu'être éveillé et rêver constituent deux expériences distinctes de la réalité. Je sais que mes rêves n'ont aucune valeur prémonitoire et ne contiennent aucun symbole pouvant m'aider à comprendre mon véritable moi. Pour moi, le monde des rêves est une invitation à pénétrer dans le monde mystique de l'imagination. C'est une occasion pour moi d'explorer un monde sans limites, d'en faire moi-même l'expérience et de chasser tous mes doutes quant aux possibilités du règne de l'imagination, puis à mon réveil, de puiser dans mon imagination pour aller au-delà des capacités de ma conscience à l'état de veille. D'une certaine façon, le monde que je connais à l'état de veille n'est qu'une toile de fond pour mon imagination.

Si vous décidez de réécrire votre entente avec la réalité, mettez à profit votre connaissance du monde des rêves tout en vous reposant confortablement sur le fait que votre imagination est capable de réaliser tous vos désirs même à l'état de veille. Imaginez-vous en train de concrétiser dans le monde matériel tout ce que vous êtes capable de concevoir dans votre esprit, puis chassez tous les doutes qui vous habitent.

À l'époque où je n'étais qu'un petit garçon inscrit dans une école publique surpeuplée de Détroit, je m'attirais souvent de gros ennuis parce que j'abordais avec un peu trop de franchise la dichotomie rêve et réalité. Perdu dans mes rêvasseries, engagé dans une excursion mentale qui me transportait de joie, j'entendais soudain le professeur qui me disait : « Nous feriez-vous l'honneur de revenir parmi nous sur terre, monsieur Dyer ? » Je répondais du tac au tac : « Pas vraiment ! », ce qui me valait une nouvelle visite au bureau du directeur où on me punissait pour avoir utilisé mon imagination en classe.

Croyez-vous qu'il soit possible que vous teniez dans votre main une fleur cueillie dans un jardin visité en rêve ? Je sais que cela est possible, tout comme Samuel Taylor Coleridge, le poète de l'imagination, le savait.

Pour mettre à profit le pouvoir de votre imagination dans votre vie quotidienne :

- Gardez toujours à l'esprit que vous devenez ce à quoi vous pensez, alors surveillez attentivement les pensées qui pourraient semer le doute dans votre esprit.

- Prêtez attention au contenu de vos rêves en essayant de vous rappeler ces expériences « irréelles » dont vous étiez pourtant absolument convaincu de la réalité lorsqu'elles se sont produites. Tâchez ensuite d'éliminer les croyances que l'on vous a inculquées quant à leur impossibilité. Votre objectif est ici d'éliminer le mot « impossible » de votre conscience, car si vous êtes capable de concevoir quelque chose, vous pouvez le créer.

- Réécrivez littéralement votre entente avec la réalité afin d'y inclure une clause se lisant comme suit : « Tout ce dont je suis capable dans le monde des rêves, j'en suis également capable lorsque je suis éveillé si tel est mon désir. »

- Vivez davantage dans votre imagination. Accordez-vous la liberté d'explorer en esprit des territoires inconnus et de nouvelles possibilités, où rien n'est exclu. Ces vagabondages imaginaires deviendront les catalyseurs qui vous permettront de vivre une vie sans limites.

Tout comme l'exercice physique renforce le corps, exercez votre imagination, et elle se renforcera. Et peut-être qu'un matin vous vous réveillerez avec une fleur à la main.

NATURE

ROSSIGNOL ! TU ES SÛREMENT…

J'entendis aujourd'hui même
Un pigeon chanter et raconter son aimable récit ;
Sa voix se perdait à travers les branches,
Mais néanmoins me parvint portée par la brise :
Jamais il n'eut de cesse, mais roucoula et roucoula ;
Quelque peu pensivement, cherchant à plaire ;
Il chantait l'amour, se mêlant au silence,
Débutant lentement et n'ayant jamais de fin ;
Le sérieux de la foi et l'allégresse secrète ;
Telle était sa chanson — telle elle fut pour moi !

WILLIAM WORDSWORTH
(1770-1850)

Le poète anglais William Wordsworth exprima dans ses poèmes son amour de la nature et son respect pour le genre humain, sans distinction de classe.

*P*our me préparer à l'écriture de ce recueil d'essais sur la pratique de la sagesse à travers les âges, j'ai lu des milliers de textes écrits par de grands penseurs et poètes. Qu'ils aient vécu quelques milliers d'années avant Jésus-Christ ou récemment, la fascination pour la nature est sans contredit un thème récurrent, et en particulier chez les poètes. Ces auteurs à la plume émouvante semblent s'immerger dans la nature et écrire des poèmes directement issus de leur étonnement et de leur extase.

Parmi les milliers de poèmes que j'ai étudiés, j'ai choisi celui-ci pour illustrer le thème de la nature. Il nous vient de William Wordsworth, l'un des poètes les plus doués et les plus prolifiques de l'histoire, qui écrivait à l'époque des révolutions européennes, à la fin du dix-huitième siècle. Dans ce poème, Wordsworth nous montre comment l'imagination crée les valeurs spirituelles à partir du souvenir que nous conservons des paysages et des sons de la nature. Il nous enseigne que la nature possède un pouvoir thérapeutique. Imaginez le poète en train d'écouter le chant d'un oiseau avec une telle intensité qu'il a su traduire en mots cette expérience humaine élémentaire et néanmoins universelle (qui n'a jamais entendu le roucoulement d'un pigeon ?) et nous la transmettre : « Il chantait l'amour, se mêlant au silence, débutant lentement et n'ayant jamais de fin ; le sérieux de la foi et l'allégresse secrète ; telle était sa chanson – telle elle fut pour moi ! » Laissez-vous inspirer par la poésie de Wordsworth, allez dans la nature, ne serait-ce que dans votre propre cour ou dans un parc public si vous n'avez pas d'autres choix, et écoutez en faisant semblant d'être l'un des nombreux poètes qui vous ont précédé. Imprégnez-vous du paysage et des sons de la nature. En vous plongeant dans le moment présent, en vous coupant de toutes les distractions qui encombrent votre esprit, vous pourrez permettre au « pigeon de chanter et raconter son aimable récit », et ce, uniquement pour vous. En fait, la nature, dans ce qu'elle vous offre à voir et à entendre, est beaucoup plus qu'une thérapie ; c'est un lien entre votre âme et l'énergie créatrice et éternelle de Dieu.

La nature puise dans cette énergie à chaque printemps pour écrire un nouveau chapitre dans le grand livre de la Genèse. À peu près à la même époque, Emerson observait du côté ouest de l'Atlantique ce que Wordsworth observait du côté est : « Chaque objet de la nature contient toutes les forces de la nature. Tout est constitué de choses cachées. » Ceci est vrai de tous les êtres naturels, vous y compris. En effet, vous faites, vous aussi, partie du monde naturel. Votre désir de solitude, de liberté, d'être vous-même, de suivre vos propres intuitions, de chanter sans vous préoccuper du qu'en-dira-t-on, est un instinct naturel souvent mésestimé.

Demandez-vous quels sont vos plus agréables souvenirs. Je parie qu'il s'agit de communions extatiques avec la nature. Le bruit du vent ou de l'eau rugissant ou clapotant sur la rive. La morsure du froid sur votre visage ou la chaleur du soleil dorant votre corps sur une plage. La beauté et le bruit des feuilles mortes quand vous marchez dans les bois, l'automne. Dormir sous la tente et écouter les mystérieux bruits de la nuit. Avez-vous perdu le sens de la vue et de l'ouïe ? Avez-vous oublié les joies que vous a procurées la nature ? Retournez dans ces lieux décrits par Wordsworth, là où le vent souffle entre les arbres, où le rossignol roucoule. Ce ne sont pas là que paroles de poète. Toute promenade dans la nature est une occasion de renouer avec une béatitude oubliée.

Il y a de cela quelques dizaines d'années, j'enseignais à l'Université St. John à New York. Le début de l'après-midi, juste avant le début de mes cours, était la période la plus mouvementée de ma journée. Mon bureau était pris d'assaut par une meute d'étudiants diplômés désireux de rencontrer leur conseiller et ma secrétaire m'interrompait à toutes les deux minutes, quand ce n'était pas le recteur qui réclamait ma présence pour une question administrative. Toute cette pression me rendait extrêmement anxieux, car je savais que j'avais un cours à donner dans les heures qui suivaient.

Au milieu de tout ce chaos, il m'arrivait souvent de m'excuser et d'annoncer à ma secrétaire que je devais m'absenter un instant pour une raison urgente. Je profitais de l'occasion pour me rendre dans un parc public situé à un pâté de maisons de mon bureau. Une fois sur place, j'allais m'asseoir sur mon banc préféré au milieu des arbres, entouré de la beauté et des sons de la nature, et je demeurais là une quinzaine de minutes, à écouter et à regarder.

La tranquillité des lieux était pour moi une véritable thérapie, un refuge où je pouvais retrouver mes esprits. Personne dans mon département n'a jamais su où j'allais, ni pourquoi je m'absentais souvent à l'improviste, mais quand je revenais, la plupart de mes problèmes avaient été résolus et ceux qui avaient besoin de moi pouvaient à présent compter sur un professeur parfaitement détendu. Quand j'y repense, je me rends compte que je mettais en pratique la sagesse exprimée dans le poème de Wordsworth, et qui consiste à laisser la nature s'exprimer à travers ses symboles et ses signes.

Ce n'est pas un hasard si tant de poètes et d'écrivains de renom se sont inspirés de la nature. En effet, la nature nous libère de nos préjugés et de notre arrogance, car la nature ne juge pas. Comme l'a dit un jour le célèbre naturaliste John Muir : « Ce fabuleux spectacle est éternel. Le soleil se lève toujours quelque part ; la rosée ne sèche jamais complètement ; la pluie tombe de toute éternité ; la vapeur monte toujours vers le ciel... » Faites-vous plaisir, allez dans la nature et renouez avec ce spectacle éternel. Ce sera pour votre âme une occasion de s'harmoniser avec vous et votre monde.

Le petit poème lyrique de Wordsworth est beaucoup plus que la description d'un oiseau dans son habitat naturel. C'est un plaidoyer nous enjoignant à nous libérer de nos obsessions et de nos mesquineries pour enfin apprendre à vivre en harmonie avec la beauté et les sons de la nature. Et en effet, elle chante pour nous.

Voici quelques suggestions pour vous aider à explorer l'univers de Wordsworth :

- Réservez-vous une heure chaque semaine ou chaque jour, si vous le pouvez, pour marcher pieds nus dans l'herbe et vous immerger dans les splendeurs de la nature. Oubliez vos affectations et vos fonctions pour écouter et observer la perfection du monde naturel. Rappelez-vous que la nature est un excellent thérapeute.

- Décrivez les réactions que la nature suscite en vous en écrivant vos propres poèmes et vos propres compositions. Oubliez les rimes et les règles de la grammaire. Un ami à moi a décrit son expérience en disant que le fait de passer quelque temps dans la nature lui avait permis de passer de la « torpeur au bonheur ». Soyez poète et notez les divines intuitions engendrées par votre communion avec la nature, comme le fit Wordsworth quelques siècles plus tôt.

- Lors de vos prochaines vacances, planifiez de longues excursions dans la nature. Vous pourriez faire une excursion en montagne, du rafting, du ski ou du camping. Ces activités inoubliables vous apporteront le bonheur que vous recherchez et des souvenirs pour toute une vie.

- Dormez une nuit sous la tente, ne serait-ce que dans votre propre cour. Faites-le en famille, surtout si vous avez des enfants, et voyez la joie qu'ils éprouvent à se retrouver en pleine nature. Ce sentiment de joie, c'est précisément ce que vous pouvez recréer à tout instant quand vous permettez à la nature de jouer un rôle dominant et enthousiaste dans votre vie.

AMOUR ROMANTIQUE

Tiré des *Sonnets portugais*

COMMENT JE T'AIME ?

Comment je t'aime ? Laisse m'en compter les formes.
Je t'aime du fond, de l'ampleur, de la cime
De mon âme, quand elle aspire invisible
Aux fins de l'Être et de la Grâce parfaite.
Je t'aime au doux niveau quotidien du
Besoin, sous le soleil et la chandelle.
Je t'aime librement, comme on tend au Droit ;
Je t'aime purement, comme on fuit l'Éloge.
Je t'aime avec la passion dont j'usais
Dans la peine, et de ma confiance d'enfant.
Je t'aime d'un amour qui semblait perdu
Avec les miens — je t'aime de mon souffle,
Rires, larmes, de ma vie ! — et si Dieu choisit,
Je t'aimerai plus encore dans la mort.

(Traduit par Lauraine Jungelson)

ELIZABETH BARRET BROWNING
(1806-1861)

Elizabeth Barret Browning, poète anglais et épouse du poète Robert Browning, développa dans sa poésie des thèmes qui reflétaient ses préoccupations humanitaires, ses sentiments religieux non orthodoxes, son affection pour son pays d'adoption, l'Italie, et son amour pour son mari.

*C*e sonnet d'Elizabeth Barret Browning est peut-être, de toutes les célébrations de l'amour romantique, le poème le plus connu. En effet, rares sont ceux qui en entendant le premier vers n'enchaînent pas machinalement sur le suivant. Browning a eu une idée brillante en suggérant de compter les formes que prend notre amour pour l'être cher, surtout s'il s'agit d'une passion romantique.

L'histoire d'Elizabeth Barret et de Robert Browning (un poète majeur figurant également dans ce recueil) est l'une des plus belles histoires d'amour de tous les temps. Ces deux poètes d'une grande sensibilité se trouvèrent unis par l'amour, à travers leurs poèmes, avant même de se rencontrer. En 1844, Elizabeth publia son second recueil de poèmes romantiques qui fut particuliè-rement bien accueilli dans les cercles littéraires londoniens. En janvier 1845, elle reçut une lettre du très estimé poète Robert Browning dans laquelle il écrivait : « J'aime vos vers de tout mon cœur, miss Barrett. J'aime ces livres de tout mon cœur, et je vous aime, vous aussi. » Ils se rencontrèrent plus tard au cours de l'été et se marièrent l'année suivante. Elizabeth, qui avait été très malade durant sa jeunesse, vivait alors chez son père qui ignorait tout de sa relation amoureuse épistolaire avec Robert Browning. Finalement, ils décidèrent de se marier en secret, puis de déménager en Italie pour préserver la santé d'Elizabeth, mais sans le consentement de son père. Ce dernier mourut en 1856 sans jamais avoir pardonné à sa fille.

Les Browning filèrent le parfait bonheur en Italie, où Elizabeth donna naissance à leur unique enfant en 1849. Au cours de cette période, elle écrivit de nombreux poèmes passionnés dénonçant l'esclavage aux États-Unis. Mais en 1861, alors âgée de trente-cinq ans, sa maladie refit surface et elle mourut dans les bras de son mari, qui lui jura un amour éternel.

L'histoire d'amour d'Elizabeth Barrett Browning est magni-fiquement rendue dans ce sonnet tiré de son recueil *Sonnets portugais*. Le dernier vers parle évidemment de son amour pour son mari, un homme qui tomba en amour avec elle avant même de l'avoir vue, touché par la grâce de son âme dont tous ses poèmes d'amour portent la marque : « Et, si Dieu choisit, je t'aimerai plus encore dans la mort. »

Dans ce sonnet, une femme exprime tout son amour pour l'homme de sa vie et nous rappelle qu'être en amour n'est pas la conséquence d'un coup de foudre qui nous laisserait bouche bée et dépourvu face à toute cette énergie amoureuse. Non, l'amour n'est pas qu'une affaire d'attraction physique. C'est une multitude de petites choses qui font germer en nous le sentiment amoureux. Et comme elle le dit dans son sonnet : « Je t'aime au doux niveau du quotidien… » Si vous éprouvez ce sentiment délicieux, faites-en une partie essentielle de votre relation amoureuse.

Mon épouse, Marcelene, est une très belle femme, et chaque fois que je la regarde, je me dis que j'ai de la chance d'aimer un être aussi angélique et d'être aimé par celui-ci en retour. Et pourtant, son apparence physique n'est pas la source de mon amour. Vous remarquerez qu'Elizabeth Barrett Browning néglige de mentionner que son mari était un bel homme lorsqu'elle énumère les formes de son amour. Individuellement, ces raisons d'aimer peuvent sembler insignifiantes, mais prises dans leur ensemble, elles sont la source de tout amour romantique.

J'observe mon épouse pendant qu'elle dort ; elle a joint les mains, comme si elle priait. Elle demeure étendue près de moi toute la nuit, sans bouger, avec son petit air angélique. C'est l'une des formes de mon amour.

Je l'aperçois avec les enfants et remarque le sourire de satisfaction qui se dessine sur son visage à la vue de leur bonheur et de leurs réalisations, même si ce sourire est à peine esquissé et passe souvent inaperçu. Et c'est l'une des formes de mon amour.

Je me lève avant tout le monde pour aller faire du jogging et je découvre en allumant la lumière de la cuisine qu'elle a pensé à sortir un verre et un mélangeur afin que je puisse préparer ma boisson énergétique. Cela n'a rien d'exceptionnel, mais je le remarque. Et c'est l'une des formes de mon amour.

J'observe l'âme qui habite ce corps, cette voix qui susurre : « Je suis ici pour servir. Je me soucie de tous ceux que je rencontre. Je donne sans rien demander en retour. J'éprouve de la compassion pour les défavorisés. J'ai un immense respect pour Dieu. La violence m'attriste. Un lien indestructible nous unit. Je serai toujours là pour toi, et cela n'aura jamais de fin. Même après la mort. » Je sens la présence de cette âme silencieuse dont je suis le seul à entendre la voix. Et c'est une autre des formes de mon amour.

Je pourrais continuer ainsi pendant encore quelques milliers de pages, mais je crois que le message est clair à présent. Comme nous venons de le voir, c'est à travers l'observation des petites choses du quotidien que notre amour se révèle à nous. L'amour est un sentiment qui vient nous chercher au plus profond de notre être, et pourtant, rares sont les fois où nous l'exprimons.

Dans ce poème-ci, la poétesse exprime la totalité de son amour, et pourtant, voici ce qu'elle écrit : « Je t'aime de mon souffle, rires, larmes, de ma vie ! » Je connais bien ce sentiment. Mon souffle est le moteur même de ma vie, et je t'aime, Marcelene, avec la même énergie qui me permet de respirer jour après jour. Ton souffle et le mien ne font qu'un, et c'est pour cela que je t'aime. Nos sourires nous parlent des bons moments, de nos dîners en tête-à-tête, de ta main que je presse dans la noirceur d'une salle de cinéma, de nos deux corps qui s'enlacent sur une plage déserte après un bon pique-nique, de la naissance de nos enfants. Comme ils sont nombreux ces sourires, et c'est toujours toi que j'aime à travers eux.

Les larmes que nous avons versées au cours de notre vie jouent un rôle majeur dans ce que nous appelons l'amour. Les déceptions, les disputes, l'angoisse des premiers jours quand nous avions peur d'être séparés l'un de l'autre. Toutes les larmes que nous avons versées au cours de notre vie sont l'une des formes dont nous devons tenir compte quand nous répondons à la question : « Comment je t'aime ? »

Tout cela témoigne de notre capacité à aimer d'un amour libre et pur, et toutes ces petites choses soi-disant insignifiantes, ce sont elles qui rendent notre passion vivante et durable. Si ce sonnet nous parle encore, cent cinquante ans après sa rédaction, il parlera encore dans mille ans à tous ceux qui sentent dans leur cœur et dans leur âme brûler le feu d'un amour libre et pur. Le message ne comporte aucune ambiguïté. Prenez le temps d'apprécier les petites choses, et surtout, prenez le temps d'exprimer votre amour à votre bien-aimé, et vous ressentirez ce que ressentait Elizabeth Barrett Browning, et ce que je ressens aujourd'hui pour mon épouse. « Je t'aime du fond, de l'ampleur, de la cime de mon âme. » Que dire de plus !

Pour appliquer le message essentiel de ce sonnet inoubliable :

- Assurez-vous de parler à votre bien-aimé de ces petites choses si émouvantes et attendrissantes. Vous donnerez ainsi une voix à votre amour et créerez une atmosphère propice à leur appréciation.

- Prenez conscience de la personne qui vit à l'intérieur du corps de votre bien-aimé au lieu de vous concentrer sur son apparence physique. Montrez-vous affectueux quand cette personne témoigne de la tendresse et exprime son amour et son respect pour l'esprit qui habite tous les êtres vivants.

- Écrivez un poème d'amour pour votre bien-aimé. Ne vous attardez pas à la qualité de votre écriture ; concentrez-vous plutôt sur les sentiments que vous souhaitez exprimer. Donnez-lui un poème où vous avez mis tout votre cœur, et votre bien-aimé le chérira toujours. En fait, il ne serait pas étonnant qu'il le fasse encadrer et le place bien en vue.

❁ NON-CONFORMISME ❁

Tiré de *Walden*

Si un homme ne marche pas au pas de ses compagnons, c'est peut-être qu'il entend le son d'un autre tambour. Laissez-le suivre sa propre musique, quel qu'en soit le rythme, quelle qu'en soit la distance.

Henry David Thoreau
(1817-1862)

Thoreau étudia à Harvard, mais opta pour la carrière impopulaire d'écrivain et de poète pour satisfaire les élans de son cœur. Membre influent des Transcendantalistes de la Nouvelle-Angleterre, tout comme Emerson, il chérissait par-dessus tout la nature, la liberté et l'individualisme.

L'un des commentaires qui me fait le plus chaud au cœur me vient des gens qui ont lu mes livres ou écouté mes enregistrements et qui disent : « Grâce à vous, je sais aujourd'hui que je ne suis pas fou. Toute ma vie, les gens m'ont dit que j'étais dérangé parce que je ne pensais pas comme eux. Vos livres m'ont fait comprendre qu'il n'en était rien. » Pour ma part, je crois que c'est en lisant Thoreau que j'ai connu ce même genre d'épiphanie.

J'essaie souvent de me mettre à la place de Thoreau, à l'époque où il vivait simplement et délibérément dans les bois. Devenu autosuffisant, je m'imagine en train de noter ce que je ressens au plus profond de mon être. Au-delà de l'écriture, incarner ses idées dans sa propre vie, peu importe la façon dont les autres les perçoivent, m'a toujours semblé d'une grande noblesse.

Il y a en chacun de nous une voix qui nous chuchote : « Courez le risque, réalisez vos rêves, vivez pleinement votre vie. Tant que vous ne nuisez à personne, pourquoi pas ? » Mais il y a autour de nous toutes ces voix qui hurlent : « Ne soyez pas dupe ! Vous allez échouer. Soyez donc comme tout le monde. Vous faites preuve d'égoïsme et vous blessez les autres quand vous n'en faites qu'à votre tête. »

Les diktats incessants et tonitruants de nos compagnons nous pressent de régler notre pas sur le leur et nous menacent d'exclusion si nous refusons de le faire.

J'ai observé que la société dans son ensemble honore les conformistes de leur vivant et les trouble-fête lorsqu'ils sont morts. Tous ceux qui ont marqué leur discipline ont marché au rythme de leur propre musique sans se soucier de l'opinion des autres. Pour cela, on les taxe de trouble-fête, d'incorrigibles rêveurs, et même de désaxés. Ironiquement, ils deviennent des figures extrêmement respectées après leur mort. Cette remarque vaut également pour Henry David Thoreau, qui fut vilipendé pour son essai sur la désobéissance civile et emprisonné pour avoir refusé d'obéir à des règlements qu'il jugeait absurdes, et qui sont encore en vigueur aujourd'hui dans presque toutes les universités et tous les établissements d'enseignement secondaire.

Ce rythme qui bat en vous, c'est le lien qui vous unit à la mission de votre âme. Jamais vous ne pourrez le faire taire, même si vous tentez de l'ignorer ou de le supprimer dans l'espoir de vous conformer aux diktats de la société. Ceux qui vous supplient d'écouter *leur* propre rythme sont souvent bien intentionnés et pleins d'amour pour vous. Ils vous diront : « Je ne pense qu'à ton bien-être » ou encore « Crois-en mon expérience, tu le regretteras si tu ne suis pas mon conseil. » Vous les écoutez et faites tout votre possible pour devenir ce que tout le monde souhaite que vous deveniez. Néanmoins, ce rythme tenace que personne ne semble entendre continue à battre faiblement dans les coins les plus reculés de votre conscience. Si vous continuez à l'ignorer, vous vivrez une vie de frustrations. Vous apprendrez peut-être à vous accommoder de vos souffrances, mais n'espérez rien de mieux.

Thoreau s'adresse ici directement à vous par-delà les siècles pour vous parler de *votre* propre autosuffisance et de *votre* propre bonheur. Peu importe ce que vous avez envie de faire ou d'être, prenez conscience qu'il s'agit de la voix de votre âme qui vous supplie d'avoir le courage d'écouter et de suivre cette petite mélodie qui vous hante, en autant que cela n'interfère pas avec le droit des autres à poursuivre leurs propres rêves. Et il en va de même des gens qui vous entourent, qui entendent eux aussi les battements d'un tambour dont vous ne savez rien. Vous devez également leur permettre de suivre le rythme de leur propre musique, même si celle-ci vous semble stridente et dissonante.

Si tout le monde avait marché au rythme de la même musique et que personne n'avait jamais brisé le moule du conformisme, nous vivrions encore dans des cavernes, vêtus de peaux de bison. Le progrès est toujours venu d'individus qui ont écouté leur cœur et fait ce qu'ils avaient à faire malgré les protestations de la tribu.

Ma femme et moi avons huit enfants. Ne serait-ce pas charmant s'ils assistaient tous à mes conférences et choisissaient de marcher dans mes pas, puis de poursuivre mon œuvre après ma mort ? Mais ma femme et moi savons à quoi nous en tenir. Certains de nos enfants ne s'intéressent pas le moins du monde à ma passion et d'autres sont d'une curiosité insatiable. Certains ne pensent qu'à faire de l'équitation, d'autres à chanter sur une scène. L'un d'eux se passionne pour l'économie et la comptabilité (beurk !), et un autre pour la publicité et le ski. Ils marchent tous au son de leur propre musique. Et dans certains cas, elle est fort différente de la mienne. Je dois pourtant respecter leurs instincts et leurs choix, et me contenter de leur servir de guide jusqu'à ce qu'ils soient assez vieux pour éviter eux-mêmes les écueils de la vie. J'ai toujours écouté le son de mon propre tambour, même s'il s'est souvent avéré incompatible avec celui des membres de ma famille et celui de ma propre culture.

J'ai écrit plusieurs livres allant à l'encontre de la psychologie conventionnelle. J'ai exposé dans ces livres ce que mon sens commun me dictait, même quand mes opinions étaient complètement à l'opposé des idées défendues par la sagesse populaire. Je n'aurais jamais osé dire à mes lecteurs de faire les choses à ma façon, étant donné que je n'ai pratiquement jamais écouté ce qu'on m'a prêché.

Imaginez-vous en train de vous promener dans les bois avec Thoreau, au début des années 1840, avant la guerre de Sécession. Ses observations n'étaient pas fondées sur les ouvrages de philosophie qu'il avait lus, mais sur sa propre expérience, ayant lui-même subi les outrages du conformisme et été témoin des atrocités commises par l'homme blanc à l'endroit des Amérindiens. Thoreau savait qu'en les chassant de leurs terres, nous commettions un véritable Holocauste. Et c'est pourquoi il alla se réfugier dans la nature pour voir s'il était possible d'être autosuffisant loin des pressions de la foule. Cet homme refusa de marcher au pas de ses compagnons, et ses contemporains le lui reprochèrent sévèrement.

Pourtant, il est devenu avec le temps l'un de ces trouble-fête que nous avons appris à chérir. Marchez donc aux côtés de Thoreau dans votre esprit. Écoutez la voix de *votre* cœur et le son de ce tambour que vous seul pouvez entendre, et apprenez à respecter celui des gens que vous aimez. Vous poserez ainsi un acte d'amour inconditionnel. Même si cela ne vous attire aucune récompense de votre vivant, vous trouverez un grand réconfort dans le fait d'avoir accompli votre mission divine et d'avoir encouragé les autres à en faire autant.

Pour mettre en pratique le conseil de Thoreau :

- Refusez d'évaluer votre état mental en vous basant sur votre capacité à vous conformer aux attentes des gens autour de vous. Si vous sentez quelque chose en vous, et si cela ne nuit à personne, alors il s'agit de quelque chose d'authentique. Il n'y a rien de plus sain.

- Rappelez-vous que vous devrez faire face à l'incompréhension et peut-être même à la colère des membres de votre tribu pour avoir osé marcher au rythme de votre propre musique. Ne vous sentez pas visé par leurs remarques. Il s'agit simplement d'une stratégie pour vous forcer à vous conformer. Abstenez-vous de réagir à leur provocation, et leur colère s'apaisera rapidement.

- Permettez à vos intimes — aux membres de votre famille et aux amis — de connaître la joie de marcher au son de leur propre tambour sans qu'ils aient pour cela à s'expliquer et à défendre leurs choix. La paix et l'amour chasseront la colère et le ressentiment, et tout le monde prendra plaisir à écouter la musique qui résonne en eux.

VÉNÉRATION DE LA NATURE

Il n'y a pas d'endroit paisible dans [vos] villes, pas un seul lieu où entendre le murmure des feuilles au printemps ou le bruissement des ailes d'un insecte… L'Indien préfère le doux bruit du vent glissant sur la surface de l'étang, l'odeur du vent lavé par l'averse du midi ou imprégné de la senteur des pignons de pin. Pour l'homme rouge, l'air est précieux, car tous les êtres partagent le même souffle : les animaux, les arbres et l'Homme. Comme un homme qui se meurt depuis des années, l'homme des villes est insensible à la puanteur.

CHEF SEATTLE
(1790-1866)

Membre de la tribu des Suquamish-Duwamish qui se lièrent d'amitié avec les pionniers blancs venus s'installer dans la région de Puget Sound, le chef Seattle participa à la signature du traité de Port Elliott en 1855 qui prévoyait l'établissement des premières réserves indiennes en échange de leurs territoires.

La section suivante est consacrée à la sagesse des Amérindiens dont les paroles ont toujours reflété leur vénération pour tout ce qui est sacré dans le monde naturel. Vous y trouverez les paroles de certains Amérindiens dont les propres emprunts de sagesse et de sérénité ont été recueillis pour notre plus grand bonheur. Je dédie cette section à leur mémoire et à notre propre survie en tant que peuple. Puisse leur héritage d'amour et de profond respect pour l'environnement être préservé.

Chef Seattle

Le chef Seattle est mieux connu comme étant l'homme qui adressa une lettre aujourd'hui célèbre au président des États-Unis, lui demandant de prendre en considération le point de vue des Amérindiens. La terre est sacrée pour mon peuple, écrivait-il, et nous sommes tous les enfants de cette terre précieuse, et frères par l'esprit. Dans le passage cité ci-dessus, le chef Seattle nous invite à prendre conscience de la douceur des sons et des odeurs de la vie, et par conséquent, à traiter notre environnement avec plus de respect, non seulement dans le but de préserver sa beauté naturelle, mais aussi parce que nous faisons partie de ce système vivant interdépendant. Nous partageons tous le même souffle de vie : les animaux, les arbres et les uns les autres.

Oren Lyons

Dans le passage suivant, Oren Lyons, le gardien de la foi des Onondaga, nous explique que son peuple pense à la septième génération à venir avant de prendre une décision :

> Dans notre vie quotidienne, dans notre gouvernement, nous ne prenons jamais aucune décision sans penser à la septième génération à venir. Il est de notre devoir de veiller à ce que ceux qui vivront après nous, les générations encore à naître, héritent d'un monde qui ne soit pas pire que le nôtre, qui soit peut-être même meilleur, comme nous l'espérons tous. Quand nous marchons sur la Mère Terre, nous la foulons toujours avec la plus grande considération, parce que nous savons que les générations futures, qui montent de sous le sol, nous regardent. Nous pensons sans cesse à elles.

Ne devrions-nous pas, nous aussi, penser aux générations à venir avant de raser nos forêts et de polluer notre atmosphère au nom du progrès et de notre droit au confort ?

Wolf Song

Puisse cet extrait nous rappeler que tout est cyclique et que toutes les créatures vivantes font partie du cercle sacré de la vie, comme le disait Wolf Song, de la tribu des Abénakis :

> Honorer et respecter la vie, c'est accepter l'idée que la terre, l'eau, les plantes et les animaux qui vivent ici-bas possèdent les mêmes droits que nous. Nous ne sommes pas des êtres suprêmes et omniscients, trônant au sommet de la pyramide de l'évolution, mais plutôt les membres du cercle sacré de la vie, au même titre que les arbres, les rochers, les coyotes, les aigles, les poissons et les crapauds. Ils ont tous une mission qu'ils remplissent à l'intérieur du cercle sacré de la vie, et il en va de même pour nous.

> Dans nos villes, nous avons perdu notre grâce naturelle au nom de la civilisation. Nous avons créé des lieux bruyants, sales et surpeuplés où nous nous réunissons pour y vivre, et ce faisant, nous inhibons le développement de notre spiritualité. Pour moi, rien n'est plus vivifiant que de me retrouver dans la nature et de renouer avec ce cercle sacré.

Walking Buffalo

Si nos bibliothèques et nos lieux d'étude nous offrent un environnement stimulant sur le plan intellectuel, Walking Buffalo (Tatanga Mani ; Indien Stoney) nous dit qu'il est également possible de tirer profit du terrain, du paysage et de notre environnement immédiat. Voici ses observations :

> Oui, je suis allé dans les écoles de l'Homme blanc. J'ai appris à lire ses manuels scolaires, ses journaux et sa Bible. Mais j'ai fini par découvrir que cela n'était pas suffisant. Les gens civilisés dépendent trop des pages imprimées par l'homme. Pour ma part, je préfère me tourner vers le livre du Grand Esprit qui est l'ensemble de la création. Vous pouvez en lire une partie importante si vous étudiez la nature. Vous savez, si vous preniez tous vos livres, puis les étendiez sous le soleil, laissant la neige, la pluie et les insectes faire leur œuvre, il n'en resterait rien. Mais le Grand Esprit nous a donné la chance, à vous et à moi, d'étudier les arbres, les rivières, les montagnes et les animaux à l'université de la nature.

Walking Buffalo nous demande ici de considérer la création, les êtres vivants et la nature dans son ensemble comme un tout avec lequel nous sommes en contact, au même titre que nos pieds, nos mains et notre cœur. Même si nous avons l'impression d'être séparé de ce qui nous entoure et de constituer un être limité dans le temps et l'espace, cette pensée nous invite à regarder au-delà de cette soi-disant évidence. Les Amérindiens croient d'ailleurs que le centre du monde est partout et que toute chose est sacrée.

Luther Standing Bear

Les Amérindiens qui vivaient sur ces terres avant que nous leur apportions le « raffinement » de notre culture, croyant ainsi les civiliser, ont laissé ce message à tous ceux qui cherchent à développer leur spiritualité et à reprendre contact avec Dieu. Pour l'Amérindien, Dieu porte le nom de Wakan Tanka, et toutes les formes de vie contiennent son essence. Les vents et les nuages emportés par ces vents étaient l'œuvre de Wakan Tanka, les brindilles et les rochers étaient vénérés comme étant la manifestation d'une force omniprésente et mystérieuse qui remplissait l'univers. Luther Standing Bear, un chef sioux de la tribu des Oglala, a exprimé cette réalité sur le mode poétique :

> L'Indien aimait adorer son Dieu.
> De la naissance à la mort, il vénérait son
> Milieu. Il se considérait lui-même
> Comme le rejeton de la luxuriante
> Mère la Terre et aucun lieu n'était
> Trop humble pour lui. Rien ne le séparait
> Du Grand Esprit. Le contact était immédiat
> Et personnel et les bienfaits de
> Wanka Tanka ruisselaient sur l'Indien
> Comme le pluie tombée du ciel.

Vous pouvez constater à quel point votre vie serait plus sereine et joyeuse si vous aviez été élevé dans la vénération de votre milieu. J'adore personnellement l'idée d'établir un contact immédiat avec le « Grand Esprit ». C'est quelque chose que nous aspirons tous à rétablir dans notre vie, et qui sait, peut-être que l'observation de Luther Standing Bear est la méthode pour y parvenir. Regardez autour de vous avec vénération et encouragez les autres à faire de même.

Walking Buffalo

Revenons un instant sur les sages observations de Walking Buffalo. Il serait ridicule de ma part de vous suggérer d'abandonner votre mode de vie urbain pour aller vivre en pleine nature. La vie moderne comporte de nombreux avantages et nos villes sont définitivement là pour rester, pour le meilleur et pour le pire.

Cependant, nos attitudes urbaines nous ont coupés des lois naturelles de l'harmonie spirituelle.

Walking Buffalo est mort en 1967 à l'âge de quatre-vingt-seize ans. Après avoir observé à loisir ces deux mondes, voici ce qu'il nous légua :

> Vous savez, les collines seront toujours plus belles que les immeubles en pierre. Vivre en ville, c'est mener une existence artificielle. Peu de gens ont la chance de sentir le véritable sol sous leurs pieds, de voir des plantes pousser ailleurs que dans des pots ou de s'éloigner suffisamment des réverbères pour goûter l'enchantement d'un ciel percé d'étoiles. Quand les gens vivent loin des paysages créés par le Grand Esprit, ils oublient facilement ses lois.

Il ne nous demande pas de déménager, mais de nous rappeler, De nous souvenir du caractère sacré de la vie et de ne jamais perdre de vue que ces lois naturelles sont toujours à l'œuvre dans ce cycle sacré. Peu importe où vous vivez, quel que soit votre environnement immédiat, ces lois naturelles sont toujours à l'œuvre. L'air, l'eau, les arbres, les minéraux, les nuages, les animaux, les oiseaux et les insectes sont un support de la vie. Prêtez attention à ce que nous disent ces vénérables ancêtres qui ont vécu sur ces terres pendant des milliers et des milliers d'années dans la vénération des lois naturelles. Les Amérindiens pensaient à la septième génération avant d'entreprendre quelque chose tant ils considéraient la vie précieuse. La poésie des Amérindiens nous demande aujourd'hui de reprendre le flambeau. Pensez-y et laissez la sagesse des ancêtres jouer un rôle dans votre vie quotidienne.

Je conclurai cette section sur la sagesse amérindienne avec cette prière Ojibway, une prière que nous devrions tous lire et mettre en pratique à chaque nouvelle journée.

Grand-père,
Vois nos défaillances.
Nous savons que la famille humaine est la seule
De toute la création
À s'être écartée de la voie sacrée.
Nous savons être ceux
Qui se sont divisés entre eux,
Et qui devront un jour se réunir
Pour avancer dans la voie sacrée.
Grand-père,
Saint homme,
Enseigne-nous l'amour, la compassion et le respect
Afin que nous puissions soigner la terre
Et nous soigner les uns les autres.

Pour mettre en pratique dans votre vie le message essentiel de ces admirables Amérindiens :

- Vénérez votre milieu en exprimant régulièrement votre gratitude pour tout ce que nous prenons trop souvent pour acquis. Bénissez chaque jour les animaux, la lumière du soleil, la pluie, l'air, les arbres et le sol en leur rendant grâce en silence.

- Sensibilisez les gens à la cause de l'écologie en soutenant des organisations qui oeuvrent à préserver l'environnement. Faites l'effort de réduire la pollution en éliminant les déchets et en recyclant. Vos actions individuelles peuvent recréer le respect et la vénération pour la terre et l'univers, cette toile sacrée où se déploie la vie.

- Passez plus de temps seul dans la nature pour écouter les sons de la forêt et marcher pieds nus sur le sol afin de reprendre contact avec ce qui soutient et nourrit toutes les formes de vie.

- Donnez le bon exemple. Au lieu de maugréer contre ceux qui jettent leurs déchets un peu partout, ramassez-les et débarrassez-vous-en de façon appropriée. Faites en sorte que les jeunes soient témoins de vos actions.

- Récitez la prière Ojibway. Contribuez à soigner la terre et les humains en commençant toutes vos journées dans l'amour, la compassion et le respect de la vie.

FABLE

La montagne et l'écureuil
Se querellèrent ;
La première traita le second de « petit saint. »
Celui-ci rétorqua :
« Tu es sans doute bien imposante ;
Mais il faut de tout
Pour faire un monde.

Je crois qu'il n'y a pas de honte
À se trouver à ma place.
Si je ne suis pas aussi gros que toi,
Tu n'es pas aussi petite que moi,
Et loin d'être aussi leste.
Je ne nierai pas que tu fasses
De jolis sentiers d'écureuil ;
Les talents diffèrent : tout est bien et sagement agencé ;
Si je ne peux porter une forêt sur mon dos,
Tu ne peux davantage casser une noix. »

RALPH WALDO EMERSON
(1803-1882)

Poète, essayiste et philosophe américain, Emerson fut un éternel
optimiste pour qui la nature était une manifestation de l'esprit.

*R*alph Waldo Emerson est le seul à figurer à deux reprises dans ce recueil, tant je le tiens en grande estime ; une fois pour sa poésie et une autre pour l'un de ses essais révolutionnaires. Emerson fut le fondateur de la tradition du Transcendantalisme en Amérique. Sa philosophie met l'accent sur le caractère omni-présent de l'esprit de l'univers, dans lequel Dieu est partout présent. Dans la fable présentée ci-dessus, Emerson invente une dispute poétique entre une montagne et un écureuil pour présenter son point de vue.

Pour comprendre la grandeur de Ralph Waldo Emerson, il est important de se rappeler qu'à cette époque, la direction spirituelle était la chasse gardée des religions institutionnelles. Avec ses idées avant-gardistes, Emerson défiait ouvertement les dogmes et la rhétorique de la religion traditionnelle. En affirmant que le divin est partout présent, Emerson parlait à une nouvelle conscience où Dieu n'est considéré ni supérieur ni moindre sur la base de l'apparence physique.

L'écureuil, un petit rongeur à poils, est habité par la force invisible de Dieu, tout comme la montagne qui peut porter une forêt sur son dos, mais qui est incapable de casser une noix. Dans ce poème, Emerson nous dit que nous sommes tous, quels que soient notre aspect, notre taille ou notre mobilité, une création divine ayant une occasion unique d'accomplir notre destinée, indépendamment de ce que font les autres. Et cela vaut pour tous les êtres vivants, quels qu'ils soient.

Cela me rappelle une histoire similaire racontée par l'un de mes maîtres, Nisargadatta Maharaj, considéré par plusieurs comme un saint et un grand mystique indien. Un de ses disciples lui demanda un jour comment il pouvait affirmer que tout allait toujours bien dans son monde. Nisargadatta répondit à sa question en racontant l'histoire d'un singe en train de discuter avec un arbre.

« Es-tu en train de me dire, dit le singe, que tu passes toute ta vie au même endroit et que tu n'en bouges jamais ? Je ne comprends pas !

— Es-tu en train de me dire, dit l'arbre au singe, que tu dépenses ton énergie à aller d'un endroit à l'autre toute la journée ? Je ne comprends pas ! »

L'histoire de Nisargadatta avait pour but d'aider ses disciples à prendre conscience que le fait de l'identifier à son corps nuisait à leur compréhension de sa perspective spirituelle. Porter des jugements sur les autres nous entraîne dans un scénario ressemblant à celui du singe et de l'arbre qui n'arrivent pas à se comprendre mutuellement. Comme dans le poème d'Emerson, on voit ici deux formes de vie qui, même si elles sont habitées par la même intelligence organisatrice universelle, n'arrivent pas à se comprendre l'une et l'autre. Cette fable d'Emerson et l'histoire de Nisargadatta ont joué un rôle tout particulier dans ma vie.

J'ai récemment co-écrit un livre avec ma femme, Marcelene, intitulé *A Promise Is a Promise*. Il s'agit de l'histoire véridique d'une mère qui a pris soin de sa fille comateuse pendant plus de vingt-huit ans, la nourrissant à toutes les deux heures, vingt-quatre heures sur vingt-quatre, la retournant, lui donnant de l'insuline à toutes les quatre heures et dormant toutes les nuits sur une chaise près du lit de sa fille. Vingt-huit ans plus tôt, avant de sombrer dans un coma provoqué par le diabète, Edwarda, alors âgée de seize ans, avait imploré sa mère en ces termes : « Tu ne m'abandonneras jamais, n'est-ce pas maman ? » Kaye, sa mère, lui avait alors répondu : « Je ne te quitterai jamais, ma chérie. Une promesse est une promesse. »

Au cours des vingt-huit années suivantes, Edwarda O'Bara est passée d'un coma de stade 1, correspondant à un état catatonique où on doit fermer les paupières du patient avec du ruban gommé, à un coma de stade 9, où elle semble reconnaître des voix, esquisser des sourires et même pleurer lorsqu'elle est triste. Elle peut fermer ses paupières d'elle-même et semble parfois réagir à certains stimulus. Mais la chose la plus extraordinaire dans cette histoire est l'effet produit par Edwarda sur les gens qui lui rendent visite. Si certains prétendent avoir été guéris de façon miraculeuse, tous ceux qui lui ont rendu visite s'entendent pour dire que le corps immobile d'Edwarda irradie un amour inconditionnel.

Personnellement, nous avons senti, ma femme et moi, un profond sentiment de compassion et d'amour en raison de notre association avec Kaye et Edwarda. C'est pour moi une véritable bénédiction d'avoir eu la chance d'utiliser mes talents d'écrivain et de conférencier pour raconter cette incroyable histoire d'amour et de compassion et contribuer à réduire les souffrances de cette famille criblée de dettes. Grâce à Kaye et à Edwarda, je suis parvenu à laisser de côté mon ego et ma suffisance pour atteindre un niveau spirituel qui m'a rendu plus généreux.

Même si Edwarda ne peut bouger et demeure essentiellement immobile, même si le reste du monde la considère comme une handicapée parce qu'elle est incapable de parler, et même si on doit constamment s'occuper d'elle, je sais qu'elle fait ce qu'elle a à faire. Et qui sait, peut-être a-t-elle touché plus de gens à travers moi et mes écrits et mes conférences qu'elle ne l'aurait fait si elle avait été consciente. Peut-être est-elle capable d'aider les gens à faire des miracles parce qu'elle a quitté son corps et ses restrictions. Qui sait ?

Néanmoins, voici ce dont je suis sûr. La vie d'Edwarda O'Bara a autant de valeur que n'importe quelle autre vie sur cette planète. La vie ne se résume pas à se déplacer et à parler. La force vitale qui habite ce corps comateux est la même qui anime tous les êtres, qu'ils soient montagne, écureuil ou noix. Edwarda a une mission, et elle la remplit tous les jours, comme le destin l'a voulu. Elle nous enseigne ce qu'est la compassion et un amour inconditionnel. Elle m'a donné l'occasion de constater de mes propres yeux que la vie n'a pas de prix. Je ne prétends pas savoir pourquoi cette jeune femme a pu vivre dans cet état, sans l'aide d'un respirateur artificiel, pendant plus d'un quart de siècle. Je ne comprendrai jamais certaines choses, et c'est très bien ainsi.

Ce que j'ai retiré de ma rencontre avec la famille O'Bara et de l'écriture du livre *A Promise Is a Promise*, c'est que je ressemble au singe qui parlait avec un arbre et à cet écureuil qui se disputait avec une montagne ; ces deux-là se déplacent à leur guise, mais prennent aussi le temps de discuter avec des êtres silencieux et fixes, dont l'immobilité et le silence ne sont en fait qu'une autre forme de cette même force vitale.

La fable d'Emerson nous offre un aperçu poétique de cette force vitale omniprésente. Être capable de prendre conscience de l'existence de cette force vitale, sans pour autant se croire supérieur sur la base de différences physiques, est l'une des grandes leçons qui vous permettront de grandir sur le plan spirituel.

Pour mettre cette importante leçon en pratique :

- Refusez de porter des jugements sur la valeur des autres en vous basant sur ce que vous avez appris à considérer comme étant normal. Sentez la présence de Dieu qui habite tous les êtres vivants. Rappelez-vous que personne n'est supérieur à un autre dans le royaume invisible de l'esprit, et que nos carapaces extérieures peuvent prendre diverses formes, tailles et apparences.

- Voyez le côté génial de tous ceux que vous rencontrez. Tout comme la montagne est incapable de casser une noix même si elle peut porter une forêt sur son dos, rappelez-vous que tous les êtres vivants sont parfaits à leur façon. Faites l'effort de rechercher cette perfection au lieu de vous arrêter aux apparences de celui qui l'incarne.

- Mettez en pratique cette sagesse élémentaire : « Il y a bien des choses que je ne comprends pas, et c'est très bien ainsi. »

- Débarrassez-vous de votre tendance à juger les autres sur la base de ce que l'on considère normal. Le fait que la majorité des gens puissent voir ne rend pas les aveugles insignifiants. Et ce n'est pas parce que la majorité des gens peuvent se déplacer et parler que la vie de ceux qui ne peuvent faire ni l'un ni l'autre est sans valeur.

AUTOSUFFISANCE

Tiré de « *Self-Reliance* » (L'autosuffisance)

Ce sont les voix que nous entendons dans la solitude, mais elles deviennent faibles et inaudibles quand nous entrons dans le monde. Partout la société conspire contre l'humanité de ses membres. La société est une société par actions, où chaque membre accepte, afin de protéger son pain contre l'appétit des autres actionnaires, de renoncer à la liberté et à la culture du mangeur. La vertu la plus prisée est le conformisme. *Elle a l'autosuffisance en aversion. Elle n'aime ni la réalité ni les créateurs, mais les noms et les coutumes.*

Quiconque désire être un homme doit être un non-conformiste. Celui qui veut se mériter les palmes immortelles ne doit pas se retenir au nom de la bonté, *mais se demander ce qu'est la bonté.* Rien n'est sacré si ce n'est l'intégrité de notre propre esprit.

RALPH WALDO EMERSON
(1803-1882)

Poète, essayiste et philosophe américain connu pour avoir défié la pensée traditionnelle, Emerson développa une philosophie affirmant que l'intuition est le moyen de comprendre le réel.

*L*es idées présentées dans l'essai intitulé « *Self-Reliance* » ont influencé tous mes écrits, et même si celui-ci est décédé un siècle plus tôt, je considère Emerson comme l'un des maîtres dont j'ai le plus appris. Ralph Waldo Emerson était aussi célèbre pour ses essais que pour sa poésie. Dans son essai le plus connu et le plus fréquemment cité, cet auteur américain aux idées provocatrices, considéré comme le père du mouvement transcendantaliste, examine en détail les tenants et les aboutissants du concept d'autosuffisance. Je me souviens encore de l'impact qu'eurent sur moi l'essai d'Emerson sur l'autosuffisance et celui de Thoreau sur la nécessité de la désobéissance civile à l'époque de mes dix-sept ans.

Dans ce court extrait, Emerson parle de la nécessité de ne pas se conformer et de résister à l'enculturation pour être pleinement vivant. La société exige le conformisme aux dépens des libertés individuelles, soutient-il. Vous avez le choix entre vous intégrer ou être exclu. Emerson insiste sur l'intégrité de l'esprit individuel et soutient qu'il est essentiellement sacré. À présent, pensez qu'Emerson, qui était également pasteur, déclare que sont véritablement sacrés, non pas les règlements, les lois ou les mœurs, mais votre esprit et le mien. Plus loin dans cet essai, Emerson déclare : « Aucune loi ne peut être tenue pour sacrée si ce n'est celle de ma propre nature. » Cette affirmation extrêmement courageuse est le fait d'un homme sans peur qui savait que le caractère divin et sacré de la vie ne repose pas dans les institutions religieuses, mais dans l'esprit des hommes. Notre conduite fait de nous des créatures divines, non notre appartenance à une organisation. Pour des individus capables de penser par eux-mêmes, est sacrée la façon dont ils utilisent leur esprit, et non leur habileté à manipuler les lois pour masquer leur propre méchanceté et vanité.

Quand vous vous arrêtez pour réfléchir aux crimes qui ont été perpétrés contre l'humanité, vous découvrez qu'ils ont presque tous été commis sous la protection des lois de la société. Socrate fut condamné à mort parce que la loi athénienne disait que c'était la façon de liquider les intellectuels dissidents. Jeanne d'Arc fut brûlée sur un bûcher parce que telle était la loi. Le roi Hérode ordonna le meurtre systématique de tous les nouveau-nés mâles de tout un pays parce qu'il en avait fait une règle. À l'époque où ma mère est née, la moitié de la population – soit cent pour cent des femmes – n'avait pas le droit de vote aux États-Unis parce que telle était la loi. Au moment de ma naissance, des millions de personnes étaient envoyées dans des camps de concentration et se faisaient confisquer tous leurs biens en raison de lois inhumaines. C'était la loi qui obligeait les gens de couleur à s'asseoir à l'arrière des autobus, à boire à des fontaines publiques séparées et à se contenter d'une vie sans perspective d'avancement. Alors je vous en prie, ne faites pas appel aux lois et aux règles de la société pour justifier vos actions.

Les gens qui comprennent réellement ce que signifie être autosuffisant savent qu'ils doivent vivre leur vie en s'appuyant sur l'éthique plutôt que sur des lois. Il est possible de justifier à peu près n'importe quoi en recourant à des lois, des règles ou des traditions obscures. Ceux qui ne donnent pas priorité à l'intégrité de leur propre esprit font en effet citer des lois pour expliquer leur comportement. Si vous aspirez à vous rapprocher du divin, vous devrez apprendre à ne plus compter sur le conformisme ambiant.

Emerson poursuit cet essai provocateur en disant : « J'ai honte de voir avec quelle facilité nous capitulons devant les insignes et les titres, devant les grandes sociétés et les institutions trépassées. » Il parle ensuite ouvertement de cette longue et immorale institution qu'a été l'esclavagisme, qui a toujours joui de la protection des lois. « Je me dois d'aller droit au but et à l'essentiel, et de dire la vérité même quand elle est obscène, quelle que soit la situation. Si la méchanceté et la vanité revêtent les habits de la philanthropie, doit-on l'accepter ? » Rappelez-vous qu'Emerson écrivait cela à une époque où l'esclavagisme était une activité légale et protégée par la société.

Que nous dit aujourd'hui cet essai sur l'autosuffisance ? Plutôt que de nous conformer aux règles et aux lois, il nous encourage à faire de l'éthique la lumière intérieure qui guidera chacune de nos actions. Si nous savons qu'une chose est juste, elle sera en harmonie avec des principes spirituels, comme ceux examinés dans ce livre.

Prenez par exemple la miséricorde. La Loi ne fait pas preuve de miséricorde lorsqu'elle condamne légalement à mort des prisonniers. Quand le législateur, les jurés et la presse vous disent que le coupable n'a eu aucune pitié pour ses victimes, et donc que la loi n'a pas à avoir pitié de lui, puisez dans votre sens moral avant de formuler votre opinion. Si la miséricorde est un aspect essentiel de votre vie spirituelle, dire que cela n'est pas le cas pour tout le monde ne peut vous servir de justification pour ignorer ce que vous savez être la vérité. Emerson ne vous dit pas de contrevenir délibérément aux lois, mais plutôt de vous servir de votre propre sens moral dans la conduite de votre vie. Il dit clairement que « Quiconque désire être un homme (ou une femme) doit être un non-conformiste. »

Selon moi, la meilleure façon de mettre à profit cette profonde vérité consiste à apprendre comment exercer une action discrète mais efficace dans votre vie. J'entends par là ne pas avoir besoin d'afficher publiquement votre refus de vous conformer, mais savoir trouver le réconfort dans votre propre force intérieure et agir discrètement en tant qu'individu autosuffisant.

J'ai commencé à m'intéresser à la philosophie d'Emerson avec la découverte de cet essai à l'âge de dix-sept ans. En 1959, j'étais, à dix-neuf ans, une jeune recrue de la marine, stationnée à bord du porte-avions USS *Ranger*. Un jour que le président Eisenhower devait survoler notre navire, en route pour une réunion électorale devant avoir lieu à San Francisco, on demanda à tous les marins de mettre leur uniforme et de former les mots SALUT IKE ! sur le pont d'envol au moment où l'avion du président passerait au-dessus de nous. Lorsque j'appris que je devais participer à cette activité, je ressentis cela comme une insulte, même si cette opinion semblait minoritaire. Apparemment, la majorité de l'équipage ne voyait pas d'inconvénient à se conformer à cette demande afin de former un mot d'accueil constitué de lettres humaines. Au lieu de mettre sur pied un mouvement de protestation, je me souvins d'une citation d'Emerson : « Quiconque désire être un homme doit être un non-conformiste. » Comme je devais agir sans attirer l'attention, je laissai les conformistes vaquer à leurs occupations et allai me réfugier dans les entrailles du navire jusqu'à ce que cette insulte à ma propre autosuffisance en tant qu'individu jaloux de sa dignité soit derrière moi. Il n'y eut ni explosion de rage ni lutte inutile, mais mon action fut néanmoins efficace.

Les règles du jeu ne constituent pas une raison suffisante pour adopter un certain mode de vie. Vous devez d'abord et avant tout faire confiance à votre propre esprit si vous désirez connaître un jour ce qu'est l'autosuffisance. Cette leçon s'applique à tous les domaines de votre vie, qu'il s'agisse de choisir comment vous utiliserez vos temps libres, les vêtements que vous allez porter, les aliments que vous allez manger ou la façon dont vous éduquerez vos enfants. Ne laissez pas cette conspiration sociétale étouffer les voix qui tentent de se faire entendre en vous. Soyez vous-même et vivez sur la base de principes qui vous semblent justes et en harmonie avec votre essence spirituelle.

Voici quelques suggestions qui vous aideront à appliquer les idées présentées dans le célèbre essai de Ralph Waldo Emerson sur l'autosuffisance :

- Lisez l'essai d'Emerson en son entier et dressez la liste de ses arguments.

- Quand vous êtes sur le point d'évoquer une règle ou une loi pour justifier l'une de vos actions, arrêtez-vous et pensez à votre propre intégrité. Faites ce que vous faites parce que cela est juste et en accord avec vos vérités spirituelles. Si vous savez que le pardon est de nature divine, n'évoquez pas une loi pour justifier votre refus de pardonner.

- Prenez l'habitude de vous demander si vous vous habillez et vous comportez d'une façon qui vous plaît ou simplement pour vous intégrer à un groupe. « Est-ce que je porte ces vêtements parce qu'ils me plaisent ou parce qu'il est important pour moi d'être comme tout le monde ? » Puis faites un choix qui témoigne de votre autosuffisance, et constatez à quel point vous vous sentez mieux.

- Déclarez-vous indépendant de votre société en ce qui a trait à votre identité. Il y a deux mille cinq cents ans, Socrate déclarait : « Je ne suis pas Athénien, je suis un citoyen du monde. » Vous êtes, vous aussi, une création de Dieu, qui ne se limite à aucune étiquette sociétale.

- Refusez de faire quoi que ce soit simplement parce que tout le monde le fait. Si cela est conforme à votre définition de ce qui est juste et éthique, alors allez-y sans vous soucier de ce que les gens autour de vous pourront dire ou faire.

En résumé, soyez vous-même. Respectez-vous, et créez une relation harmonieuse entre l'intégrité de votre propre esprit et la conduite que vous adoptez dans votre vie quotidienne.

ENTHOUSIASME

LE PSAUME DE LA VIE

Ah ! ne me dites pas en vers mélancoliques
Que « la vie est un rêve, un songe, dont tous tremblent ».
Morts, hélas ! sont les cœurs qui dorment apathiques,
Les choses ne sont pas toujours ce qu'elles semblent.

Vivre est Réalité ! Jamais on ne l'ajourne !
Ici-bas le tombeau n'est pas sa fin mortelle.
« Tu viens de la poussière, en poussière retourne. »
Ces mots n'ont pas été dits de l'âme immortelle.

Ni le plaisir ardent ni le cuisant chagrin
Ne peut être le but de l'âme, ni l'appui.
Car nous devons agir, de sorte que demain
Sur la route nous voie, et plus loin qu'aujourd'hui.

L'Art marche lentement, le Temps vite se hâte,
Notre cœur est ardent ; quoi qu'il soit brave et beau,
Comme un tambour de deuil pourtant il faut qu'il batte
Des marches funèbres vers le morne tombeau.

Le monde est seulement un grand champ de bataille ;
Pour toi, doux chevalier, la vie est un champ clos,
Ne suis pas le troupeau ; là, malgré la mitraille,
Sois premier au combat ; blessé, tombe en héros.

Et jamais ne te fie à l'avenir plaisant !
Que le Passé soit mort, qu'il enterre ses morts !

Agis, agis toujours dans le vivant présent,
Un cœur dans ta poitrine, au ciel le Dieu des forts !

Les grands hommes toujours le montrent par leur vie,
Notre vie est à nous, sublime pour longtemps,
Qu'en mourant nous puissions laisser, comme un génie,
Les traces de nos pas sur les sables du Temps.

Et ces traces, un jour, un autre être affligé,
Voguant sur l'Océan solennel de la vie,
Pauvre frère en misère, et seul et naufragé,
En les voyant, Peut-être aura plus d'énergie.

Debout donc, agissons, marchons toujours avant,
Avec un cœur puissant, et défiant le sort,
Marchant vers notre but, toujours le poursuivant,
Apprenons le travail, l'espoir, jusqu'à la mort !

(Traduit par sir Tollemache Sinclair)

HENRY WADSWORTH LONGFELLOW
(1807-1882)

Poète, traducteur et professeur américain, Henry Wadsworth Longfellow est considéré à la fois comme un poète populaire et un poète sérieux.

*L*ongfellow est l'un des rares poètes présentés dans ce livre à avoir joui d'une énorme popularité de son vivant. « Le Psaume de la vie » fut d'abord publié en 1839, dans un recueil de poèmes intitulé *Voices of the Night*, qui devint extrêmement populaire en Amérique et en Europe, tout comme ses œuvres subséquentes, tel le célèbre « *The Wreck of the Hesperus* » et son classique « *The Song* *of Hiawatha.* » Ce poème, écrit par un homme qui détient le titre de poète américain le plus populaire du dix-neuvième siècle, est un hommage à un mot, et ce mot est « enthousiasme. » En grec, ce mot signifie « le dieu en nous. » Ce poème de Longfellow nous encourage, vous et moi, à examiner attentivement ce court laps de temps qui nous est donné et qui constitue notre vie, afin d'adopter une attitude qui témoignera de notre enthousiasme et de notre reconnaissance pour tout ce que nous sommes et tout ce dont nous faisons l'expérience.

En 1861, Longfellow sombra dans la mélancolie à la suite du décès de sa seconde épouse qui mourut après avoir accidentellement mis le feu à sa robe. Après avoir perdu deux épouses de façon prématurée, Longfellow souhaita trouver un soulagement spirituel dans la poésie, comme en témoignent la plupart des œuvres qu'il produisit au cours des vingt dernières années de sa vie, qui reflètent sa quête pour renouer avec le divin. « Le Psaume de la vie » est un monument à la mémoire de l'esprit de ce grand poète populaire.

Dans ce poème, Longfellow nous dit que l'âme est notre véritable essence et que les « choses ne sont pas toujours ce qu'elles semblent. » Notre corps et notre environnement matériel ne sont qu'un mythe débouchant sur une façon de penser qui rend nos vies insatisfaisantes et monotones. Il nous rappelle que le tombeau n'est pas la fin de tout ; quand nous parlons du processus de vieillissement, nous faisons uniquement allusion au déclin de notre corps, car notre âme, la source de Dieu en nous, ne retournera pas à la poussière. Longfellow nous dit d'oublier nos joies et nos peines et de nous concentrer plutôt sur notre propre croissance afin que « sur la route, demain nous voie plus loin qu'aujourd'hui. » Notre corps nous mènera à la fosse, mais le Dieu en nous ne connaîtra jamais pareil sort.

J'aime beaucoup les termes qu'il utilise pour nous sortir du marasme de la vie dans lequel nous nous comportons souvent comme du bétail abruti, faisant tout ce que notre mentalité de troupeau nous dit de faire. Soyez plutôt un héros, nous dit-il, ce qui veut dire, selon moi, soyez enthousiaste au point d'en être électrisé. Montrez de l'enthousiasme pour la vie et irradiez cette énergie dans tout ce que vous faites jusqu'à ce qu'elle gagne tous ceux qui vous entourent. Voilà ce que j'appelle de l'héroïsme. Pour être un héros, il n'est pas nécessaire de sauver un enfant des flammes ; il suffit d'être en contact avec le Dieu en vous.

L'enthousiasme n'est pas quelque chose qui serait accordé à certains et refusé à d'autres. Nous avons tous un dieu en nous. Certains d'entre nous choisissent d'être en contact avec cet enthousiasme et de l'afficher, d'autres le masquent sans jamais l'exploiter. Ils laissent le Dieu à l'intérieur d'eux retourner à la poussière, même si le poète nous rappelle : « 'Tu viens de la poussière, en poussière retourne.' Ces mots n'ont pas été dits de l'âme immortelle ». L'enthousiasme est une qualité qui favorise le succès. Quand les gens me demandent quel est le secret d'une bonne causerie, je leur dis qu'il faut être authentiquement enthousiaste. Soyez enthousiaste, et non seulement les gens vous aimeront, mais ils vous pardonneront plus facilement vos défauts.

Comme le déclara un jour le grand dramaturge grec Eschyle : « Quand un homme fait preuve de bonne volonté et d'enthousiasme, Dieu se joint à son entreprise… » L'enthousiasme répand la joie, car c'est une émotion étrangère à la tristesse, une émotion qui nous donne foi en nous-mêmes et à laquelle la peur ne peut résister. Et parce que l'enthousiasme chasse nos doutes et nos incertitudes, il nous rend capables d'accepter les autres. Vous pouvez choisir l'enthousiasme aujourd'hui même !

Un contemporain de Longfellow, Ralph Waldo Emerson, avait lui aussi compris l'importance de l'enthousiasme. Il écrivait : « Tous les grands mouvements ayant joué un rôle important dans les annales de l'histoire ont été un triomphe de l'enthousiasme… » Faites de votre vie un grand mouvement en mettant en pratique ce que vous offre le poème de Longfellow. « Debout donc, agissons, marchons toujours avant, avec un cœur puissant, et défiant le sort. »

Remarquez ces gens qui ont « un cœur puissant, et défiant le sort » et qui continuent à aller de l'avant quelles que soient les circonstances. Ils aiment rire. Ils s'enthousiasment même pour de petites choses. Ils semblent ne pas savoir ce qu'est l'ennui. Donnez-leur un cadeau, et ils vous serreront dans leurs bras pour vous montrer combien ils apprécient votre geste et s'en serviront aussitôt. Donnez-leur des billets pour un concert, et ce présent inattendu les rendra fous de joie. Allez dans les magasins avec eux, et leurs yeux brilleront de plaisir à la vue de tous ces articles et vous ne les entendrez jamais se plaindre. N'est-il pas agréable de côtoyer ces gens ? Voilà ce qu'est l'enthousiasme, le Dieu à l'intérieur de nous qui tient à ce que nous comprenions ce que Longfellow voulait dire par « Vivre est Réalité ! Jamais on ne l'ajourne ! »

Et comme il le dit si bien : « Morts, hélas ! sont les cœurs qui dorment apathiques. » Redonnez vie à votre âme et faites l'expérience de la vie par le biais de votre corps. Vous pouvez commencer par lire tous les jours ce célèbre poème et vous laisser envahir par la grandeur de Longfellow. Voici quelques conseils pratiques qui vous aideront à faire renaître l'enthousiasme :

- Chaque fois que vous vous adonnez à une activité, que ce soit marcher sur la plage ou assister à une partie de soccer, faites comme si c'était pour la *première* et la *dernière* fois. Vous poserez ainsi un regard neuf sur cette expérience et l'enthousiasme sera au rendez-vous. Comme j'ai huit enfants, vous pouvez imaginer le nombre de spectacles, de concerts, d'auditions, de récitals et d'événements sportifs auxquels j'ai assisté. Mais chaque fois je mets en pratique ce petit conseil. Je fais semblant que c'est la première fois et tout devient beaucoup plus vivant. Ou encore je fais semblant que c'est la dernière fois que je participe à cette activité, et à nouveau, mon enthousiasme s'en trouve décuplé.

- Modifiez la façon dont vous vous définissez personnellement. Au lieu de dire de vous que vous êtes une personne non démonstrative, dites-vous qu'à l'avenir vous serez le genre de personne qui n'hésite pas à manifester son enthousiasme pour la vie. Il n'en tient qu'à vous d'avoir un cœur qui dort ou de profiter de la vie.

- Contrez votre tendance à demeurer passif face aux événements de la vie. Il n'y a rien de mal à rester sur la touche pour regarder les autres s'amuser, mais si vous laissez triompher votre enthousiasme pour la vie, vous ferez l'expérience de ce dont parle Longfellow quand il nous rappelle de nous tenir debout et d'agir !

- Un autre grand poème de Longfellow, racontant la chevauchée de Paul Revere, débute par ce vers célèbre : « Écoutez mes enfants et vous entendrez… » Lisez-le également en entier. Vous sentirez l'enthousiasme vous gagner à la lecture de ce récit épique et verrez comment Longfellow a puisé dans son propre enthousiasme pour rédiger ce poème. Car même éprouvé par la mort de son épouse, cet homme a su montrer qu'il avait « un cœur puissant, et défiant le sort. »

IMMORTALITÉ

UN CHIEN SEUL

Cette calme poussière fut, messieurs, mesdames,
Garçons et filles,
Fut rire, compétence et soupirs,
Robes et boucles.
Ce lieu passif, une maison d'été animée,
Où les fleurs et les abeilles
Complétaient leur parcours oriental
Puis s'arrêtaient comme eux.

EMILY DICKINSON
(1830-1886)

Poète américain qui écrivit près de deux mille poèmes, Emily Dickinson passa sa vie à Amberts dans le Massachusetts, où elle mena une vie recluse dominée par la figure austère de son père calviniste. Comme celle de Walt Whitman, de Robert Frost et de Ralph Waldo Emerson, sa poésie parle de l'esprit qui anime la nature et le genre humain.

J'ai toujours été intrigué par ce poème que je cite souvent dans mes conférences. J'ai chaque fois l'impression d'être le messager de l'un de mes poètes préférés du dix-neuvième siècle. Quand vous prenez le temps de vous arrêter à votre corps et au monde qui vous entoure en les regardant à travers le prisme de ce poème, vous devez admettre que tout ce que vous voyez, tout ce que vos sens perçoivent, sera un jour cette « calme poussière » dont parle Dickinson. Pourtant, la partie de vous-même qui en prend acte ne connaîtra pas le même sort.

Après votre mort, le poids de votre corps est exactement le même qu'au moment où vous étiez vivant. Imaginez un peu ! Votre corps a le même poids que vous soyez mort ou vivant. J'en conclus que si le poids de notre corps demeure le même une fois que la vie l'a quitté, alors la vie ne pèse rien. On ne peut la peser, la mesurer, la compartimenter, l'identifier ou l'enfermer. La description poétique d'Emily Dickinson porte précisément sur cette partie de nous-mêmes qui défie ce retour à la poussière qui est, lui, le lot du monde matériel.

Selon les scientifiques, notre planète dispose de réserves limitées de minéraux. Cela veut dire que toutes les réserves disponibles sont déjà présentes sur notre planète ; il n'existe aucune autre source connue d'approvisionnement. Si vous pouviez, par exemple, déterminer la quantité de fer disponible, vous obtiendriez une quantité que vous pourriez identifier comme étant l'ensemble des réserves terrestres de fer. Cette quantité est limitée, et quand nous l'aurons épuisée, nous ne pourrons pas aller dans un autre univers pour renflouer nos réserves de fer.

Votre propre corps contient lui aussi une fraction spécifique de nos réserves totales de fer. Une analyse sanguine vous permettra, par exemple, de déterminer si vous avez un taux de fer bas ou élevé. À présent, la question d'un million de dollars : Où était le fer qui circule à présent dans votre organisme, avant que vous n'apparaissiez sur cette planète ? Et où ira-t-il lorsque vous nous quitterez ? Voilà un des aspects du mystère qu'aborde Emily Dickinson dans son poème.

Prenez dans votre main un peu de cette calme poussière et demandez-vous ce qu'elle était hier ou autrefois. La trompe d'un éléphant ? Une créature de l'ère jurassique ? L'œil de Michel-Ange ? Toutes les particules de matière sont constamment en changement. Les scientifiques ayant un langage imagé vous diront que notre destin est d'engraisser quelque bestiole après notre mort. Tout ce qui compose notre univers physique finira un jour ou l'autre par devenir cette calme poussière.

D'une certaine façon, Emily Dickinson nous dit sur le mode poétique sensiblement la même chose qu'Aristote lorsque celui-ci écrivait : « Vivons comme si nous étions immortels. » Ils nous rappellent que nous avons tous un parcours à compléter, et qu'une fois complété, nous abandonnons notre forme actuelle pour en embrasser une autre. La matière qui compose notre corps sera recyclée, mais notre essence demeurera. Dans un autre court poème, Dickinson écrivait :

> Parce que je ne pouvais m'arrêter pour la mort,
> Il s'arrêta gentiment pour moi.
> Dans sa voiture, il n'y avait de place que pour nous
> Et l'immortalité.

Cette lucidité est une grande source de libération ; c'est votre billet pour l'éternité. Elle vous permet de vous libérer de votre peur de la mort. De bien des façons, la mort de votre corps est une grande source d'enseignement, et non quelque chose que vous devriez craindre.

Je me rappelle qu'un jour un de mes maîtres m'invita à m'asseoir et à me plonger dans un état méditatif. Durant cet exercice, il me demanda de m'imaginer en train de quitter mon corps et de l'observer vu de haut, puis de m'éloigner encore un peu plus, jusqu'à quitter la ville, le pays, l'hémisphère et finalement la planète. Tandis que j'observais la terre de ma position imaginaire dans l'espace, il me demanda d'imaginer notre planète sans moi ; un excellent exercice pour quiconque cherche à assujettir son ego. Au début, je trouvai cela étrange, car mon ego ne cessait de me répéter : « À quoi bon ? Que vaut une planète où je ne suis pas ? » Mais je me mis à m'identifier de plus en plus à la partie de moi-même qui observait, et de moins en moins à celle qui était observée.

Ce que j'observais, c'était cette calme poussière, ces éléments chimiques dont étaient faits nos ancêtres. Mais l'observateur n'a besoin ni d'éléments chimiques ni de poussière. Quand vous êtes constamment dans la position de l'observateur, vous n'avez plus aucune peur de la mort. L'Éternité n'est pas quelque chose qui vous attend ; vous y êtes déjà. En d'autres termes, l'éternité, c'est maintenant.

Votre esprit n'a pas été formé pour croire en votre immortalité, et par conséquent il ne sait pas que vous êtes immortel. Il a été formé pour s'identifier uniquement à ce que vous pouvez voir et toucher. Il y a dans votre cerveau un poste de commande d'où semblent provenir vos décisions, vos émotions et vos expériences humaines. Pourtant, à l'intérieur de ce poste de commande se trouve un commandant invisible qui ne peut mourir. C'est uniquement en vous éveillant à votre nature divine que vous prendrez conscience que vous êtes immortel. Ce commandant est celui qui donne les ordres, et néanmoins vous ne l'avez jamais vu de vos propres yeux. Pour apprendre à connaître votre commandant intérieur, vous devez fermer les yeux et faire directement l'expérience de votre nature divine.

L'expérience de l'immortalité de l'âme ne vient pas de l'éducation, du milieu social ou de la science. Cette idée surgit des profondeurs de votre être et soudain vous *savez* qu'elle est vraie. Notre nature invisible est bien réelle, même si nous savons que nous ne pouvons ni l'examiner ni en dresser la carte. Nous le savons parce que nous pouvons regarder au-delà de la poussière de nos corps et faire la divine expérience de notre immortalité grâce à la méditation.

Emily Dickinson nous demande, dans son magnifique petit poème, de nous arrêter et de prendre conscience que le corps que nous habitons, la voiture que nous conduisons, les vêtements que nous portons, ainsi que toutes les choses constituées d'éléments chimiques et de poussière, sont destinés à compléter le parcours qu'on leur a assigné, puis à s'arrêter. L'arrêt de ce processus, c'est ce que nous appelons la « mort. » Mais ce qui se trouve au-delà des éléments chimiques est libre de rouler éternellement à vos côtés dans cette voiture qui n'a que deux passagers : vous et l'immortalité.

Vous pouvez faire directement l'expérience de ce dont parle Emily Dickinson en mettant en pratique les suggestions suivantes :

- Considérez votre propre mort comme un professeur, un compagnon toujours à vos côtés. Imaginez-vous en train de parler à votre corps mourant en adoptant une attitude inspirée par l'acceptation et l'amour, plutôt que par la peur. Rappelez-vous qu'on ne fait l'expérience de la mort qu'une seule fois. Si vous en avez peur, vous mourrez à chaque minute de votre vie. Servez-vous de la mort pour vous souvenir de vivre pleinement chaque journée.

- Pratiquez l'exercice de méditation dont j'ai parlé plus tôt dans cet essai, en essayant de concevoir un monde sans vous. Cela vous aidera à déplacer votre allégeance et votre identité aux choses que vous observez vers l'observateur immortel qui est toujours avec vous.

- Rappelez-vous que ni les siècles qui ont précédé votre apparition ici-bas, ni ceux qui suivront votre départ, ne devraient vous inspirer de la peur ou de l'anxiété.

- Rappelez-vous les dernières paroles de Robert Louis Stevenson et de Thomas Edison : « Si c'est ça la mort, c'est plus facile que la vie… » et « C'est très beau là-bas. » En effet, ce n'est que de la poussière qui retourne à la poussière, car ce qui est éternel demeure. Cette prise de conscience, c'est votre passeport pour l'éternité.

PERFECTION

L'année est au printemps
Et le jour est au matin ;
Le matin sonne sept heures ;
La rosée perle sur le coteau ;
L'alouette prend son envol ;
L'escargot est sur l'aubépine ;
Dieu est en son paradis —
Tout va pour le mieux dans le monde.

ROBERT BROWNING
(1812-1889)

Poète anglais dont l'histoire d'amour et le mariage avec Elizabeth Barrett furent racontés dans la pièce The Barretts of Wimpole Street, *Robert Browning connut un immense succès grâce à la publication de* The Ring and the Book, *quarante ans après ses débuts de poète.*

*L*es poètes victoriens Robert Browning et Elizabeth Barrett Browning, son épouse, furent sévèrement critiqués à leur époque pour l'optimisme spirituel et métaphysique dont ils faisaient preuve dans leur poésie et leurs œuvres théâtrales. Plus d'un siècle après sa mort, ces huit vers magistraux de Robert Browning témoignent de cet optimisme métaphysique pour lequel on le fustigea de son vivant. Browning parle de la perfection de cet univers qui inspire admiration et respect, comme s'il nous disait : « Regardez autour de vous. Tout est comme il se doit. »

Si vous aimez la poésie de Browning, vous pensez probablement comme moi que le printemps et le matin sont des
miracles à ne pas manquer. Ils marquent la naissance d'une
nouvelle vie, une nouvelle vie qui sera toujours un mystère pour
nous. Un cœur se met à battre dans le sein d'une mère quelques
semaines après sa conception, et cet événement mystifie même les
plus grands scientifiques et les observateurs les plus pessimistes.
Où était cette vie auparavant ? Où ira-t-elle ensuite ? Quelle en
est la cause ? Pourquoi doit-elle se terminer ? Pourquoi ? Ces
questions déconcertent les esprits critiques, mais inspirent les plus
grands poètes.

Pour vivre une vie d'émerveillement plutôt qu'une vie
affreuse, il faut saisir la vérité spirituelle au cœur de l'observation
poétique de Browning. La rosée couvre le coteau même si le poète
est enterré sous celui-ci, pendant que l'alouette s'envole au-dessus
des tombes. Dieu est en son paradis, et tout va pour le mieux dans
le monde. En d'autres termes, vous pouvez être sûr que tout ce
qui contredit l'observation de Robert Browning n'est pas de la
faute de Dieu.

Au lieu de nous voir étroitement liés à ce monde, nous avons
souvent l'impression d'être là pour faire bouger les choses et
adapter le monde à nos besoins. Au lieu de les accepter comme
elles sont, nous tordons les choses pour satisfaire notre ego, créant
ainsi autour de nous chaos et déséquilibre que nous appelons
ensuite imperfections. Et suprême ironie, nous blâmons Dieu pour
les situations que nous créons en malmenant la perfection dont Il
nous a fait don. Le poète nous dit d'être serein, de ne pas juger le
monde, mais de l'observer. N'essayez pas de l'améliorer, acceptez
plutôt la perfection de ses défauts et vivez en harmonie avec ces
derniers. Ne créez pas de nouveaux problèmes. Observez avec
respect la perfection du monde qui vous entoure.

Dans un autre passage, Robert Browning observe : « Toutes
les merveilles et les richesses de la mine dans le cœur d'une pierre
précieuse ; dans le reflet d'une perle, toutes les nuances et tout

l'éclat de la mer... Une vérité plus éclatante que la pierre précieuse, une confiance plus pure que la perle. » Le poète nous invite à poser un regard neuf sur notre monde, avec des yeux remplis des miracles qui occupent chaque centimètre carré de notre espace, avec des yeux mouillés qui savent apprécier une vérité et une confiance qui transcendent leur contrepartie matérielle, la pierre précieuse et la perle. Un regard dépourvu de tout préjugé, jeté sur un paysage éblouissant, peut transformer n'importe quelle journée née sous le signe de l'anxiété, du stress et de la dépression.

Insinuer que le monde est parfait, c'est s'attirer à coup sûr l'ire des nombreux commentateurs sociaux qui préfèrent plutôt s'attarder aux imperfections de celui-ci. Ils se concentrent sur ce qui va mal et vous encouragent à faire de même et à vous joindre aux masses que les imperfections de ce monde plongent dans le désespoir. À ceux qui proclament que tout va pour le mieux dans le monde, à l'instar de Robert Browning, une foule de sceptiques répondront que penser ainsi est absurde, comme le firent les critiques victoriens qui reprochèrent à Browning d'oublier l'esclavage, les crises économiques et la guerre. Browning préféra néanmoins regarder au-delà de ce monde façonné par l'homme, et je vous encourage, vous aussi, à le faire.

Tournez-vous vers la perfection de cet univers dont vous êtes une partie et une parcelle. Voyez comme la terre continue de tourner sur son orbite malgré tout ce qu'on peut en penser. Voyez chaque matin comme un renouveau débutant à sept heures, pensez à tous les « ismes » auxquels vous avez cru, qui vous ont déçu, et auxquels vous avez cru à nouveau, pendant que la rosée couvrait le coteau. Il suffit de faire volte-face pour cesser de s'attarder à ce qui va mal et enfin apercevoir la perfection de notre monde.

Par exemple, pensez qu'au cours des siècles, les feux de forêts causés par la foudre se sont avérés nécessaires pour maintenir un équilibre écologique optimal. Nous avons tendance à penser que Dieu ne devrait pas réduire en cendres nos forêts entières ou provoquer des ouragans et des tremblements de terre. Nous croyons que ces choses ne devraient pas se produire, et pourtant elles font partie elles aussi de la perfection du monde. En fait, avec un peu de recul, on peut même comprendre la perfection du chaos.

Pour mener une vie sereine, il faut prendre conscience de la perfection du monde créé par Dieu et nourrir ce point de vue. La femme de Robert Browning, Elizabeth Barrett Browning, a écrit deux vers qui résument merveilleusement bien tout ce dont nous avons parlé : « Le faible et le doux, le grivois et le grossier, elle les accepta comme ils étaient, et en tira le meilleur parti. » Quand vous portez un regard émerveillé sur le monde, quand vous appréciez tout ce que vous voyez comme étant un cadeau de Dieu, y compris votre propre vie œuvrant en harmonie avec la nature, vous comprenez ce que le poète voulait dire en écrivant : « Dieu est en son paradis – Tout va pour le mieux dans le monde. »

Pour adopter cet optimisme métaphysique :

- Accordez-vous cinq minutes de contemplation pour admirer tout ce qui vous entoure. Allez dehors et prêtez attention aux petits miracles de la nature. Ces cinq minutes quotidiennes d'appréciation et de reconnaissance vous aideront à vous concentrer sur le merveilleux de la vie.

- Accordez une place de choix au mot « perfection » dans votre vocabulaire. Comme disait le Prince de la paix : « Soyez parfait comme votre Père céleste est parfait. » Vous n'êtes pas obligé de toujours percevoir le monde et votre vie en cherchant à les critiquer ou à les améliorer. Jouir de la perfection de toute chose est l'une des façons de mettre en pratique la sagesse de ces grands poètes et philosophes.

- Rappelez-vous que vous êtes, vous aussi, un miracle, au même titre que la rosée, l'alouette et l'escargot. Vous êtes, en fait, l'œuvre de Dieu. Ayez confiance en votre propre divinité et estimez-la, tout comme le lien qui vous unit à la nature. Voir l'œuvre de Dieu partout où vous allez sera votre récompense.

ÂME

Tiré de *Moby Dick*

Comme l'infect océan qui entoure ces terres verdoyantes, de même dans l'âme de l'homme se trouve une île semblable à Tahiti, sereine et joyeuse, mais encerclée par toutes les horreurs d'une vie à moitié vécue.

HERMAN MELVILLE
(1819-1891)

Écrivain, nouvelliste et poète américain, Herman Melville est devenu célèbre avec la publication de Moby Dick, *récit épique d'une chasse à la baleine.*

Quand je lis cette citation, je me revois très clairement en Italie, à Assise, dans cette charmante petite chapelle où saint François vécut et fit tant de miracles documentés au cours du treizième siècle. Cette chapelle, comme la plupart des chapelles de la haute et de la basse ville d'Assise, sont, en général, bien préservées afin que les visiteurs puissent découvrir ces lieux saints tels qu'ils étaient à l'époque de saint François, et où il est si facile de se croire de retour au Moyen Âge. Des millions de personnes, de partout à travers le monde, font ce pèlerinage pour venir prier dans cette petite chapelle si bien préservée.

La chapelle originelle est sise au centre d'une autre chapelle richement décorée, construite quelques siècles après la mort de saint François. Cette construction aux majestueuses colonnes et à l'énorme toit cathédrale, est un lieu où sont rassemblés une multitude de témoignages en l'honneur de saint François, un homme simple, doux et extrêmement passionné. En allant d'une pièce à l'autre, j'eus l'impression de me trouver dans un musée dédié à la mémoire d'un homme d'une très grande spiritualité.

En pénétrant dans la chapelle originelle, au centre de la nouvelle construction, nous ressentîmes aussitôt, ma femme et moi, la paix et la joie des lieux. Ce souvenir me revient en mémoire chaque fois que je lis cette phrase : « ...dans l'âme de l'homme se trouve une île semblable à Tahiti. » Nous frissonnâmes de plaisir, nos yeux se remplirent de larmes de joie, et nous ressentîmes l'énergie de l'amour inconditionnel incarnée par saint François. Après avoir médité pendant une demi-heure, nous quittâmes ce lieu avec le sentiment d'avoir communiqué avec quelque chose de divin. Depuis, nous avons souvent eu l'impression que ce voyage fut un point tournant dans nos vies. Notre mariage est devenu cette alliance spirituelle au sein de laquelle notre rôle est de nous entraider dans notre quête spirituelle.

Les mots d'Herman Melville me ramènent chaque fois à cette expérience cruciale à Assise. La chapelle originelle au centre de la construction représente l'âme, un lieu de vérité et de joie divine. L'édifice qui l'entoure représente notre corps physique, qui est toujours un peu décalé par rapport à la beauté et à la vérité qui se trouvent en son centre. Une vie à moitié vécue, comme le dit Melville, c'est une vie où nous ne pénétrons jamais dans ce lieu intime de sérénité et de joie, notre Tahiti intérieur.

Ces vies à moitié vécues se déroulent exclusivement dans les structures et les pièges du monde extérieur. Ce sont, nous dit Melville, les horreurs qui encerclent l'âme et qui empêchent certains d'entre vous d'atteindre le centre où règnent bonheur et joie. Vous sentez que la vie a quelque chose de plus profond, de plus riche à vous offrir, et pourtant vous continuez à voguer sur l'océan, apercevant de temps à autre la verdoyante Tahiti, cette sereine chapelle dans le lointain.

Le pire scénario imaginable est sans doute d'être confronté à la mort en sachant qu'en raison de quelque peur imaginaire, vous avez vécu votre vie à moitié en évitant de faire ce que votre cœur vous disait de faire. Je vous encourage fortement à modifier ce scénario. Ayez le courage de mettre pied à terre et de découvrir votre Tahiti intérieure.

Je vous encourage également à lire et à relire cette description poignante d'Herman Melville, écrite au dix-neuvième siècle, mais toujours d'actualité. Cet espace intérieur, que Melville appelle l'âme, n'a ni frontière, ni forme, ni dimension. Et pourtant, celui-ci est au cœur même de votre être. Quand vous en ferez enfin l'expérience, vous goûterez à la joie et à la sérénité qu'apporte une vie pleinement vécue et pleinement appréciée. Cet espace intérieur, que Melville appelle l'âme, est silencieux et invisible.

Vous pouvez y parvenir en méditant et en écoutant votre cœur au lieu d'écouter votre tête. Votre cœur vous parle en silence de votre mission, alors que votre tête vous donne souvent des raisons intellectuelles de ne pas suivre votre bonheur. Les musiciens accomplis disent : « La musique, c'est le silence entre les notes. » Sans ce silence informe et sans dimensions, il n'y aurait pas de musique.

Vous pouvez accéder aux rivages de votre verdoyante Tahiti, cette calme chapelle, en vous frayant un chemin à travers cet infect océan et ces structures architecturales, en traversant la carapace de votre corps constitué de muscles, d'os et de tendons, qui vous séparent de cet espace intime indivisible et silencieux. Puis écoutez, rayonnez et découvrez que cette vie à moitié vécue n'est pas pour vous. Prenez en note vos vérités, exprimez vos émotions les plus intimes, et oubliez tout ce que l'on vous a dit de faire ou de ne pas faire. Vous serez beaucoup plus épanoui au travail, avec les membres de votre famille et dans votre vie en général.

Que vous dit votre cœur ? Quelle est cette île verdoyante perdue au milieu de l'océan qui vous appelle et vous invite à venir la visiter ? Peut-être mourez-vous d'envie de visiter les îles

Galápagos ou l'Himalaya. Peut-être brûlez-vous d'ouvrir une galerie d'art ou de travailler avec les Inuits. Peut-être avez-vous l'envie irrésistible d'écrire vos propres poèmes ou de composer vos propres symphonies.

Quel est votre secret ? Robert Frost écrivait : « Nous dansons en cercle autour de celui-ci en faisant des suppositions, mais le secret se trouve au centre et il sait. » Frost devait savoir ce dont parlait Melville dans *Moby Dick*. Même si vous avez préféré jusqu'à présent éviter certains sentiments qui vous habitent pour des raisons personnelles, donnez-vous la permission de les explorer avec des yeux neufs et des oreilles neuves. Mais tandis que vous vous exercerez à accéder à ce centre silencieux, faites attention à la façon dont vous utiliserez votre intellect. Si vous vous dites qu'explorer votre chapelle intérieure est une chose, mais que cela en est une autre d'y vivre, voyez comment cette réflexion vous entraîne à demeurer dans les chambres externes. Vous *agirez* en fonction de ce que vous croyez. Et si vous pensez que cela est impossible, peu pratique et au-delà de vos forces, c'est précisément ce qui arrivera, et vous retournerez sur cet infect océan.

Melville est un écrivain du dix-neuvième siècle, mais il s'adressait à vous et à moi. Il a quitté cette planète avant que nous y arrivions, et pourtant ses écrits ont conservé un accent de vérité. La même force vitale qui circulait dans ce grand écrivain circule aujourd'hui en nous. Il a senti que l'horreur d'une vie à moitié vécue tenait à notre ignorance de cette étincelle de vie silencieuse qui nous apporte, à tous, paix et joie.

Voici mes suggestions pour mettre en pratique ces idées dès aujourd'hui :

- Pratiquez tous les jours une méditation au cours de laquelle vous pénétrez dans cet espace silencieux en vous. Cet espace intime vous apportera un sentiment de paix que vous ne pouvez connaître quand vous êtes prisonnier des récifs de cet infect océan.

- Écoutez votre cœur, non votre tête. Vos émotions sont un excellent baromètre de ce que vous avez vraiment envie de faire. Imaginez-vous en train de visiter votre propre petite île verdoyante. Faites l'expérience dans votre âme et votre esprit de faire ce que vous aimez et d'aimer ce que vous faites.

- Prenez le risque d'écouter votre âme, mais faites attention de ne pas laisser des pensées de peur, d'échec ou de catastrophe influencer votre décision finale. Rappelez-vous que Herman Melville écrivait pour vous, afin que vous n'ayez pas à vous exclamer, au moment, inévitable, où l'Ange de la Mort s'approchera : « Mon Dieu, comme c'est horrible ! J'ai vécu ma vie à moitié. » À l'inverse, vous aurez appris à écouter votre âme et vous pourrez dire : « Je suis en paix avec moi-même. Je n'ai pas peur. J'ai vu Tahiti. »

REGRETS

Tiré de « *Maud Muller* »

Hélas pour la jeune fille, hélas pour le juge,
Pour le riche qui se languit et la bête de somme !
Dieu a pitié d'eux comme Il a pitié de nous
Qui ressassons en vain les rêves de notre jeunesse ;
De toutes les tristes paroles, prononcées ou écrites,
Les plus tristes sont : « Cela aurait pu être ! »
Eh, bien ! pour nous un doux espoir demeure
Profondément enfoui loin de l'œil humain ;
Et peut-être dans l'au-delà, des anges
Rouleront-ils la pierre de son tombeau.

JOHN GREENLEAF WHITTIER
(1807-1892)

Quaker dévoué aux causes et aux réformes sociales, John Greenleaf Whittier fut un poète de la Nouvelle-Angleterre fort populaire. Après la guerre de Sécession, sa poésie s'orienta vers la religion, la nature et la vie en Nouvelle-Angleterre.

*L*e passage cité ci-dessus est la quinzième et dernière strophe d'un poème intitulé « Maud Muller », écrit par John Greenleaf Whittier, poète américain du dix-neuvième siècle, connu pour être prolifique et d'une grande sensibilité. Je vous conseille vivement de lire ce poème qui raconte une histoire porteuse d'un profond message pour tous ceux qui ont le courage d'accepter ce sage conseil.

Au début du poème, Maud Muller, une jolie jeune fille, ramasse du foin dans un pré et aperçoit soudain un juge très élégant qui se dirige vers elle à cheval. Son cœur bat à tout rompre. La jeune fille engage la conversation avec le juge et lui offre un peu d'eau dans une tasse en fer blanc. Mille pensées lui passent par la tête tandis qu'elle imagine ce que doit être la vie auprès d'un homme aussi bon et sensible, qui lui parle « de l'herbe, des fleurs et des arbres. Du chant des oiseaux et du vol des abeilles. » Elle en oublie ses vêtements en loques, son apparence négligée, et se laisse aller à rêver : « Un rêve, qu'elle osait à peine faire sien, où apparaissait un homme supérieur à tous ceux qu'elle avait connus. »

Tandis qu'elle voit le juge s'éloigner, son souhait le plus sincère est de devenir l'épouse de cet homme. Mais cela ne doit pas être. Au lieu de cela, elle épouse un homme qui ne lui apporte que tristesse et douleur. Comme l'écrit Whittier : « Elle vit une silhouette masculine à ses côtés, et la joie devint un devoir, et l'amour une loi. » Puis elle reprend son fardeau en se disant : « Cela aurait pu être ! »

Le poète raconte que le jeune et charmant juge rentre chez lui en apportant dans son cœur un désir intense, mais qu'il n'ose assouvir. De peur de compromettre sa position dans le monde, il est incapable d'actualiser ses sentiments pour la jeune fille et son mode de vie. « Serait-elle mienne, et serais-je moi aussi, aujourd'hui, moissonneur fauchant le foin ; sans souci des conventions douteuses, et sans crainte des avocats à la langue fourchue. » Mais il s'éloigne, emportant ses désirs, pour entreprendre une vie que l'on a choisie pour lui, sur l'ordre d'autres que lui. « Mais il pensa à ses sœurs, fières et froides, et à sa mère, se souciant de son rang et de son or ; son cœur se referma, le juge poursuivit sa route, et Maud resta seule au milieu du champ. »

Whittier raconte ensuite comment le juge en vint à épouser une femme de son rang et de sa position, sans pour autant cesser de rêver de cette âme sœur rencontrée dans un champ. « Souvent quand le vin dans son verre était rouge, il se languissait de l'eau du puits au bord de la route. »

Et l'orgueilleux soupira, touché par une secrète douleur.
« Ah ! Serai-je libre à nouveau !
Libre comme ce jour où je croisai à cheval
Cette jeune fille qui ramassait son foin. »

Au moment où l'histoire de Maud et du juge touche à sa fin, les derniers vers apportent une conclusion chargée d'émotions. Afin que tous mes élèves puissent les lire, j'avais affiché en grandes lettres sur le tableau d'affichage de mon bureau, ces deux vers pour lesquels on s'est souvenu du nom de Whittier, à l'époque, déjà lointaine, où j'étais conseiller scolaire. Ce sont des mots que je répète à mes enfants quand ils ont peur de faire une erreur ou quand ils gardent le silence pour éviter de prendre un risque, afin qu'ils les intériorisent. Ce sont des mots qui aident à vivre, écrits par un poète exceptionnel, il y a plus d'un siècle : « De toutes les tristes paroles, prononcées ou écrites, les plus tristes sont : ' Cela aurait pu être ! ' » En effet, *cela aurait pu être* est la plainte du rêveur frustré qui ressasse le passé en regrettant de ne pas avoir su dire ou faire ce qu'il fallait, par peur des conséquences.

J'ai commis plusieurs erreurs au cours de ma vie, mais je peux dire, en toute sincérité, que je ne regrette rien de ce que j'ai fait. Absolument rien. Bien sûr, j'ai prononcé certaines paroles que je ne répèterais pas aujourd'hui. Bien sûr, j'ai blessé des gens en cours de route, mais j'ai appris de mes erreurs. Bien sûr, j'ai fait de mauvais placements, écrit des choses horribles, consommé des substances toxiques, perdu certains combats, et laissé ma suffisance l'emporter trop souvent par le passé. Mais, comme je le disais, je ne regrette rien de ce que j'ai fait. Je me suis efforcé de ne pas commettre deux fois les mêmes erreurs et je sais qu'on ne peut pas refaire le passé. Pourtant, j'ai encore quelques regrets, je regrette *ce que je n'ai pas fait.*

Lors d'une réunion d'anciens étudiants, je rencontrai une femme dont j'avais été follement amoureux à l'âge de dix-sept ans. Rassemblant tout mon courage, j'osai finalement lui parler des sentiments qui m'avaient habité vingt ans plus tôt ! À ma grande surprise, elle me répondit : « Je t'aimais bien, moi aussi, et j'aurais été folle de joie si tu m'avais téléphoné pour m'inviter quelque part. » J'en fus estomaqué. À dix-sept ans, je tremblais de peur à l'idée d'être rejeté ou ridiculisé. Je m'imaginais qu'elle était beaucoup trop belle et beaucoup trop bien pour moi, et par conséquent j'avais raté une occasion unique.

Si vous sentez quelque chose dans votre cœur, si quelque chose vous dit que vous devriez tenter votre chance, et que néanmoins la peur vous retienne de le faire, vous allez finir par le regretter. Ne vous y trompez pas, les regrets sont un effroyable gaspillage d'énergie. Vous ne pouvez rien en tirer, vous ne pouvez rien en faire. Dès lors, il ne vous reste plus qu'à vous apitoyer sur votre sort.

Quel que soit ce qui vous fait envie, si vous ne suivez pas votre instinct, vous le regretterez. Les paroles que vous ne prononcerez pas par peur du ridicule, le geste que vous ne poserez pas par peur de l'échec, le voyage que vous n'entreprendrez pas par peur de la solitude, sont l'escalier qui mène, marche après marche, au grenier du désespoir de vos vieux jours. Comme l'a si bien résumé Whittier : « Dieu a pitié d'eux comme Il a pitié de nous qui ressassons en vain les rêves de notre jeunesse. »

On désapprouvera votre conduite, cela ne fait aucun doute. Il vous arrivera de ne pas être satisfait des résultats obtenus. Vous serez parfois ridicule. Mais vous n'aurez jamais de regrets si vous dites ce que vous avez sur le cœur et si vous agissez en conséquence. Quoi qu'il arrive, vous aurez le sentiment d'avoir le contrôle de votre propre destinée spirituelle. Comme l'a dit

Jésus : « Quiconque a mis la main à la charrue et regarde en arrière est impropre au royaume de Dieu. »

Pour suivre le conseil au cœur du poème de Whittier et ainsi éviter d'avoir des regrets, voici ce que je vous suggère :

- Imaginez que vous êtes une vieille personne revenant sur ses jeunes années. Que souhaitez-vous ressentir ? Des regrets ou la satisfaction d'avoir écouté la voix de votre cœur ?

- Au lieu de vous soucier de l'opinion des autres et de la façon dont ils interpréteront vos actions, demandez-vous : « Qu'est ce que je veux faire de ma vie ? » Puis prenez un petit risque qui marquera votre premier pas dans cette nouvelle direction.

- Pensez à l'avance à ce que vous allez ressentir. D'abord, imaginez que vous optez pour la voie potentiellement décevante de l'inaction. Puis, imaginez tout ce que vous pourriez obtenir si vous osiez prendre ce risque. En envisageant à l'avance ces deux scénarios, vous éviterez ainsi de regretter ce qui aurait pu être.

JE N'ENVIE D'AUCUNE FAÇON

Je n'envie d'aucune façon
Le captif que n'habite pas une noble rage,
La linotte qui a vu le jour en cage,
Et qui n'a jamais connu les bois d'été ;

Je n'envie pas la bête qui prend
Des libertés avec le temps,
Qui ne sait pas ce qu'est un crime,
Chez qui aucune conscience n'a vu le jour ;

Ni celui qui se croit béni,
Le cœur qui ne s'engage jamais
Mais qui stagne dans les herbes de la paresse,
Ni celui qui n'aspire qu'au repos.

Telle est ma vérité, peu importe ce qui peut survenir ;
Je la sens en moi quand le chagrin m'afflige :
Il vaut mieux avoir aimé et perdu ce qu'on aime
Que de n'avoir jamais connu l'amour.

ALFRED, LORD TENNYSON
(1809-1892)

Poète anglais qui fut nommé poète lauréat en 1850, Alfred, Lord Tennyson est considéré comme le meilleur représentant de l'époque victorienne.

227

Alfred Tennyson fut le représentant en chef de ce qu'on appelle l'époque de la poésie victorienne. Pourtant, aucun poète à ma connaissance n'est moins représentatif de ce courant victorien. Il ne pouvait se passer ni de tabac ni de porto, aimait à vagabonder, et mena pendant longtemps une vie passablement instable. Voici comment le décrivait Thomas Carlyle dans une lettre adressée à Ralph Waldo Emerson : « Un homme sensuel, triste et mélancolique… d'une beauté exceptionnelle… Sa voix est ample et faite pour rire et pousser des cris. » Si je me fie à mes nombreuses lectures, Alfred Tennyson était un homme passionné qui aimait prendre des risques, toujours prêt à assumer les conséquences de ses actes, même quand il n'obtenait pas les résultats escomptés.

Dans cet extrait, le poète nous parle d'une réalité qu'ignorent trop souvent ceux qui vivent avec la peur de l'échec. Il nous dit de vivre comme si l'échec n'était pas envisageable et ce faisant, d'ignorer nos peurs. Il n'envie pas l'oiseau qui chante confortablement enfermé dans sa cage ; Tennyson tenait trop à sa liberté, malgré les risques inhérents. Il n'envie pas non plus ceux qui, par peur du mariage, préfèrent ne pas s'engager. Les quatre derniers vers de son poème comptent peut-être parmi les plus célèbres et les plus fréquemment cités, mais ils sont aussi les plus souvent ignorés.

> Telle est ma vérité, peu importe ce qui peut survenir ;
> Je la sens en moi quand le chagrin m'afflige :
> Il vaut mieux avoir aimé et perdu ce qu'on aime
> Que de n'avoir jamais connu l'amour.

J'appuie entièrement cette notion et je vous rappelle que Tennyson ne parle pas uniquement de nos relations amoureuses. Il aurait tout aussi bien pu écrire :

> Il vaut mieux avoir agi et échoué
> Que de n'être jamais passé à l'action.

Je vous suggère de réfléchir à cette idée radicale : *L'échec, ça n'existe pas !* L'échec est un jugement que nous portons, nous humains, sur nos actions et celles des autres. Au lieu de porter un jugement, dites-vous plutôt : *Je ne peux pas échouer, je ne peux qu'obtenir un résultat !* Puis posez-vous cette question, sans doute la plus importante que vous puissiez vous poser : « Que vais-je faire du résultat obtenu ? »

Imaginons, par exemple, que vous vouliez apprendre à frapper une balle de base-ball ou à faire un gâteau. Vous vous avancez vers le marbre, et après plusieurs essais infructueux, vous frappez pitoyablement la balle à vos pieds. Dans le cas du gâteau, vous le sortez du four et celui-ci tombe en miettes sous vos yeux. En fait, vous n'avez pas échoué, vous avez agi et obtenu un résultat. Mais qu'allez-vous faire de ce résultat ? Allez-vous vous considérer comme un raté, annoncer à tout le monde que vous n'avez aucune coordination et aucun talent pour la cuisine et vous plaindre de vos tares génétiques ou bien allez-vous retourner sur le terrain ou dans la cuisine pour apprendre des erreurs que vous avez commises ? C'est ce que Tennyson vous demande de comprendre et de mettre en pratique dans votre vie, quelles que soient vos activités.

Une relation amoureuse n'est pas un échec parce que vous avez dû vous séparer ou divorcer. Vous avez obtenu un résultat. Il vaut mieux vivre et faire des expériences que de rester sur la ligne de touche de peur que les choses tournent mal.

Considérez un instant quelle est votre véritable nature. Enfant, alors que vous n'aviez pas encore subi le conditionnement qui vous a amené plus tard à éviter de prendre des risques de peur d'échouer, votre nature était programmée de façon à ce que vous appreniez à marcher. Pendant quelque temps, vous êtes demeuré étendu sur le sol, puis votre nature vous a dit « Assieds-toi », et vous vous êtes assis. Puis votre nature vous a donné l'ordre de ramper, et vous avez obéi. Finalement, votre nature vous a dit de vous lever sur vos deux jambes, de maintenir votre équilibre et d'avancer dans la position debout. » Et vous l'avez écoutée.

À votre première tentative, vous êtes tombé et vous avez recommencé à ramper. Mais en raison de votre nature, vous ne pouviez vous en satisfaire. Vous avez donc ignoré vos peurs et votre premier résultat, et vous vous êtes relevé. Vous avez chancelé sur vos petites jambes, et ce fut une nouvelle chute. Mais finalement votre nature l'a emporté et vous avez appris à marcher en vous tenant debout. Imaginez ce qui serait arrivé si vous aviez pu faire fi de ce que la nature avait programmé en vous. Vous ramperiez encore sur le sol et n'auriez jamais connu les avantages qu'il y a à se tenir debout !

Et il en va de même pour tout ce qui touche votre vie. Il est de loin préférable d'avoir agi et obtenu un résultat qui vous permettra de grandir plutôt que d'ignorer votre nature et de vivre dans la peur.

Nos peurs sont souvent le reflet de faits imaginaires que nous croyons réels. En d'autres termes, nous nous concentrons sur ce que nous croyons être de bonnes raisons pour ne pas agir, puis nous en faisons notre réalité, avant même d'avoir essayé quoi que ce soit. Nos peurs se nourrissent de l'illusion qu'il est possible d'échouer, et que ces échecs font de nous des ratés. Souvent, la peur de l'échec nous pousse à tout abandonner et à nous enfuir. Ce n'est pas ce que nous dit Tennyson !

Alfred Tennyson fut élevé à la pairie huit ans avant sa mort et devint par la suite le poète national de l'Angleterre. Mais le jeune Alfred Tennyson était un homme qui se consacrait avec passion à ses nombreux centres d'intérêt, qui acceptait de faire des erreurs et qui mourait d'envie d'aimer. Malgré les risques d'échec, il préférait cela au fait de n'avoir jamais aimé. Et en effet, il connut le rejet et la tristesse, mais comme il le dit de façon si poignante : « Je n'envie d'aucune façon. »

Prenez conscience du fait que vous n'avez jamais échoué et que vous n'échouerez jamais. L'illusion de l'échec n'est là que pour vous empêcher de vous tromper et de commettre des erreurs. Or, c'est précisément ce dont vous avez besoin pour grandir. J'ai toujours aimé la réponse de Thomas Edison à un journaliste qui lui demandait comment il se sentait après avoir échoué vingt-cinq mille fois dans ses efforts pour inventer la pile : « Échoué ? Je n'ai pas échoué. Je connais aujourd'hui vingt-cinq mille façons de ne pas faire une pile. »

Mettez en pratique la leçon de vie mise en vers par Tennyson en considérant les suggestions suivantes :

- Refusez d'utiliser à nouveau le terme « échec » en parlant de vous-même ou de quelqu'un d'autre. Rappelez-vous, chaque fois que les choses ne tournent pas comme prévu, qu'il ne s'agit pas d'un échec, mais d'un résultat.

- Posez-vous ensuite cette question extrêmement stimulante : « Que vais-je faire des résultats que j'ai obtenus ? » Faites en sorte de manifester votre reconnaissance au lieu d'éprouver du ressentiment à l'égard de ces résultats décevants.

- Quand les autres disent que vous avez échoué, dites-leur gentiment : « Je n'ai pas échoué, j'ai simplement découvert une autre façon de ne pas faire un gâteau. »

- Prenez la décision de vous impliquer dans des activités pour lesquelles vous avez manifesté jusqu'à présent peu ou pas d'aptitude. Pour surmonter votre peur de l'échec, vous devez y faire face et vous moquer de vos tentatives infructueuses au lieu de vous laisser intimider et embarrasser par ces dernières.

PERFECTION PHYSIQUE

Pour moi, chaque centimètre cube de l'espace est un
  miracle…
Tous mes organes et mes attitudes sont les bienvenus…
Pas un centimètre, pas une particule d'un centimètre n'est
  ignoble…

Walt Whitman
(1819-1892)

*Essayiste, journaliste et poète américain, Walt Whitman fit de
l'égalité entre humains et du caractère sacré de la vie sous toutes
ses formes, même dans la mort, les principaux thèmes de ses
œuvres.*

*N*otre corps physique, avec ses molécules et ses atomes, est
continuellement en changement. À l'intérieur de celui-ci, dans un
endroit qui n'est en fait nulle part, se trouve l'observateur
éternel, l'incarnation de notre immuable nature divine. Walt
Whitman a toujours honoré son corps et l'état de continuel
changement qui le caractérise, fidèle en cela à cette perspective
sacrée. Il écrivit un jour : « S'il y a quelque chose de sacré, c'est
bien le corps humain… » Comment réagissez-vous à cette
affirmation ? Que pensez-vous de ce corps que vous habitez ?
Votre réponse dépendra énormément de la qualité de votre vie
matérielle et spirituelle.

Votre attitude à l'égard de votre corps influence littéralement
les atomes et les molécules qui le composent. Le docteur Deepak
Chopra dit souvent aux gens qui assistent à ses conférences : « Des

pensées joyeuses font de joyeuses molécules. » Il leur fait également remarquer que la composition chimique des larmes de joie est différente de celle des larmes de chagrin. Je vous encourage donc à faire la paix avec votre corps, à chérir ses divers organes, ses sécrétions et son squelette, et à observer avec admiration et respect cet organisme qui bouge, pense, rêve, calcule et se transforme sans arrêt. Cet état d'émerveillement, c'est précisément ce à quoi vous invite Walt Whitman : à contempler le miracle de votre corps en perpétuelle mutation.

Votre corps n'est en rien exécrable ou imparfait, qu'il soit petit, grand ou trapu, que votre peau soit foncée ou claire. La couleur de vos cheveux, leur épaisseur, les endroits où ils poussent, tout cela correspond à un ordre divin. Vos seins sont de la bonne taille, vos yeux sont de la bonne couleur et vos lèvres sont suffisamment charnues. Si des pensées joyeuses peuvent créer des molécules en santé, et si votre esprit est en grande partie responsable de votre état de santé, votre organisme est essentiellement un système naturel. Vous êtes venu au monde avec celui-ci. Sa forme, sa taille et ce que l'on appelle à tort ses handicaps sont tels que Dieu les a voulus.

Quelques semaines après la conception, un cœur s'est mis à battre dans le sein de votre mère et votre corps a commencé à se former, indépendamment de ce que vous pouviez en penser. Ce processus de croissance est un mystère que personne sur cette planète n'est parvenu à éclaircir. Qui peut l'expliquer ? Venu de nulle part, votre corps a entrepris son périple, vos doigts et vos orteils se formant à partir d'une minuscule goutte de protoplasme humain. Comment est-ce possible ? D'où viennent-ils ? Qui va contester la sagesse inscrite dans cette semence ? Vous habitez à présent un corps qui se modifie aussi radicalement à l'extérieur du ventre de votre mère qu'à l'époque où il était à l'intérieur. Mais cette fois-ci, vous avez la chance d'observer ce processus. Vous, le « je » invisible, « le fantôme dans la machine », l'occupant de cette création parfaite.

Ce corps qui est le vôtre devra suivre son propre programme, sauf qu'il s'agit ici d'un programme divin. Votre corps est la maison de Dieu, et c'est dans ce corps, alors qu'il se trouve ici-bas, sur cette planète, que vous pouvez porter atteinte à la réalisation de Dieu. Être dégoûté ou embarrassé par la maison de Dieu, c'est souiller ce temple qui est le seul endroit dans l'univers où vous savez pouvoir prendre conscience de la présence de Dieu. Personne ne peut interrompre ce processus de transformation perpétuel. Personne ne peut altérer la structure fondamentale du corps. Vous vivez dans un organisme qui possède son propre plan d'avenir, qui va partout où sa nature lui dit d'aller. Ne le haïssez pas, à moins que vous ne souhaitiez renier la sagesse qui vous a créé.

Traitez votre corps comme s'il était un invité de passage. Pendant qu'il est avec vous, ne le négligez pas, ne l'empoisonnez pas. Honorez-le, accueillez-le et laissez-le finalement repartir comme il est venu, retourner d'où il est venu. Prenez plaisir à observer les différentes étapes de son développement. Observez-le avec admiration et respect.

Quand vous vous cognez le gros orteil, quand vous vous coupez un doigt ou quand vous vous étirez un muscle, et que cette petite douleur rend tous vos gestes plus sensibles, arrêtez-vous et dites-vous que vous êtes chanceux d'avoir des orteils, des doigts et des muscles. Pensez aux jours où ils fonctionnent parfaitement, sans jamais attirer votre attention sur eux. Pourquoi entretenir des pensées négatives à l'égard de votre corps ou avoir du mépris pour cette divine création en perpétuelle mutation ? C'est un privilège d'avoir un corps comme le vôtre. Honorez-le comme si c'était le garage où vous stationnez votre âme. Refusez d'avoir des pensées méprisantes à son égard. Ne vous plaignez pas de sa taille, de sa couleur ou de son usure.

Pourvu que vous soyez reconnaissant et émerveillé, il est peu probable que vous le négligiez. Vous serez beaucoup plus porté à le soigner, à le dorloter et à le nettoyer afin qu'il demeure pétillant de vie, quand de l'intérieur, vous observez avec stupéfaction et étonnement, avec admiration et respect, chaque centimètre de cet univers en sachant qu'il n'y a pas d'erreur possible. Si au lieu d'avoir des cheveux sur la tête, vous avez des poils dans les oreilles, sur les épaules et dans le nez, qu'il en soit ainsi ! Si votre peau devient flasque, applaudissez le processus ! Refusez de vous attacher à la chair comme si elle était censée durer toujours. Tous les corps sont marqués par la mort, et pourtant le paradoxe demeure : à l'intérieur de ce corps mortel réside un être immortel. Considérez votre corps comme un poste d'observation d'où vous contemplez le monde. Choisissez de le faire en adoptant la perspective miraculeuse si souvent citée par Walt Whitman dans ses magnifiques poèmes.

Voici quelques suggestions pour mettre en pratique les sages conseils de Walt Whitman dans votre vie quotidienne :

- Rendez grâce pour ce temple qui abrite votre âme. Remerciez de vive voix votre foie, vos yeux, votre pancréas, chaque organe, chaque centimètre cube de votre corps. Dites simplement : « Merci mon Dieu pour cet endroit toujours parfait et toujours en mutation d'où je peux observer le monde. »

- Prenez conscience de la façon dont vous souhaitez traiter ce miracle qu'est votre corps. Parlez-lui quand vous lui faites faire de l'exercice, quand vous lui donnez à manger de bons aliments et de généreuses quantités d'eau fraîche : « Je te bénis, corps merveilleux. Et en étant davantage conscient que tu es une création parfaite, j'éviterai de te maltraiter. »

- Observez les changements qui ont lieu dans votre corps avec joie plutôt qu'avec mécontentement. Ne dites jamais d'une partie de votre corps qu'elle est imparfaite. Dieu ne crée rien d'imparfait.

- Un corps dont on prend soin aura plus de facilité à avancer sur le chemin de la spiritualité, car le monde matériel a été créé à partir du monde spirituel. Des pensées pures vous aideront à maintenir un corps pur et en santé. Rappelez-vous que ce sont les pensées qui soignent le corps, et non l'inverse. C'est d'ailleurs pourquoi le fait d'adopter une attitude de respect et de reconnaissance à l'égard de votre corps est un facteur important dans la mise en valeur de votre vie spirituelle.

ÉTERNELLE JEUNESSE

Tiré d'*Alice au pays des merveilles*

PÈRE WILLIAM
(à la manière de Southey)

Vous êtes vieux, père William, dit le jeune homme,
Et vos rares cheveux sont devenus très blancs ;
Sur la tête pourtant vous restez planté comme
Un poirier : est-ce bien raisonnable, vraiment ?

Étant jeune, répondit William à son fils,
Je craignais que cela ne nuisît au pensoir ;
Mais, désormais, convaincu de n'en point avoir,
Je peux sans nul souci faire un tel exercice.

Vous êtes vieux, dit le premier, je vous l'ai dit,
Et présentez un embonpoint peu ordinaire ;
Ce nonobstant, d'un saut périlleux en arrière,
Vous franchissez le seuil : pourquoi donc, je vous en
    prie ?

Quand j'étais jeune, dit l'autre en hochant sa tête
Grise, je me forgeai des membres vigoureux
Par la vertu de cet onguent : cinq francs la boîte ;
Permettez-moi, fiston, de vous en vendre deux.

Vous êtes vieux, dit le garçon, vos dents sont trop
Faibles pour rien broyer de plus dur que le beurre ;
Or vous mangeâtes l'oie, y compris bec et os ;
Comment, dites-le-nous, avez-vous bien pu faire ?

Jeune, dit le vieillard, j'étais dans la basoche,
Et à tout propos disputais avec ma mie ;
Grâce à quoi ma mâchoire a acquis une force
Musculaire qui a duré toute ma vie.

Vous êtes vieux, dit le jeune homme, et nul n'oublie
Que votre vue n'a plus l'acuité d'antan ;
Sur votre nez, pourtant, vous tenez une anguille
En équilibre : qui vous a fait si savant ?

J'ai répondu à trois questions, ça suffit,
Dit le père. N'allez pas vous donner des airs !
Vais-je écouter encore vos idioties ?
Filez ! ou je vous mets mon pied dans le derrière !

(*Traduit par Francis Lacassin*)

LEWIS CARROLL
(1832-1898)

Auteur, mathématicien et photographe anglais, Lewis Carroll est devenu célèbre grâce à Alice au pays des merveilles *et* Alice à travers le miroir.

Charles L. Dodgson, mathématicien, photographe et romancier anglais, était un homme timide, sourd d'une oreille et souffrant de bégaiement, qui demeura toute sa vie célibataire, malgré son amour et sa fascination pour les enfants. Sachant leur parler avec naturel et aimant inventer des histoires au fur et à mesure qu'il les racontait, il amenait souvent ses jeunes amis en pique-nique, où son imagination les régalait des aventures d'Alice dans le monde souterrain. Vingt-cinq ans après la publication d'*Alice au pays des merveilles*, Lewis Carroll racontait que, cherchant désespérément une nouvelle idée pour maintenir l'attention de ses petits auditeurs, il fit « pénétrer [son] héroïne dans le terrier d'un lapin, sans avoir la moindre idée de ce qui allait lui arriver par la suite. »

Ce passe-temps, qui lui permettait de raconter les histoires extravagantes et sans fin d'une héroïne nommée Alice, donna finalement naissance à *Alice au pays des merveilles*, et Charles Dodgson devint Lewis Carroll, l'un des auteurs pour enfants les plus connus à ce jour. Cet extrait est tiré de cette célèbre histoire qu'il raconta pour la première fois en 1862, à un groupe d'enfants qui pique-niquaient avec lui sur les berges de la Tamise, en face d'Oxford. Aujourd'hui, ses histoires sont lues par des enfants et des adultes partout dans le monde.

« Père William » est une ballade humoristique dépeignant une conversation entre un fils et son père, perçu comme un vieux débris desséché par l'enfant. Les réponses du père William envoient un double message à tous ceux qui sont confrontés à la réalité d'un corps qui vieillit, mais qui abrite néanmoins une âme éternelle. Ces deux messages sont : (1) Vous êtes vieux uniquement si vous croyez l'être ; et (2) vous pouvez devenir un expert dans n'importe quel domaine si vous le désirez. Le père William répond à chacune des questions de l'enfant en faisant allusion à sa propre jeunesse, un fait que semblent ignorer tous les enfants du monde, en y ajoutant une pointe d'ironie et d'humour. Il se tient sur la tête, dit-il, parce que son grand âge a effacé en lui l'idée juvénile qu'il possède un cerveau méritant d'être protégé. Il fait des sauts périlleux même s'il est gras et ronge des os même si ses dents sont fragiles. Toute la beauté de l'écriture de Lewis Carroll réside dans l'ironie et la fantaisie de ses inventions. Il nous dit que nous ne pouvons échapper à la vieillesse et que nous devons nous attendre à être ridiculisés et incompris par la nouvelle génération, mais que cela ne doit pas influencer la façon dont nous vivons notre vie.

La réponse du père William au jeune homme est pour moi le signal que je dois refuser de laisser un vieil homme infirme prendre possession de mon corps. Il me rappelle que je peux demeurer alerte et guilleret, et que cette décision personnelle me permettra d'accomplir ce que j'ai à faire, peu importe le niveau d'excellence que je choisisse, quel que soit mon âge. J'adore ce conseil et je le mets en pratique tous les jours.

Depuis plus de vingt ans, en fait depuis près d'un quart de siècle, je dis à mon corps qu'il va devoir aller dehors et courir tous les jours, quels que soient les maux qui l'affligent. J'ai habitué mon corps à nager régulièrement dans l'océan et à jouer au tennis au moins cinq fois par semaine. Au lieu de prendre l'ascenseur, je lui dis de monter les escaliers chaque fois que cela est possible. Je l'informe régulièrement qu'il va devoir marcher, car je n'ai pas l'intention de prendre la voiture pour faire les courses. Je lui dis de faire des redressements assis, de renforcer ses abdominaux, de jouer au basket-ball, au soccer et de participer aux activités de mes jeunes, à leurs côtés. Non seulement cela, mais je rappelle à ces jeunes et à leurs amis, en prenant un petit air enjoué et sarcastique, que je peux, contrairement à eux, m'adonner à leurs activités toute la journée sans jamais me fatiguer. Quand ils me taquinent, je réponds, comme le père William : « Vais-je écouter encore vos idioties ? Filez ! ou je vous mets mon pied dans le derrière !»

Vous n'êtes pas obligé d'adopter une attitude correspondant aux différentes étapes qui marquent le processus naturel de vieillissement de votre corps. Vous pouvez bien sûr abandonner la partie et vous présenter comme une vieille personne, et ainsi devenir effectivement invalide, en vous imposant vous-même cette étiquette. Ou vous pouvez imiter l'exemple du père William et regarder votre corps droit dans les yeux en lui disant : « Tu ne m'empêcheras pas de vivre ma vie pleinement ! »

Parmi les réponses insensées du père William à son jeune fils, j'ai également glané le message qu'il n'est pas nécessaire de se limiter à un seul champ d'expertise. Vous pouvez être à la fois un intellectuel et un athlète remarquables, même si plusieurs personnes considèrent que les deux choses s'excluent mutuellement. J'ai longtemps entendu dire qu'il y avait de bons écrivains et de bons conférenciers, mais qu'il était impossible d'exceller dans ces deux domaines à la fois. Ces observateurs m'ont expliqué que les écrivains étaient des introvertis qui communiquaient principalement avec un crayon et du papier, alors que les conférenciers étaient des extravertis capables de parler aux gens, et par conséquent, pas très doués pour l'écrit.

Pour moi, ces remarques sont aussi absurdes que les questions adressées au père William, et j'ai choisi de faire les deux, comme je peux prendre plaisir à écouter de la musique classique et à regarder une partie de football ou même y jouer. Vous pouvez aimer la poésie et les romans à l'eau de rose. Vous pouvez vous sentir aussi à l'aise dans un manège de Disney World que dans un groupe de discussion sur l'existentialisme. Vous n'êtes pas obligé de vous ranger dans de petits compartiments pour vous connaître. Vous n'êtes pas obligé de découvrir quel est votre principal champ d'intérêt, puis poursuivre les deux ou trois activités qui correspondent aux talents que Dieu vous a donnés. Vous pouvez atteindre un haut degré d'expertise dans tous les domaines qui vous intéressent. Vous êtes un être éclectique, et non unidimensionnel. Et quand vous entendrez les remarques sarcastiques de ces petits jeunots qui vous trouvent vieux et desséché, pensez au père William, ce personnage plein d'entrain sorti de l'imagination débridée de Charles L. Dodgson, alias Lewis Carroll, qui répondait en se tenant sur la tête, en tenant une anguille en équilibre sur son nez et en faisant des sauts périlleux, tout en lançant avec bonhomie à ses jeunes critiques : « Vais-je écouter encore vos idioties ? Filez ! ou je vous mets mon pied dans le derrière ! »

Je vous suggère d'en faire autant et de vous débarrasser de toutes les attitudes – passées, présentes ou futures – qui vous amènent à vous identifier à un corps vieillissant et limité. Pour vous y mettre, voici quelques suggestions :

- Parlez à votre corps et forcez-le à devenir plus actif, malgré ses objections. Si vous avez habitué votre corps à la sédentarité, il résistera à votre volonté de marcher, de courir et de faire régulièrement de l'exercice. Prenez note de ses protestations, puis faites-le quand même.

- Résistez à la tentation de vous affubler d'étiquettes qui vous limitent de quelque façon. Des phrases du genre « Je ne suis pas doué pour… » ou « Je ne me suis jamais intéressé à… » ne font que renforcer ce que vous croyez être vos limites. Vous pouvez exceller dans tout ce que vous entreprenez, et y prendre plaisir, si vous le désirez.

- Engagez-vous dans un projet de perfectionnement de soi conçu pour maximiser l'état de votre esprit, de votre corps et de votre âme. Rédigez votre propre programme et mettez-le en pratique tous les jours.

- Inscrivez-vous à des cours où vous apprendrez quelque chose de nouveau et avec lesquels vous êtes peu familier, comme le tir à l'arc, le bridge, la méditation, le Tai-Chi, le tennis, la danse ou n'importe quelle autre activité nouvelle.

BIENVEILLANCE

NE PLEURE PAS, JEUNE FILLE,
CAR LA GUERRE EST DOUCE

Ne pleure pas, jeune fille, car la guerre est douce.
Parce que ton amant lève fébrilement les mains vers le ciel
Pendant que son coursier terrifié s'enfuit sans lui,
Ne pleure pas.
La guerre est douce.

Les tambours rauques et retentissants du régiment,
Petites âmes avides de combat –
Ces hommes étaient nés pour marcher au pas et mourir.
Une gloire inexplicable plane au dessus d'eux ;
Grand est le dieu de la guerre, grand – et son royaume
Un champ où gît un millier de cadavres.

Ne pleure pas, enfant, car la guerre est douce.
Parce que ton père s'effondre dans les tranchées jaunâtres,
La rage au cœur, la gorge serrée et meurt,
Ne pleure pas.
La guerre est douce.

Le drapeau vif et éclatant du régiment,
L'aigle aux armoiries rouge et or,
Ces hommes étaient nés pour marcher au pas et mourir.
Faites-leur remarquer les vertus du massacre,
Faites-leur comprendre l'excellence du meurtre,
Et d'un champ où gît un millier de cadavres.

Mère dont le cœur décore humblement comme un écusson
L'éclatant et splendide linceul de ton fils,
Ne pleure pas.
La guerre est douce.

STEPHEN CRANE
(1871-1900)

Romancier, nouvelliste, poète et correspondant de guerre américain, mieux connu pour son ouvrage The Red Badge of Courage, *Stephen Crane, qui mourut à l'âge de vingt-neuf ans, parvint à produire une œuvre qui lui assura une place permanente dans la littérature américaine.*

Stephen Crane, le plus jeune d'une famille de quatorze enfants, eut une vie brève, mais extrêmement mouvementée. Ses livres portent sur des sujets qui semblaient simultanément l'attirer et le repousser. La violence des rues et ses victimes devint le sujet de son premier livre, *Maggie : A Girl of the Street*, récit compatissant d'une innocente jeune fille des bas quartiers qui sombre dans la prostitution et finit par se suicider. En 1893, ce sujet étant tabou dans la littérature, le livre fut publié à compte d'auteur et Crane dut utiliser un pseudonyme. Ce premier ouvrage fut suivi en 1895 de son célèbre récit sur les horreurs de la guerre, *The Red Badge of Courage*.

Il écrivit sur son aversion pour la violence, sa sympathie pour les victimes et les opprimés, et pourtant, il ne pouvait s'empêcher de rendre compte de ces sévices et d'en faire lui-même l'expérience, allant jusqu'à vivre avec un ancien propriétaire de bordel. La carrière littéraire et journalistique de Stephen Crane, qui parcourut la planète à titre de correspondant de guerre, fut brève. Il mourut à l'âge de vingt-neuf ans du paludisme et d'une tuberculose contractés alors qu'il couvrait la guerre hispano-américaine à Cuba.

Pour moi, ce poème d'une extrême ironie n'est pas qu'une critique virulente de la guerre et de ses horreurs ; c'est aussi une dénonciation de la violence sous toutes ses formes, ce qui inclut cette violence inhumaine que nous observons tous les jours, mais aussi la rage et la fureur qui rongent nos propres cœurs. Elles sont aussi destructrices l'une que l'autre, et c'est pourquoi le poète en fit également le sujet de sa complainte contre la guerre. Ce poème ironique est un commentaire sur ce qu'il appelle ces petites âmes avides de combat qui voient du courage dans quelque chose d'aussi horrible qu'un massacre, et une marque d'excellence dans un champ où gît un millier de cadavres. Quant à moi, ce poème m'enjoint de chercher en moi-même cette petite âme qui pourrait encore glorifier la violence inhumaine de l'homme contre l'homme. Il me rappelle que je dois triompher de ma petite âme, et surmonter ma curiosité et ma fascination pour tout ce qui est violent.

Des hommes prennent les armes et laissent derrière eux des jeunes filles en pleurs partout à travers le monde, que ce soit sur des champs de bataille, dans nos maisons, nos écoles, nos rues ou nos terrains de jeux. Ces hommes semblent être nés pour marcher au pas et mourir, or personne ne vient au monde porteur d'un tel destin. Ce carnage est la conséquence de notre propre curiosité, de notre propre fascination pour la guerre et le meurtre, pour la violence et la rage, et c'est pourquoi nous attirons dans nos vies collectives ce que nous redoutons justement le plus. Nous vivons, quoique de manière plus subtile, le même genre de vie que le poète Stephen Crane, attirant dans nos vies ce que nous trouvons le plus repoussant. Si nous ne maîtrisons pas cette petite âme, nous serons, nous aussi, victimes de cette quête de gloire inexplicable qui nous amène à côtoyer le dieu de la guerre et son royaume où gît un millier de cadavres.

Notre fascination pour la violence et sa conséquence ultime, le meurtre, se reflète dans notre goût pour les films d'action où la vie humaine est si dévaluée que l'élimination de celle-ci est considérée comme un divertissement. Le fait de montrer des crimes pour plaire au public a laissé des traces sur notre conscience collective, que nous l'admettions ou non. Nous défendons notre besoin et notre droit de posséder un pistolet, et par conséquent, la vente d'armes est devenue un commerce extrêmement rentable partout dans le monde. Une arme pour chaque homme, femme et enfant est aujourd'hui le slogan de cette industrie qui s'approche un peu plus chaque jour de son objectif. Ne pleurez pas, la guerre est douce.

Pourtant, ce ne sont pas les raisons de pleurer qui manquent, et nous disposons encore d'impressionnantes réserves de larmes. Des jeunes filles lancent des cris d'angoisse à chaque heure de chaque jour en apprenant que leurs êtres chers sont morts victimes de notre insatiable appétit de violence et de guerre. Nous vivons dans la société la plus violente du monde, où des centaines de milliers de personnes sont tuées et mutilées chaque année sans que cela n'attire, ne serait-ce qu'un instant, l'attention de nos « dirigeants », trop occupés à punir les autres pour leurs violations des droits de l'Homme. Récemment, lors d'une visite officielle, on refusa à des membres du gouvernement chinois la pleine reconnaissance diplomatique sous prétexte que leur pays était vivement critiqué pour ses positions sur les droits humains. Pour moi, cette décision est aussi ironique que le poème de Stephen Crane, « Ne pleure pas, jeune fille, car la guerre est douce. »

Pour ébranler cette fascination pour la guerre, le meurtre et la violence, nous devons d'abord regarder dans notre propre cœur et permettre à notre grande âme de triompher de ses penchants. Nous devons trouver un espace à l'intérieur de nous où nous savons, grâce à une intuition qui n'est pas de ce monde, que nous sommes tous reliés par une intelligence organisatrice invisible et que nous devons vivre en en étant conscients. Nous devons refuser de participer à toute activité qui prétend nous divertir en banalisant la violence et le meurtre. Nous devons enseigner à nos fils qu'ils ne sont pas venus au monde pour marcher au pas et mourir, qu'ils ne sont pas venus au monde pour lever les mains au ciel dans quelque rituel égocentrique ou pour mourir sur le champ de bataille comme s'il s'agissait d'une marque de courage. Nous devons les élever afin qu'ils soient dégoûtés par la violence et capables de maîtriser ces impulsions violentes induites par une identification excessive avec le besoin de l'ego de triompher sur le champ de bataille. Nous devons leur apprendre, et nous rappeler par le fait même, la supériorité de la coopération sur la compétition, et leur transmettre la grande sagesse de cette homélie amérindienne : «Aucun arbre n'a de branches assez sottes pour se battre entre elles. »

Nous devons élire des dirigeants qui sont horrifiés par un monde où pullulent les armes et les munitions, des gens qui rechercheront à tout prix, avec un véritable courage, la disparition de toutes les armes conçues pour tuer, de la bombe nucléaire aux armes de poing de faible calibre. Si elles ont été conçues pour infliger la mort, nous devons trouver une alternative. Et finalement, nous devons regarder dans notre propre cœur afin de réprimer cette fascination de notre petite âme pour la violence et la remplacer par une fascination pour la bienveillance et l'amour.

« Tout ce que nous avons à faire, c'est d'être un peu plus gentils les uns avec les autres. » C'est ce que répondit Aldous Huxley sur son lit de mort quand on lui demanda ce qu'il conseillait à l'humanité après une vie consacrée à l'étude et à l'exploration de l'esprit humain. Des mots simples pour une solution simple. La guerre n'est assurément pas douce. Être gentil est la solution non seulement dans le monde pour les entités collectives, mais aussi dans nos vies individuelles, là où tout débute.

Pour intégrer la prise de conscience au cœur du poème de Stephen Crane dans votre propre vie :

- Refusez les films, les émissions de télévision et les livres qui font la promotion de la violence ou qui dévaluent la vie humaine en faisant du meurtre et des sévices une forme de divertissement.

- Enseignez aux jeunes gens que la bienveillance est une valeur supérieure à la violence. Expliquez-leur pourquoi vous ne voulez pas qu'ils jouent avec des armes jouets. Dites-leur qu'ils peuvent changer le monde en choisissant des jeux fondés sur la gentillesse plutôt que sur le meurtre.

- Ressaisissez-vous quand vous vous sentez envahi par des impulsions violentes ; prenez le temps d'y réfléchir et de vous reprogrammer en vous alignant sur la gentillesse plutôt que sur la rage. En prenant conscience de la rage qui vous habite, vous permettrez à votre grande âme de dompter les bas instincts de la petite âme.

- Soutenez des organisations qui ont pour mission d'éradiquer la violence dans le monde. Plusieurs organisations, qu'il s'agisse des Nations Unies ou de groupes locaux, souhaitent que des gens soucieux de la paix soient élus à la tête de nos commissions et de nos gouvernements. Choisissez-en une et soutenez-la de votre mieux.

RIRE

LE RIRE D'UN ENFANT

Toutes les cloches du paradis peuvent sonner,
Tous les oiseaux du paradis peuvent chanter,
Toutes les sources de la terre peuvent jaillir,
Tous les vents de la terre peuvent transporter
Ces doux sons emmêlés ;
Plus doux que tout ce que l'on peut entendre,
Son de la harpe, timbre de l'oiseau,
Bruits de la forêt au coucher du soleil,
Charmant clapotis de l'eau du puits,
Vent chaud des blafardes saisons,

Il y a pourtant une chose, que nul
Ne peut entendre résonner
Sans savoir que rien n'est plus doux
À l'oreille de l'homme sous le soleil,
Ou au paradis dans l'au-delà ;
Doux et fort, puissant et léger –
Le son même de la lumière
Entendu aux plus roses sommets du matin –
Quand l'âme porteuse de tous les délices
Remplit le clair rire d'un enfant.

Des cloches d'or de bienvenue n'ont jamais
Émis pareilles notes, ni sonné les heures
De façon aussi insouciante et audacieuse,
Que la radieuse bouche d'or
Qui résonne ici des échos du ciel.

Si le roitelet à la crête d'or
Était un rossignol – alors peut-être
Cette chose vue et entendue des hommes
Aurait la moitié de la douceur
Du rire d'un enfant de sept ans.

ALGERNON CHARLES SWINBURNE
(1837-1909)

Poète et homme de lettres anglais, Algernon Charles Swinburne est connu pour s'être rebellé contre les conventions sociales et la religion de l'époque victorienne, et pour l'esprit païen et les effets musicaux de sa poésie.

Essayez d'imaginer les sons dont parle Swinburne dans les premiers vers de ce touchant poème sur le rire d'un enfant. Essayez d'entendre et de voir les cloches et les oiseaux du paradis, l'eau qui jaillit des puits, les vents, les harpes, le bruissement des feuilles et le chant des oiseaux. Ce sont pour la plupart des sons naturellement mélodieux qui apportent à l'esprit la paix et la sérénité de la nature. Des sons divins, si vous voulez, qui nous réjouissent quand nous les écoutons calmement.

Algernon Charles Swinburne, le prolifique poète victorien à qui nous devons ce poème, est considéré comme un maître dans l'art de marier les mots, les couleurs et les sons, un art que je trouve pour ma part fascinant. Dans ce poème, il puise dans son talent sans pareil pour comparer les plus jolis sons naturels de notre monde au rire d'un enfant, et conclut qu'ils ne lui arrivent pas à la cheville ! Je ne me lasse pas de ce poème. En fait, je suis parfaitement d'accord avec le poète ; rien n'est plus doux qu'un éclat de rire, surtout s'il s'agit du rire d'un enfant.

Lorsque la plus jeune de mes filles, Saje, n'était encore qu'un petit enfant, elle avait un rire éclatant et contagieux comme je n'en ai jamais réentendu depuis. Si quelque chose lui semblait comique, même à dix ou onze mois, elle éclatait d'un rire rauque qui semblait provenir du fond de son petit ventre. Quand cette hilarité la prenait, tous les membres de la famille se regroupaient autour d'elle pour entendre ce merveilleux rire et la faire rire à nouveau. Tout le monde adorait partager ces moments de bonheur avec notre bébé.

Aujourd'hui même, après un vigoureux coup de pied de mon plus jeune fils, Sands, un ballon de soccer se retrouva dans le haut d'un palmier, lors d'une partie à laquelle assistaient des centaines de personnes. Après avoir vainement tenté de le déloger en lançant des objets dans sa direction, je suggérai à mon ami Steve de me laisser grimper sur ses épaules, puis de me hisser jusqu'au ballon que j'espérais faire tomber à l'aide d'un râteau. Le spectacle d'un homme adulte armé d'un râteau, accroché à un arbre, en équilibre sur les épaules d'un ami déclencha l'hilarité de mes enfants.

Nous récupérâmes finalement le ballon, malgré le fou rire qui nous agitait tous les deux. Une fois notre travail accompli, une vingtaine de personnes s'approchèrent pour nous dire à quel point elles avaient apprécié notre petit numéro. Nos enfants n'oublieront jamais cette journée où nous eûmes le plaisir de solutionner un problème, de nous rendre ridicules et de rire tout notre soûl.

Pour retrouver l'habitude de rire et cultiver un bon sens de l'humour, il faut reprendre contact avec l'enfant qui habite en chacun de nous, et ce, quel que soit notre âge. Nous avons souvent tendance à penser que vieillir, c'est devenir sérieux, comme si être mature signifiait réprimer nos rires enfantins. Mes conférenciers préférés n'hésitent pas à injecter une bonne dose d'humour dans leur présentation, et j'aime tout particulièrement ceux qui se moquent d'eux-mêmes, au lieu de se moquer des autres.

Les professeurs pour lesquels j'ai eu le plus de respect avaient tous, sans exception, un merveilleux sens de l'humour dont ils nous gratifiaient même en classe, que ce soit durant un cours de chimie, de mathématiques ou de littérature. Les gens que j'aime côtoyer sont eux aussi capables de rire – fréquemment et bruyamment – et provoquent la même réaction chez moi. Tous mes enfants correspondent à cette description, et je suis aux anges chaque fois que je vois leur visage s'illuminer d'un éclat de rire. En fait, le simple fait d'écrire ces mots et d'imaginer le rire de mes enfants me fait chaud au cœur. Même *penser* au rire peut s'avérer thérapeutique !

Le rire et l'humour ont quelque chose d'extrêmement apaisant. J'adore cette observation de Voltaire qui sut utiliser si brillamment l'humour et la satire dans ses écrits. « Dans le rire, écrivait-il, il entre toujours de la gaîté, incompatible avec le mépris et l'indignation... » Voltaire nous rappelle la valeur d'un éclat de rire en soulignant qu'il est quasiment impossible d'être triste et de rire en même temps. Quand, après vous être mis au lit, vous passez en revue votre journée et découvrez que vous n'avez pas beaucoup ri, je vous recommande de vous lever et de faire quelque chose d'amusant. Le simple fait d'y penser vous fera probablement éclater de rire ! Remarquez alors à quel point vous vous sentez mieux, physiquement et émotionnellement.

Quand Norman Cousins apprit qu'il souffrait d'une maladie virtuellement incurable, une détérioration de la moelle épinière qui devait l'emporter, il demanda aux membres de sa famille de lui apporter tous les films comiques qu'ils pourraient trouver, et consacra par la suite ses journées à regarder la rediffusion d'émissions humoristiques comme celles des trois Stooges, d'Abbott et Costello et de Jack Benny. Il avait décidé de se soigner par le rire. Dans son best-seller, *Anatomy of an Illness*, Cousins raconte comment il parvint à se guérir de cette maladie incurable grâce à la médecine du rire. Quand nous rions, nous modifions littéralement l'équilibre chimique de notre organisme en introduisant des peptides et des endorphines dans notre sang, substances qui peuvent avoir un énorme impact sur la santé de notre corps. N'est-il pas fascinant d'apprendre que les larmes de joie ont une composition chimique différente des larmes de tristesse ?

Swinburne s'est penché sur la douceur du rire des enfants bien avant que la science médicale nous fournisse la preuve de l'existence d'un lien entre le corps et l'esprit ou de l'efficacité médicinale du rire, qui s'est avéré être à la fois un tranquillisant et un stimulant, n'ayant aucun effet secondaire indésirable. Notre instinct nous dit que le rire est nécessaire pour mener une vie joyeuse, chasser nos idées noires et éviter la sclérose. Comme l'indique Swinburne dans ce mélodieux poème, les sons qui nous entourent – le chant des oiseaux, le bruit du vent dans les arbres, le son d'une chute d'eau ou de la pluie – ne sont pas les seuls sons naturels. Il y a également quelque chose de naturel chez l'homme, quelque chose qui s'entend et se voit.

Les sons que nous produisons lorsque nous nous amusons sont des sons qui guérissent non seulement le corps, comme l'a démontré Norman Cousins, mais également l'âme. Un vieux proverbe oriental nous le rappelle : « Rire, c'est passer du temps en compagnie des dieux. » Notre instinct nous dit d'ailleurs d'inclure le rire dans notre vie. Nous voulons tous égayer notre vie, nous sentir plus solidaires les uns des autres, soigner nos petits bobos et avoir un impact positif sur le monde. L'une des façons les plus simples et les plus élémentaires de poursuivre ces nobles idéaux consiste à passer plus de temps à s'amuser et à rire de bon cœur. Comme l'écrivait Swinburne : « Entendu aux plus roses sommets du matin – quand l'âme de tous les délices remplit le clair rire d'un enfant. »

Avant de lire ce poème, je n'avais jamais songé que les éclats de rire de Saje lorsqu'elle était bébé pouvaient venir d'une « âme porteuse de tous les délices » Aujourd'hui, je sais que notre tendance naturelle à rire et à nous esclaffer sans inhibition vient effectivement d'un espace divin à l'intérieur de nous.

Voici quelques suggestions pour mettre en pratique dans votre vie la sagesse du poète :

- Prenez le temps d'observer des enfants qui s'amusent entre eux. Notez le nombre de fois où ils s'esclaffent pendant leurs jeux, puis pensez à l'enfant en vous qui a, lui aussi, ces mêmes prédispositions. Retrouvez votre âme d'enfant et laissez celle-ci s'exprimer de façon amusante.

- Si vous vous considérez comme une personne « sérieuse » ou qui n'a aucun sens de l'humour, changez tout cela sans plus attendre. Vous n'êtes pas obligé de demeurer prisonnier d'un moule simplement parce que vous en avez pris l'habitude.

- Faites un effort conscient pour rire plus souvent, et ne laissez pas passer une seule journée sans pouffer de rire. Ceci est particulièrement important dans les moments difficiles, comme l'a démontré Norman Cousins en surmontant une terrible épreuve grâce au rire.

- Consacrez du temps à des choses amusantes qui vous font rire : visitez des parcs d'amusement, allez au concert, assistez à des spectacles d'humour, regardez des films bébêtes et rigolos ou jouez à des jeux de société amusants. Toutes ces activités vous aideront à ressentir dans votre vie les effets bienfaisants du rire. « Soyez comme un enfant, soyez comme un enfant. » Répétez-vous ce sage conseil.

- Mettez un brin de folie dans votre vie, un peu de légèreté. Et quand les gens vous demanderont ce que vous avez pris, répondez-leur : « De l'endorphine ! »

VISUALISATION

Une loi de la psychologie affirme que si vous avez dans votre esprit l'image de ce que vous souhaitez être, et que vous conservez et entretenez cette image assez longtemps, vous deviendrez exactement ce à quoi vous pensez.

WILLIAM JAMES
(1842-1910)

Philosophe, psychologue et professeur américain, William James devint célèbre grâce à ses écrits sur la théologie, la psychologie, l'éthique et la métaphysique.

William James est né au sein d'une famille incroyablement douée. Son père, Henry James père, était un théologien extrêmement respecté qui développa sa propre philosophie en se basant sur les enseignements d'Emanuel Swedenborg. Le frère de William, Henry, d'un an son cadet, devint un romancier de réputation internationale à qui nous devons les romans *Daisy Miller*, *Portrait d'une femme* et *Les Ambassadeurs*.

Plusieurs considèrent William James comme le père de la psychologie moderne. Dans ce court extrait, celui-ci met à notre disposition un outil puissant pouvant être utilisé tous les jours de notre vie. Cette loi d'une simplicité remarquable est la clé pour devenir exactement le genre de personne que vous souhaitez devenir. Pourtant, en raison même de sa simplicité, elle est souvent ignorée par les gens qui attribuent leur malheur à des facteurs externes, comme la malchance, les dieux, les circonstances, l'économie, la génétique ou l'hérédité. Litanie d'excuses potentiellement infinie qui expliquent selon eux leurs échecs et leurs défauts.

William James était un conférencier très demandé, capable de discourir sur la religion, la philosophie ou la psychologie, discipline qui passa d'ailleurs, grâce à lui, du statut de philosophie pré-scientifique à celui de véritable science expérimentale. Il abandonna un jour la philosophie du déterminisme en déclarant : « J'exercerai tout d'abord mon libre arbitre en choisissant de croire au libre arbitre. » Comme il le dit lui-même, il s'agit d'une loi de la psychologie. Ce processus au cours duquel nous formons une image dans notre esprit, aujourd'hui souvent appelé visualisation, est en fait un processus fondé sur l'idée biblique : « Telles seront vos pensées, tel vous serez. » Cela va beaucoup plus loin que le simple fait d'entretenir des pensées positives. Si vous souhaitez porter un regard neuf sur le fonctionnement de votre vie, je vous encourage à découvrir sans tarder les tenants et les aboutissants de cette loi.

Nous pensons à l'aide d'images, tout comme nous rêvons à l'aide d'images. Non pas à l'aide de mots, de phrases ou d'expressions, mais d'images mentales. Les mots sont des symboles qui nous permettent de communiquer ou de décrire ces images. Or, selon William James, notre libre arbitre nous permet de contrôler ce processus de formation des images. Mieux encore, si vous parvenez à fixer ces images assez longtemps dans votre esprit, sans laisser quiconque vous en détourner, ces images deviendront éventuellement votre réalité. Vous serez alors le co-créateur de votre propre existence et de tout ce qui survient dans votre vie.

J'ai consacré l'un de mes livres, *Accomplissez votre destinée*, aux principes qui sous-tendent ce processus, donc je n'y reviendrai pas ici. Je vais plutôt vous parler de ce que j'appelle les « quatre V », une technique infaillible pour mettre en pratique dans votre vie cette idée lumineuse. Voici un exemple de phrase construite sur la règle des « quatre V » : *Ce que vous voulez Vraiment, Vraiment, Vraiment, Vraiment avoir, vous l'aurez.*

Le premier « V » représente ce que vous *souhaitez Vraiment.* C'est l'étape où vous construisez l'image de ce que vous souhaitez voir surgir dans votre vie, qu'il s'agisse d'une promotion, d'une nouvelle voiture, de perdre du poids, de vous libérer d'une dépendance, etc. Une fois que vous avez l'image en tête, souhaitez sa réalisation en visualisant votre nouveau poste, votre nouvelle voiture, votre nouvelle silhouette ou la fin de vos dépendances. Tout ce que vous manifestez débute par un souhait que vous avez d'abord visualisé.

Le second « V » représente ce que vous *désirez Vraiment.* La différence entre souhaiter et désirer la réalisation d'une image mentale tient à votre volonté de *demander* sa réalisation. « Demandez et vous recevrez » n'est pas une fausse promesse. Pour recevoir ce que vous avez imaginé dans votre esprit, demandez-le à haute voix, mais secrètement. « Mon Dieu, je demande Votre coopération pour concrétiser cette image que je porte en moi. »

Le troisième « V » représente ce que vous avez *Vraiment l'intention* d'obtenir. Prenez à présent l'image que vous souhaitez et désirez voir se réaliser et traduisez-la sous la forme d'un énoncé exprimant votre intention. Par exemple : « J'ai l'intention d'introduire cette image dans mon univers avec la coopération de… », en ajoutant le nom que vous donnez à l'intelligence créatrice. Il n'y a pas lieu d'utiliser ici des expressions qui entretiennent le moindre doute, du type : « Si les choses tournent bien » ou « Si j'ai de la chance. » Tout énoncé d'intention doit être fondé sur la loi formulée par William James au début de ce chapitre.

Le quatrième « V » représente ce qui vous *passionne Vraiment* ou ce que j'appelle le processus d'affermissement de la volonté. Vous devez être déterminé à ne laisser personne vous décourager, vous détourner de votre passion ou compromettre votre image.

Résistez aux opinions négatives et gardez le silence, dans la mesure du possible, sur ce que vous avez l'intention de créer dans votre vie. C'est à cette passion que fait allusion William James lorsqu'il écrit « conservez et entretenez cette image assez longtemps… » Les gens qui sont *Vraiment, Vraiment, Vraiment, Vraiment* capables d'attirer dans leur vie tout ce qu'ils désirent, ne le doivent ni à la chance ni aux circonstances. Ils s'assurent plutôt que les « quatre V » jouent en leur faveur, et en particulier celui de la passion.

Tout ce qui constitue ma vie, y compris mes livres et mes enregistrements, sont le résultat de l'application de cette loi psychologique. Chez moi, tout commence par un souhait. Ce livre a commencé par le *souhait* d'écrire un ouvrage sur la sagesse des gens que j'ai le plus admirés au cours de ma vie et sur ce qu'ils ont à nous offrir aujourd'hui, même s'ils ont tous déjà quitté notre planète. J'ai vu dans ma tête les divers poèmes et extraits qui allaient figurer au début de chaque chapitre, ainsi que les essais qui allaient en découler, et que je vous offre ici, cher lecteur. J'ai ensuite exprimé ce *désir* à mon épouse, à mon agent et à mon éditeur, au même moment où je demandais à l'univers de m'accorder le talent nécessaire et de coopérer avec moi afin que mon désir se concrétise.

Cette démarche fut suivie d'un énoncé exprimant mon *intention* de créer ce livre, intention dont je fis part aux diverses personnes et aux divers services impliqués dans le processus d'édition. Mon idée plut à certains, d'autres demeurèrent sceptiques et m'expliquèrent pourquoi les ouvrages traitant de poésie n'avaient pas la cote auprès du public, et d'autres tentèrent carrément de m'en dissuader. Mais j'avais l'image de ce livre en tête et j'adorais l'idée d'initier mes lecteurs à la pensée de ces grands maîtres.

Finalement, ma *passion* l'emporta et il devint pour moi impossible d'ignorer plus longtemps l'image de ce livre. Comme le disait William James : « Vous deviendrez exactement ce à quoi vous pensez. » Et le résultat, vous l'avez entre les mains. En d'autres termes, la clé du succès repose sur les « quatre V » et leur mise en œuvre.

« Qu'avez-vous refusé de faire pour obtenir ce que vous désiriez ? » Voilà ce que je réponds aux gens qui me demandent pourquoi leur désir ne s'est pas matérialisé comme ils l'avaient imaginé. Quand la passion est au rendez-vous, quand vous refusez toute interférence provenant d'une source extérieure, rien ne peut vous arrêter. Selon William James, c'est la loi !

Pour appliquer cette loi dans votre vie, je vous suggère de mettre en pratique la règle des « quatre V. » Voici quelques suggestions :

- Soyez disposé à souhaiter la réalisation de tout ce que vous désirez. Vous êtes en droit de partager l'abondance inhérente à l'univers. Refusez de vous fixer des limites ou de croire que vous n'en valez pas la peine. Vous êtes une divine création de Dieu, et vous avez le droit de connaître la prospérité, l'amour et la santé, au même titre que tous ceux qui vivent sur cette planète.

- Exprimez votre souhait sous la forme d'une demande ou d'une phrase adressée à cette intelligence créatrice que plusieurs appellent Dieu. Soyez prêt à lui demander de l'aide et ne vous gênez pas de mettre votre demande par écrit ou de l'exprimer de vive voix. Il est écrit « Demandez et vous recevrez », et ce n'est pas une fausse promesse.

- Exercez-vous à formuler vos demandes en utilisant des termes qui ne laissent planer aucun doute quant à vos intentions. Utilisez des expressions comme « je veux », « je ferai » ou « j'ai l'intention de » au lieu de camoufler vos désirs sous des termes mi-figue mi-raisin qui laissent entendre que vous ne vous attendez pas vraiment à recevoir ce que vous avez demandé.

- Autant que possible, gardez vos images mentales et vos intentions pour vous-même si vous espérez leur matérialisation. Quand vous rencontrez de la résistance, au lieu de vous décourager, transformez ces réactions négatives en une énergie qui alimentera votre passion et qui vous aidera à y voir plus clair.

FAMILLE ET CHEZ-SOI

TOITS
(À Amelia Josephine Burr)

La route est large, les étoiles brillent, doux est le souffle
de la nuit,
Et voici l'heure où l'envie de voyager s'empare de mes
pieds
Mais je suis content de quitter la grand-route et la
lumière des étoiles qui illumine mon visage,
De quitter les splendeurs de la vie au grand air pour une
résidence plus humaine.

Je n'ai jamais rencontré de vagabond qui aimait vraiment
errer sans but
dans les rues du monde entier et ne pas avoir de chez-
soi :
Le clochard qui a couché dans ta grange et quitté au
point du jour
Flânera jusqu'à ce qu'il ait trouvé un autre endroit où
rester.

Le gitan dormira dans sa charrette sous un morceau de
toile ;
Ou il ira coucher sous la tente le soir venu.
Il s'assiéra dans l'herbe et prendra ses aises tant que le
soleil brillera,
Mais à la tombée de la nuit, il voudra un toit pour se
protéger du ciel.

Si vous traitez un gitan de clochard, vous êtes, je crois,
     injuste envers lui,
Car il ne part jamais en voyage, puisqu'il amène sa
     maison avec lui.
Et si la route est bonne, comme le savent tous les
     clochards,
C'est uniquement parce qu'elle mène quelque part, chez
     soi, chez soi, chez soi.

On dit que la vie est une autoroute dont les jalons sont
     des années.
Il y a de temps à autre un poste de péage où vous payez
     votre passage avec des larmes.
C'est une route difficile, c'est une route escarpée, qui
     s'étend longue et large,
Mais elle mène finalement à une Ville d'or où s'élèvent
     des Maisons d'or.

JOYCE KILMER
(1886-1918)

*Poète américain, demeuré dans les mémoires pour son poème
« Trees », Joyce Kilmer mourut en France, sur le champ de
bataille, au cours de la Première Guerre mondiale.*

Bien que le sergent Joyce Kilmer soit principalement connu pour son poème de douze vers débutant par « Je ne verrai jamais, je crois, un poème aussi beau qu'un arbre », j'ai choisi de souligner cet hommage poétique au chez-soi, qui est indirectement un appel à chérir et à apprécier tout ce qu'une maison incarne, en particulier la famille et les êtres chers. Sous ces toits dont Kilmer fait l'éloge dans son poème se trouve ce dont nous devrions tous nous préoccuper, à savoir, la plus grande source

d'amour qui nous soit offerte en cette vie. Ces toits abritent le lieu
où nous pouvons prendre nos aises. Pour la plupart d'entre nous,
ce que nous appelons un chez-soi évoque quelque chose
d'extrêmement profond. Il représente notre point d'ancrage sur
terre où nous ne faisons que passer. Il symbolise notre sentiment
de sécurité, mais aussi l'ensemble des gens qui y vivent et qui nous
guident à travers les incertitudes d'un monde rempli d'inconnu.
Et même si notre vie à la maison est souvent loin d'être idyllique,
il semble néanmoins que le fait d'avoir un chez-soi procure un
sentiment de sécurité universel qui nous rappelle que nous
pourrons toujours retourner chez nous, peu importe où nous
allons.

J'ai fait le tour du globe et vu des maisons de toutes
les formes ; des gens vivant à l'intérieur de huttes d'herbe en
Polynésie ou d'igloos dans la toundra gelée ; des gens s'entassant
dans de minuscules appartements surpeuplés de Hong Kong, et
d'autres préférant vivre sous des tentes à l'orée du désert. Même
ceux qu'on appelle les sans-logis, ont généralement un endroit à
eux, même si ce n'est qu'une boîte de carton ou un coin sous un
viaduc enjambant une autoroute. Le besoin de trouver un abri, un
endroit faisant office de chez-soi, qui sera pour nous une source de
réconfort et de sécurité semble être une tendance universelle.

Joyce Kilmer a écrit sur ces deux tendances de la nature
humaine, celle qui nous pousse à errer et celle qui nous pousse à
revenir chez nous. Il est vrai, comme il le dit, qu'il est agréable de
prendre la route, mais rien ne vaut le retour à la maison. Ce
poème me plaît parce que j'ai moi aussi un petit côté vagabond,
mais parce que j'adore aussi rester à la maison. D'une certaine
façon, l'auteur est parvenu à concilier ces deux prédispositions
apparemment opposées qui sont présentes non seulement en moi,
mais aussi chez la plupart des gens que j'ai rencontrés ou qui
m'ont écrit.

Nous voulons tous voir le monde, voyager, nous lever un matin
et partir à l'aventure. Errer sans but, devenir un vagabond sans

attache, libre de tous ces points d'ancrage qui nous retiennent, est un fantasme fort répandu. Mais en même temps, comme le dit le poète : « …si la route est bonne, comme le savent tous les clochards, c'est uniquement parce qu'elle mène quelque part, chez soi, chez soi, chez soi. » En voyage, partout où vous allez, vous voyez des gens se rassembler dans leurs abris, et cela vous donne le mal du pays.

Ce poème nous convie à adopter une attitude témoignant de notre appréciation pour cet abri et ce confort que nous appelons notre chez-nous, de regarder autour de nous et de penser à la chance que nous avons d'être protégés non seulement des éléments, mais aussi de la peur d'être sans abri. Mais ces structures que nous appelons maisons ne sont pas qu'un lieu et des matériaux de construction. Sous ces toits se trouvent ceux qui se préoccupent de nous, ceux qui nous soutiennent et nous nourrissent, ceux qui sont toujours là même quand les choses tournent mal.

J'ai connu des gens qui se montraient plus aimables envers des inconnus qu'envers les êtres qui vivaient sous leur propre toit, ceux-là mêmes qui se faisaient le plus de souci pour eux.

La plupart de nos problèmes et de nos malheurs les plus élémentaires proviennent de notre incapacité à communiquer efficacement avec les gens qui vivent sous le même toit que nous. Néanmoins, le lien qui unit les membres d'une famille partageant la même demeure va rarement se rompre. Je pense à mon propre frère avec lequel je ne vis plus depuis plusieurs dizaines d'années ; je ne le vois que quelques fois par an, et pourtant, le fait d'avoir vécu sous le même toit a créé entre nous un lien d'amour qui ne pourra jamais être rompu. C'est précisément ce sentiment d'étroit contact avec les autres que symbolise notre chez-soi. On ne peut le mesurer à l'aide d'aucune méthode comptable. C'est un sentiment d'union avec ceux qui partagent le même espace que nous. Joyce Kilmer vous invite à chérir ce sentiment et à apprécier peu importe ce que vous appelez votre demeure, ainsi que ceux avec qui vous avez la chance de vivre entre ces murs et sous ce toit.

Bien sûr, succombez à votre envie de voyager, partez à l'aventure et voyez tout ce qui s'offre à vous, mais en chemin, rappelez-vous qu'au bout et en bordure de ces routes se trouve un endroit qu'un homme ou une femme appelle son chez-soi. C'est pourquoi, quand vous reviendrez par des chemins devenus familiers, arrêtez-vous avant d'ouvrir la porte et prenez le temps non seulement d'apprécier le fait que vous ayez une maison à retrouver, mais aussi de remercier ceux qui l'ont construite afin que vous ayez un endroit où grandir, et qui vous a permis de faire toutes ces expériences, bonnes et mauvaises, faciles et difficiles. Jouez les vagabonds pendant quelque temps, puis retournez chez vous. Il a fallu beaucoup d'amour, de soins, de nourriture, de travail et d'énergie pour vous protéger du danger et vous rendre autonome, et c'est justement cet amour et ces soins qu'incarne votre demeure.

Le poète qui écrivit ces vers sentimentaux était sergent de l'armée américaine durant la Première Guerre mondiale. Ce jeune homme sensible qui s'enrôla pour s'éloigner de sa maison terrestre de New Brunswick, New Jersey, mourut au combat en France, en 1918, à l'âge de trente et un ans. Les derniers vers de son poème nous semblent aujourd'hui prophétiques : « C'est une route difficile, c'est une route escarpée, qui s'étend longue et large, mais elle mène finalement à une Ville d'or où s'élèvent des Maisons d'or. »

Je ne peux imaginer route plus difficile et plus escarpée que les tranchées de la Première Guerre mondiale, mais le sergent Joyce Kilmer connaissait une plus grande demeure, celle qui abrite l'âme. Cela est évident dans les derniers vers de son poème, de même que dans son célèbre poème « Arbres » : « Les poèmes viennent de fous comme moi, mais seul Dieu peut faire un arbre. »

Voici quelques suggestions pour assimiler le message de ce poème :

- Prenez le temps chaque jour d'apprécier votre environnement immédiat et ce que vous appelez votre demeure, qu'elle soit majestueuse ou humble. Remerciez celui qui vous a procuré cette maison, ceux qui la partagent avec vous, et demandez à Dieu de bénir votre abri.

- Faites tout ce que vous pouvez pour aider ceux qui n'ont pas un chez-soi. Si certains peuvent choisir la vie de vagabond et ainsi avoir chaque jour un nouveau chez-soi, d'autres deviennent des sans-abri malgré eux. Offrez un soutien amical, financier, spirituel et matériel à ceux qui adoreraient avoir un lieu permanent qu'ils pourraient appeler leur chez-soi.

- Apprenez à ceux qui partagent votre demeure avec vous à l'honorer et à la respecter, non seulement pour le confort matériel qu'elle procure, mais aussi pour l'abri et l'amour qu'elle représente.

SOLITUDE

SOLITUDE

Riez, et le monde rira avec vous ;
Pleurez, et vous pleurerez seul.
Car le triste vieux monde doit emprunter sa joie,
Mais il a bien assez de problèmes en propre.
Chantez, et les collines vous répondront ;
Poussez un soupir, et il s'évanouira dans les airs.
L'écho s'emparera d'un son joyeux,
Mais étouffera vos soucis.

Réjouissez-vous, et les gens rechercheront votre compagnie ;
Ayez de la peine, et ils se détourneront de vous.
Ils veulent prendre part à tous vos plaisirs,
Mais ils n'ont pas besoin de vos malheurs.
Soyez heureux, et vous aurez beaucoup d'amis ;
Soyez triste, et vous les perdrez tous.
Personne ne refusera votre nectar,
Mais vous boirez seul le fiel de la vie.

Festoyez, et votre maison sera bondée ;
Jeûnez, et les gens passeront leur chemin.
Ayez du succès et soyez généreux, et cela vous aidera à vivre,
Mais personne ne peut vous aider à mourir.
Il y a de la place dans les palais du plaisir
Pour un long et somptueux cortège,
Mais un par un nous devons passer
Par l'étroit couloir de la douleur.

ELLA WHEELER WILCOX
(1850-1919)

Originaire du Wisconsin, Ella Wheeler Wilcox fut une personnalité théâtrale attirée par le spiritualisme, la théosophie et le mysticisme, adorée par ses lecteurs pour ses recueils de poèmes et ses chroniques publiées simultanément dans plusieurs journaux du pays.

Ce poème s'intitule « Solitude ». Personnellement, je pense qu'il aurait été plus approprié de l'intituler « Attitude » ! Ella Wheeler Wilcox nous dit, par le biais de ce poème très souvent cité, que notre attitude détermine ce que nous attirons dans notre vie. Entretenez des pensées tristes, et vous ferez le vide autour de vous. Éclatez de rire et le monde rira aussitôt avec vous. Ce magnifique poème, écrit avant la découverte des champs d'énergie, est également une présentation succincte de la théorie des champs énergétiques.

Fondamentalement, la théorie des champs d'énergie nous dit que tous les êtres vivants sont entourés d'un champ d'énergie, y compris les êtres humains. Ce champ d'énergie est créé par nos pensées et par notre façon de traiter nos expériences, où que nous soyons. Si à certains niveaux de conscience, le champ d'énergie vibre rapidement, à d'autres niveaux, il vibrera plus lentement. Bref, il existe un continuum entre les différents niveaux de conscience responsables de la création des champs d'énergie.

La proximité physique nous permet également de rencontrer différents champs d'énergie. Lorsque des gens dégageant une forte énergie passent du temps au même endroit, leur champ d'énergie peut demeurer très intense même après leur départ. Par exemple, il arrive que nous nous sentions tristes ou joyeux parce que nous venons de pénétrer, sans nous en rendre compte, dans un champ d'énergie invisible pour les yeux. Pendant la visite de la maison d'Anne Frank à Amsterdam, ma respiration est soudainement devenue très difficile, comme si l'atmosphère de cette maison, qui est aujourd'hui un musée où des millions de personnes viennent renouer avec l'histoire d'Anne Frank, était d'une incroyable lourdeur.

Les champs d'énergie joyeux demeurent également présents sur les lieux où ils ont été prédominants. En présence de gens extrêmement avancés sur le plan spirituel, on peut sentir l'amour qu'ils dégagent et être transformé par leur champ d'énergie. Sans le savoir, Ella Wheeler Wilcox a capturé l'essence de cette théorie dans ses deux premiers vers : « Riez, et le monde rira avec vous ; pleurez, et vous pleurerez seul. »

Il y a de cela plusieurs années, un jour où je marchais sur la plage, je vécus une expérience qui illustre parfaitement le message de ce populaire poème. Une femme qui venait de quitter Chicago pour la Floride s'approcha de moi, m'ayant vu la veille à la télévision, et me demanda si j'habitais ici, dans le sud de la Floride. Je lui répondis que c'était bien le cas et que je me dégourdissais les jambes sur la plage après un long vol de nuit. Elle me demanda ensuite comment étaient les gens par ici, une question qu'on me pose souvent. Je répondis par une question de mon cru : « Comment sont les gens de Chicago ? » Elle esquissa un large sourire et m'expliqua à quel point les gens du Midwest étaient aimables et chaleureux. Sur ce, je lui répondis qu'elle rencontrerait ici sensiblement le même genre de personnes.

En rentrant chez moi, une femme dont le mari venait d'être transféré de New York en Floride, m'arrêta pour me dire qu'elle m'avait vu à la télévision la veille et avait beaucoup apprécié l'émission. Nous engageâmes la conversation, puis elle me posa la même question que l'on m'avait posée une heure plus tôt sur cette même plage. Naturellement, je lui posai la même question en retour. « Comment sont les gens de New York ? » Elle se lança dans une tirade sur l'insensibilité, l'esprit de chapelle et la froideur, qui règnent dans les grandes villes, et je lui répondis qu'elle rencontrerait ici sensiblement le même genre de personnes. Nous attirons dans nos vies ce que nous projetons à l'extérieur. En général, ceux qui pensent que le monde est un cloaque voient de la vermine partout, alors que ceux qui croient en la bonté de l'humanité rencontrent des gens semblables à eux.

Bien des gens se plaignent de la qualité des services aux États-Unis. On entend tous les jours des gens s'exclamer : « Il n'y a plus de bons services ! » En fait, le magazine *Time* a fait enquête sur le déclin du service dans tous les domaines d'activité, des magasins de détails et des restaurants aux ateliers de réparation. Récemment, sur le plateau d'une émission de télévision où tous les invités s'accordèrent pour dénoncer la piètre qualité des services offerts aux consommateurs, j'exprimai mon désaccord. J'expliquai qu'à mon avis, nos attentes provoquent la réalisation de ce que nous attendons. Quand j'entre dans un magasin ou un restaurant, je m'attends à être traité cordialement et poliment, et c'est généralement ainsi qu'on me reçoit. Si je n'arrive pas à trouver de vendeur, au lieu de contaminer mon champ d'énergie avec des pensées de déplaisir et de dégoût, j'entreprends plutôt de dégager le type d'énergie que j'espère retrouver chez mon interlocuteur. Si je tombe sur un serveur aigri, je l'enveloppe immédiatement dans mon champ d'énergie en lui disant intérieurement : « Vous semblez avoir une journée difficile. Je vous comprends, mais vous voilà récompensé par un client qui vous apprécie et qui sait à quel point votre travail est difficile ! Prenez votre temps. » Croyez-le ou non, mais le poète a raison : « Soyez heureux, et vous aurez beaucoup d'amis ; soyez triste, et vous les perdrez tous. »

Votre champ énergétique irradie en fonction de la fréquence vibratoire que vous générez. Vous influencez et vous êtes influencé par les champs d'énergie de tous ceux que vous rencontrez au cours de la journée. Vous voulez un bon conseil ? Refusez de dépenser votre énergie pour des choses dont vous ne voulez pas et auxquelles vous ne croyez pas. Chaque fois que vous préférez pleurer plutôt que rire, soupirer plutôt que chanter, avoir de la peine plutôt que vous réjouir, être triste au lieu d'être heureux, jeûner au lieu de festoyer ou souffrir au lieu d'avoir du plaisir, vous choisissez de ralentir vos vibrations et de polluer votre champ d'énergie mental.

Tous les matins en ouvrant les yeux, vous avez le choix entre dire « Bonjour, mon Dieu » ou « Bon Dieu! c'est le jour ». Quel que soit votre choix, ce sera précisément le type d'énergie que vous inviterez dans votre vie ce jour-là. En effet, « Il y a de la place dans les palais du plaisir pour un long et somptueux cortège ». Pensez au poème d'Ella Wheeler Wilcox tandis que vous augmentez la fréquence vibratoire de votre champ d'énergie en modifiant votre attitude :

- Quand vous ressentez des émotions négatives (tristesse, douleur, chagrin), demandez-vous : « Qui voudrait de ma compagnie quand je suis ainsi ? » Puis engagez-vous à changer d'attitude.

- Au moment où vous choisissez de modifier votre état d'esprit, même si vous devez faire semblant, remarquez que vous attirez désormais les choses que vous désirez dans votre environnement immédiat, plutôt que l'inverse. Vous êtes devenu un véritable aimant de charge positive ou négative, mais quel que soit votre choix, celui-ci déterminera ce qui surviendra dans votre espace de vie.

- Quand vous pénétrez dans un champ énergétique où il y a selon vous trop d'énergie négative, faites un effort conscient pour repousser cette négativité en optant pour la polarité inverse. Souriez quand tout en vous fronce les sourcils, et irradiez de bonheur au lieu de critiquer ce qui vous entoure.

- Ne prenez pas tout au tragique. Moins vous vous prendrez au sérieux et moins vous serez suffisant, plus vous attirerez de bonne humeur dans votre vie. Nous avons le plein contrôle sur le nombre de fois où nous rions, chantons et festoyons au cours d'une journée, même si nous sommes parfois convaincus du contraire.

MYSTÈRE

MATIÈRE À RÉFLEXION

J'ai observé la puissance d'une graine de melon d'eau. Celle-ci est capable d'atteindre 200 000 fois son propre poids en tirant tout ce dont elle a besoin du sol. Quand vous pourrez m'expliquer d'où elle tire sa matière et sa surface aux couleurs inimitables, puis comment elle forme sous cette écorce un anneau de couleur blanche, qui encercle à son tour un cœur rouge vif incrusté de graines noires, capables elles aussi d'atteindre 200 000 fois leur poids — quand vous pourrez m'expliquer le mystère du melon d'eau, vous pourrez me demander de vous expliquer le mystère de Dieu.

William Jennings Bryan
(1860-1925)

Politicien et orateur américain, Willian Jennings Bryan, était l'un des conférenciers les plus demandés du circuit Chautaqua. Il est également connu pour son rôle de procureur dans la célèbre affaire Scopes.

Chaque fois que je lis cette observation de William Jennings Bryan sur la puissance d'une graine de melon d'eau, je ne peux m'empêcher d'être émerveillé et d'apprécier tous les miracles qui m'entourent. Même s'il n'est ni poète ni philosophe ni émissaire spirituel, j'ai inclus Bryan en raison de cet essai où il est question des mystères de la vie et de ce qu'ils nous apprennent sur celle-ci.

William Jennings Bryan était, semble-t-il, l'orateur le plus électrisant de son époque. Il échoua à trois reprises, quoique par de faibles marges, dans sa tentative de se faire élire à la présidence des États-Unis, et servit plus tard comme secrétaire d'État dans l'administration du président Wilson. Néanmoins, on se rappelle probablement davantage de lui dans son rôle d'assistant du procureur dans la célèbre affaire Scopes (aussi appelée « Procès du Singe »), où il mit ses talents oratoires au service d'une interprétation littérale de la Bible et défendit la doctrine créationniste.

Mais cet essai ne porte pas sur nos positions respectives dans le débat qui oppose darwinistes et créationnistes. Il porte sur les glorieux mystères de la vie et la façon de vivre chaque jour à un niveau supérieur grâce à eux. La puissance contenue dans la graine de melon d'eau est bien sûr invisible, pourtant sa présence est indiscutable. Il s'agit en effet d'une puissance remarquable, une force qui permet à une petite graine « d'atteindre 200 000 fois son propre poids » et dont la perfection est tout bonnement « inimitable ».

Pour des esprits comme les nôtres, une telle créativité est tout simplement inexplicable. Nous devinons néanmoins la perfection qui permet à toutes les graines de donner la vie, sans jamais commettre la moindre erreur. La graine de melon d'eau ne produit jamais une citrouille ou une pomme ! Cette force, que personne ne peut voir, toucher, sentir, entendre ou goûter, est parfaite. Cette force invisible et parfaite nous permet d'obtenir ce que nous désirons en le visualisant à l'avance. Cette même force anticipative, présente dans la graine, est également à l'origine de tous les êtres humains qui ont vécu à quelque époque que ce soit dans l'univers, vous y compris ! Et je crois qu'il ne se commet jamais d'erreur, ici non plus. Tout le monde apparaît exactement tel que l'avait prévu cette mystérieuse force anticipative, à l'heure dite, dans le bon ordre, avec l'apparence convenue, et destiné à repartir à un moment fixé à l'avance.

Toutefois, contrairement à la graine de melon d'eau, nous sommes, vous et moi, confrontés à un extraordinaire paradoxe. Nous sommes condamnés par cette force anticipative qui a inscrit notre disparition dans la structure cellulaire de notre organisme, comme dans celle du melon d'eau, mais en même temps nous sommes des créatures capables de choisir et dotées d'un libre arbitre. En d'autres termes, nous sommes condamnés à faire des choix. Nous sommes conscients de la présence de cette force anticipative, mais nous ne pouvons nous empêcher de nous demander dans quelle mesure nous sommes attirés vers une conclusion sur laquelle nous n'avons aucun droit de regard.

Francis Scott Fitzgerald, un contemporain de William Jennings Bryan, a décrit ce paradoxe : « La marque d'une intelligence de premier ordre, c'est la capacité à avoir deux idées opposées présentes à l'esprit, en même temps, et de ne pas cesser de fonctionner pour autant. On devrait, par exemple, être capable de voir que la situation est sans espoir et néanmoins être déterminé à améliorer les choses. » À mon avis, les commentaires de Bryan et de Fitzgerald nous invitent à choisir la vie, mais en acceptant sereinement qu'une mystérieuse force anticipative s'exerce inéluctablement tandis que nos corps vieillissent et dépérissent. Par conséquent, nous sommes responsables et en même temps nous ne sommes pas responsables, et il est normal que ces deux contraires coexistent.

Une fois que vous assimilez cette façon de voir les choses, vous n'avez plus à vous soucier de ce qui arrive à votre forme et aux formes qui vous entourent. Comme celui de la graine de melon d'eau, votre avenir est entre les mains de cette force, mais vous êtes libre d'assister à ces événements mystiques avec amour et acceptation et sans éprouver de crainte.

C'est une expérience grandiose que d'être simplement dans un état d'acceptation métaphysique. Vous pouvez alors observer tout ce qui vous entoure, y compris votre propre corps, avec détachement et joie. C'est quelque chose dont ont parlé tous les poètes et philosophes de ce volume qui ont tous exprimé à leur manière cette vérité humaine immortelle : *Il existe une vie dont nous faisons l'expérience avec nos sens, et il y a en nous un expérimentateur invisible qui transcende ces mêmes sens.* Ils nous conseillent tous de prendre conscience de la présence de cette force mystérieuse, puis de choisir entre l'apprécier ou la juger et demeurer éternellement perplexes.

Tandis que vous réfléchissez aux paroles de William Jennings Bryan et à l'énigme de la graine de melon d'eau, prenez conscience que cette même force est également en vous. Vous faites partie vous aussi de ce drame qui permet la création de formes des millions de fois plus grandes que les graines qui leur ont donné le jour. Le fait d'avoir une conscience vous donne bien sûr un avantage sur le melon d'eau. Vous savez, contrairement à celui-ci, que votre forme suivra un chemin prédéterminé, puis retournera à la poussière. On vous a accordé le plus grand don qui soit, une conscience qui vous permet de contempler ce processus dans la joie ou dans le désabusement.

Je vous suggère d'adopter le comportement de quelqu'un qui a accepté sa forme et son destin, et de vous identifier à celui qui l'accepte, à l'intérieur de vous ; non pas le poste de commande, mais le commandant lui-même, celui qui ne connaît ni frontière ni commencement ni fin. Votre don, c'est votre capacité d'être conscient de ce qui vous arrive. Vous n'avez pas à expliquer le mystère de Dieu, puisque même la croissance d'une petite graine, porteuse de son propre avenir, demeure un phénomène incompréhensible. Il est beaucoup plus important d'être conscient de cette présence, de la sentir en vous et d'accepter le bonheur d'être en contact avec tout ce qui vous entoure.

Au lieu d'être constamment confus quant à savoir si vous avez ou non un droit de regard sur ce qu'on appelle votre destin, il vaut mieux abandonner et être prêt à avoir deux idées opposées présentes à l'esprit, en même temps. Vous vivez à la fois dans un corps ayant des frontières et dans un monde intérieur qui n'en connaît aucune.

Apprenez à apprécier les mystères de la vie en adoptant les suggestions suivantes :

- Quand vous vous sentez sur le point de porter un jugement ou de sombrer dans l'inquiétude, utilisez votre esprit pour passer à une vitesse supérieure. Une affirmation du type « Le moment présent est un miracle, comme tout ce qui m'entoure » vous permettra de chasser vos pensées anxiogènes.

- Rappelez-vous quotidiennement que tout est comme il se doit. La graine de melon d'eau, la graine dont vous êtes issu et la graine qui a donné naissance à l'univers sont toutes porteuses d'un avenir indépendant de l'opinion que vous pouvez en avoir. Vous faites partie d'un système intelligent, et faire confiance à cette intelligence est beaucoup plus gratifiant que la questionner ou tenter de la comprendre.

- Essayez d'aborder votre vie et son organisation de manière moins rationnelle et intellectuelle. Débarrassez-vous de votre manie de tout comptabiliser et acceptez d'être ce que vous êtes, un être soumis à cette force anticipative qui est la source de sa vie. Et en passant, savourez ces melons d'eau au lieu d'essayer de les comprendre.

TRAVAIL

Quand vous travaillez, vous êtes une flûte qui transforme le murmure des heures en musique. Aimer la vie par le biais du travail, c'est approfondir le secret au cœur même de la vie. Tout travail est vain s'il n'est un travail d'amour, car travailler, c'est rendre l'amour visible.

KHALIL GIBRAN
(1883-1931)

Mystique, poète, dramaturge et artiste libanais, Khalil Gibran immigra aux États-Unis en 1910.

Si on me pressait de dire quel pourcentage de ma personne est visible et quel autre est invisible, je l'évaluerais de cette façon : un pour cent visible, quatre-vingt-dix-neuf pour cent invisible. C'est la conclusion à laquelle j'en suis venu en me basant sur cette observation biblique : « Telles sont vos pensées, tel vous serez. »

Nos pensées, la partie invisible de notre humanité, déterminent tous nos traits physiques, la part visible qui constitue l'essentiel de notre existence terrestre. Mais il y a aussi le domaine invisible, cette partie de nous-mêmes, tout aussi réelle, que nous appelons notre âme ou notre moi éternel, qui résiste à tous les changements et qui ose défier la mort. Prenez quelques instants pour penser à *vous-même* en ces termes. Rappelez-vous que vous êtes un pour cent matière et quatre-vingt-dix-neuf pour cent esprit.

À présent, en gardant cette image en tête, rappelez-vous que notre travail ne représente qu'une fraction de ce un pour cent. En fait, nous investissons probablement moins du quart de ce un pour cent dans ces activités physiques que nous appelons travail. Malgré tout, les pensées que nous consacrons à ces activités représentent une large part de notre humanité. Nos pensées, dérivées du quatre-vingt-dix-neuf pour cent restant, sont toujours avec nous. Le fait de gaspiller notre énergie vitale à travailler, à immerger notre âme dans les déplaisirs, la colère et la frustration suscités par le monde matériel où nous vivons, démontre que nous n'accordons pas la priorité aux choses les plus importantes. Si nous sommes à quatre-vingt-dix-neuf pour cent invisible, alors cela signifie que l'amour doit être notre règle suprême.

Les pensées que vous consacrez à votre travail représentent quatre-vingt-dix-neuf pour cent de ce que vous êtes vraiment. Quand vous détestez votre travail, quatre-vingt-dix-neuf pour cent de votre essence humaine est consacré à un pour cent de votre humanité. Ces pensées prennent naissance en vous, où résident vos sentiments de paix intérieure. Khalil Gibran parle du « secret au cœur même de la vie ». Si vous n'aimez pas ce que vous faites et ne faites pas ce que vous aimez, vous avez choisi la cacophonie plutôt que la musique.

Rien ne peut excuser le fait de ne pas aimer ce que vous faites et de ne pas faire ce que vous aimez. Deux choix s'offrent à vous : (1) Changer d'activité pour vous engager dans quelque chose qui vous plaît ou (2) changer votre façon de penser afin qu'elle reflète votre désir de voir l'amour devenir une force dominante dans votre vie. Continuer à vivre sans faire l'un de ces choix, c'est sacrifier la majeure partie de votre vie pour satisfaire moins de un pour cent de votre humanité.

Quand vous êtes venu au monde, votre futur travail est né avec vous. Vous avez été conçu pour accomplir une tâche particulière, et le désir de vous y adonner a été placé dans votre cœur au moment où vous êtes apparu parmi nous. Si vous ne parvenez pas à sentir le lien qui vous unit à ce travail parce que vous avez opté pour quelque chose qui ne vous plaît pas vraiment, peu importe la façon dont cela est arrivé et ce qui vous y maintient encore aujourd'hui, vous auriez intérêt à suivre l'avis du grand poète libanais Khalil Gibran. Quels que soient les risques auxquels vous vous exposez, il en va du salut de votre humanité et de votre âme.

Je sais à quel point il est facile d'ignorer ce conseil. Nous pouvons tous évoquer des raisons pratiques et rationnelles pour justifier le fait que nous ne soyons pas en mesure de faire ce que nous aimons, mais le message du poète ne pourra jamais être réduit au silence. « Tout travail est vain s'il n'est un travail d'amour. » Si vous souhaitez vous sentir vide et sacrifier chaque jour la musique de votre âme au nom de votre sens pratique, alors vous avez choisi d'abandonner ce pour quoi vous avez été créé.

Mais si vous souhaitez vous sentir à votre travail comme une « flûte qui transforme le murmure des heures en musique », je vous invite à repenser les raisons pour lesquelles vous travaillez en premier lieu. Votre première réponse sera probablement « pour gagner de l'argent ». Vous pensez que vous devez faire ce pourquoi vous avez été formé ou encore ce que vous avez toujours fait pour vous assurer que l'argent ne manquera pas. Je vous demande de mettre en cause cette conclusion en prenant conscience qu'il s'agit d'un diktat de votre conditionnement culturel.

Je vous suggère de faire d'abord et avant tout ce que vous aimez, ce que votre âme vous incite à faire, puis de voir si l'argent est au rendez-vous. Dans les écritures saintes hindoues, la *Bhagavad-Gita*, Dieu (Krishna) dit à son disciple (Arjuna) : « Alors que les imprudents travaillent pour obtenir les fruits de leurs actions, les sages m'offrent le résultat des leurs. » Krishna nous enseigne qu'en matière de travail, nous devons faire ce qui nous plaît, ce que nous aimons, et laisser l'univers s'occuper des détails. Sachez que faire ce que vous aimez et aimer ce que vous faites est de loin supérieur au fait d'aimer le produit de votre travail et les compensations que vous recevez en échange de celui-ci.

Relisez le conseil de Gibran et contemplez la joie et l'enjouement qu'il nous offre. Vous êtes une flûte, et votre travail rend visible votre amour. En fait, plus vous estomperez la ligne de démarcation entre votre travail et vos loisirs, plus vous suivrez fidèlement le conseil du poète.

Personnellement, je ne fais aucune distinction entre mon travail et mes loisirs. J'aurais du mal à dire lequel est lequel. Je poursuis mes propres objectifs et laisse aux autres le soin de décider si je travaille ou si je m'amuse. Quand j'écris, je suis heureux, car je fais quelque chose que j'aime. Travail ou loisir ? Je ne sais pas. Il en va de même quand je donne des conférences, quand je joue au tennis ou quand je me divertis avec mes enfants. J'ai toujours l'impression de faire les deux en même temps, travail et loisir.

Effectivement, le travail, c'est de l'amour rendu visible. Je n'ai rien de mieux à vous conseiller. Faites ce que vous aimez, aimez ce que vous faites. Vous pouvez faire ce choix aujourd'hui même. Pour y arriver, essayez de mettre en pratique les suggestions suivantes :

- Prenez la décision de ne plus scruter à la loupe ce qui vous irrite dans votre travail quotidien. Soyez reconnaissant d'avoir la chance de pouvoir travailler. Envoyez un message d'amour à tous ceux que vous rencontrez et prenez la décision d'être joyeux, sans vous soucier de la réaction des autres.

- Prenez le risque d'apporter des changements majeurs à votre vie, quels que soient votre âge ou votre ancienneté. Déterminez ce que vous aimez faire par-dessus tout, que ce soit danser, jardiner, écrire ou faire des mots croisés. Puis élaborez un plan pour que cette activité devienne votre travail et votre loisir à la fois pendant une semaine ou deux. Avant longtemps, vous aurez surmonté le conditionnement culturel qui vous a fait croire qu'un travail, c'est avant tout quelque chose que vous devez faire, une activité laborieuse et ennuyante qui vous permet de payer vos factures. Faites vôtre cette leçon écrite pour vous par Khalil Gibran : « Travailler, c'est rendre l'amour visible. »

- Quand vous aurez décidé de faire ce que vous aimez et d'aimer ce que vous faites, résistez à la tentation d'envisager une catastrophe. Concentrez-vous sur votre objectif, réjouissez-vous d'être vivant, et refusez de laisser toute autre pensée interférer avec votre vision. N'oubliez pas : l'amour que vous ressentez pour ce que vous faites est aussi une pensée.

- Quand l'inspiration est au rendez-vous, tout semble couler de source. Vous ne pensez plus à vos problèmes d'argent, à la fatigue ou à la faim. Quand vous êtes inspiré, tout ce dont vous avez besoin semble arriver à point, comme si Dieu était là, à vos côtés, vous guidant à chaque instant. Le mot « inspiration » est d'ailleurs dérivé du mot « esprit ». Et en effet, quand vous êtes inspiré, vous travaillez dans la joie, car vous le faites avec et pour l'esprit.

- Travailler est souvent perçu comme une suite de corvées quotidiennes. Ayez des pensées d'amour quand vous vous attaquez à ces soi-disant corvées. Prenez conscience de votre esprit, de votre vie, de votre âme – du quatre-vingt-dix-neuf pour cent de votre être qui est invisible – tandis que vous balayez, faites les lits, courez les magasins, soulevez votre crayon, etc. Le fait de porter attention avec amour à tous les petits gestes que vous posez est une façon belle et pratique d'aimer vôtre vie par le biais de votre travail.

SI

Si tu peux rester calme alors que, sur ta route,
Un chacun perd la tête, et met le blâme en toi ;
Si tu gardes confiance alors que chacun doute,
Mais sans leur en vouloir de leur manque de foi ;
Si l'attente, pour toi, ne cause trop grand-peine :
Si, entendant mentir, toi-même tu ne mens,
Ou si, étant haï, tu ignores la haine,
Sans avoir l'air trop bon, ni parler trop sagement ;

Si tu rêves, — sans faire des rêves ton pilastre ;
Si tu penses, — sans faire de penser toute leçon ;
Si tu sais rencontrer Triomphe ou bien Désastre,
Et traiter ces trompeurs de la même façon ;
Si tu peux supporter tes vérités bien nettes
Tordues par les coquins pour mieux duper les sots,
Ou voir tout ce qui fut ton but brisé en miettes,
Et te baisser, pour prendre et trier les morceaux ;

Si tu peux faire un tas de tous tes gains suprêmes
Et le risquer à pile ou face, — en un seul coup —
Et perdre — et repartir comme à tes débuts mêmes,
Sans murmurer un mot de ta perte au va-tout ;
Si tu forces ton cœur, tes nerfs, et ton jarret
À servir à tes fins malgré leur abandon,
Et que tu tiennes bon quand tout vient à l'arrêt,
Hormis la Volonté qui ordonne : « Tiens bon ! »

Si tu vas dans la foule sans orgueil à tout rompre,
Ou frayes avec les rois sans te croire un héros ;
Si l'ami ni l'ennemi ne peuvent te corrompre ;
Si tout homme, pour toi, compte, mais nul par trop ;
Si tu sais bien remplir chaque minute implacable
De soixante secondes de chemins accomplis,
À toi sera la Terre et son bien délectable,
Et, – bien mieux – tu seras un Homme, mon fils.

(Traduit par Jules Castier)

RUDYARD KIPLING
(1865-1936)

Né en Inde de parents anglais, Rudyard Kipling connut un grand succès comme romancier, poète et nouvelliste. Au cours des cinq années où il vécut au Vermont, à l'époque de la publication du Livre de la jungle *et de* Capitaine Courage, *seul Mark Twain le surpassait en popularité.*

Ce poème très souvent cité est depuis longtemps l'un de mes préférés. Chaque fois que je le relis, je m'imagine avec l'un de mes huit enfants sur les genoux, en train de transmettre à ce jeune esprit, ouvert et enthousiaste, la sagesse des siècles passés. Dans mon rêve, je décris à l'enfant fasciné les secrets de l'univers, comme si j'étais le maître éclairé qui avait découvert ces secrets après une longue vie d'efforts et qui les transmettait aujourd'hui, avec la sagesse d'un bon père de famille, à la génération suivante, dans l'espoir que cette connaissance lui permettra de transformer son monde. Fin du rêve !

Le poème de Rudyard Kipling m'inspire cette vision chaque fois que je l'entends, mais ce n'est qu'un rêve bien personnel. Et même si j'ai découvert plusieurs vérités dans les conseils de

Kipling à son fils, j'avoue faire encore des efforts pour les appliquer dans ma vie de tous les jours. Ce célèbre poème de Kipling, qui remporta le prix Nobel de littérature en 1917, a tant de choses à nous offrir. Les nobles pensées exprimées dans ce poème de quatre strophes m'inspirent à devenir une meilleure personne chaque fois que je les médite et les partage avec mes enfants, mes étudiants et mon public. J'ai inclus le poème « Si » dans ce recueil parce que je désirais également le partager avec vous, en espérant qu'il vous inspire et vous donne envie non seulement d'aider les autres à améliorer leur qualité de vie, mais aussi de devenir vous-même une meilleure personne.

Voici quelques-uns des nombreux messages qui m'inspirent à la lecture de ces trente-deux vers.

Je suis inspiré par l'idée d'être assez maître de moi-même pour maintenir mon sens de l'équilibre et mon intégrité quand tout n'est que folie autour de moi, sans me soucier de ce que les autres vont en penser. « Soyez vous-même » est un conseil qui revient souvent sous la plume des auteurs réunis dans ce livre, et c'est sans doute la raison pour laquelle, quand j'arrive à être vraiment moi-même, sans juger ceux qui m'entourent, cela me donne du courage. Je veux que mes enfants, et tous ceux qui m'ont choisi comme professeur, cultivent leur intégrité et leur sens de l'équilibre en toutes circonstances.

Je suis inspiré quand j'arrive à utiliser l'hypocrisie ambiante pour me rappeler à quel point je déteste l'hypocrisie. À une époque antérieure de ma vie, j'utilisais souvent l'hypocrisie des autres pour alimenter la mienne. Si on me mentait, je mentais à mon tour, même si cela me déplaisait. Il est beaucoup plus agréable pour moi de détester le mensonge depuis que je m'efforce de ne pas rendre la pareille.

Je suis inspiré quand je me montre bon perdant. Je n'ai pas toujours été ainsi, et il m'arrive encore de succomber à mes impulsions, mais je me suis beaucoup amélioré. Si j'aime l'action et la compétition comme jamais auparavant, je peux désormais me retirer dans la sérénité une fois la compétition terminée, sachant dans mon cœur que mon véritable moi ne se préoccupe pas du résultat final. Le simple fait de participer implique de connaître des victoires, mais aussi des défaites. Les résultats ne sont que des imposteurs se faisant passer pour le vrai « vous ». J'aimerais que mes enfants soient conscients qu'ils ne sont ni la somme de leurs victoires ni celle de leurs défaites.

Je me sens merveilleusement bien quand je peux lire une mauvaise critique de l'un de mes livres et réagir comme s'il s'agissait d'une critique élogieuse. Croyez-moi, cela n'a pas toujours été le cas. J'avais l'habitude de demander à mon agent : « Où suis-je sur la liste des best-sellers ? » Aujourd'hui, je fais la différence entre ma personne et mes livres, et je ne cherche plus à me renseigner, mais si je devais le faire, je sais que je demanderais plutôt : « Où se trouve mon livre sur la liste des best-sellers ? » Savoir faire la différence, cela fait toute la différence. Je sais que je ne me résume pas à ce que je fais depuis que je m'identifie à l'âme invisible et éternelle qui observe mes faits et gestes, et qui sait que mes victoires et mes défaites n'ont pas grand-chose à voir avec le véritable moi. J'aimerais tant que mes enfants et mes étudiants jouissent de la même liberté.

Je suis inspiré quand je peux prendre des décisions en me basant sur ce que je ressens plutôt que sur la conséquence prévisible de mes actes. Je peux alors refuser un travail lucratif à la télévision parce que je tiens à prendre la parole lors d'un dîner au profit d'une association caritative, sans me soucier des conséquences et sans ressentir le besoin d'en parler à quiconque. Voilà une occasion où je peux me montrer généreux, anonymement.

Je suis inspiré quand je suis capable de résister aux préjugés fondés sur l'apparence, la réussite et les possessions matérielles, et de voir uniquement le visage de Dieu chez les gens que je rencontre. La tentation de compartimenter les gens en fonction de préjugés est parfois irrésistible, et c'est pourquoi je rappelle souvent à mes enfants de ne jamais perdre leur sens commun. Ma famille a la chance de bénéficier d'un important pouvoir d'achat, mais quelle n'est pas ma fierté quand je vois mes enfants partager ces bienfaits et résister à la tentation de penser qu'ils sont supérieurs aux autres parce que nous avons de l'argent.

Je suis inspiré quand je constate que j'écoute la voix de mon cœur et que je ressens de moins en moins le besoin de prouver ma valeur. Je suis inspiré quand je peux lire de la poésie toute la journée, puis mettre par écrit mes impressions au lieu d'entreprendre une activité plus lucrative. Je suis inspiré quand je remarque que je ne cherche plus de manière compulsive à convaincre les autres que j'ai raison, même si je sais que pour moi, il en est vraiment ainsi.

Je veux que mes enfants et mes étudiants connaissent la joie et la satisfaction de suivre leur propre destinée et de poursuivre leur propre mission héroïque, même si les gens autour d'eux, moi y compris, aimeraient mieux les voir prendre une autre direction.

Toutes ces qualités magistralement décrites par Kipling dans son poème m'aident à comprendre la véritable signification de sa conclusion. Si vous parvenez à faire tout cela, vous serez, vous aussi, inspiré, et « À toi sera la Terre et son bien délectable, et, — bien mieux — tu seras un Homme, mon fils ! » C'est ainsi que Kipling expliquait à son fils que la maturité, c'est avant tout être capable d'être soi-même sans juger les autres. Si vous êtes éduqué dans cette mentalité, vous obtiendrez tout ce que vous voulez.

Voici une suggestion toute simple pour mettre en pratique les paroles de ce célèbre poème :

- Copiez ce poème, lisez-le dans votre for intérieur et partagez-le avec ceux que vous aimeriez aider à acquérir une maturité émotionnelle et spirituelle. Toutes les leçons dont vous avez besoin sont dans ce poème : gardez votre sang-froid, faites-vous confiance, soyez honnête, soyez rêveur, soyez détaché, prenez des risques, soyez indépendant, faites preuve d'humilité, montrez de la compassion, apprenez à pardonner. Tout est dans ce classique de la poésie. La question qui devrait à présent vous trotter dans la tête commence par un titre d'un seul mot : « Si »...

 AMOUR DE L'ÂME

QUAND VOUS SEREZ VIEILLE
d'après Pierre de Ronsard

Quand vous serez vieille et grise et pleine de sommeil,
Somnolant au coin du feu, prenez ce livre,
Et lisez lentement en rêvant aux doux éclats
Passés de vos yeux, et à la profondeur de leurs ombres ;

Combien ont aimé vos moments de grâce joyeuse,
Et adoré votre beauté d'un amour réel ou feint ;
Mais un homme a aimé votre âme voyageuse,
Et aimé les afflictions de votre visage changeant.

Et vous penchant près du feu rougeoyant
Murmurez, un peu tristement, que l'amour a fui,
Filant au-dessus du sommet des montagnes,
Pour cacher son visage au milieu d'une nuée d'étoiles.

POUR ANNE GREGORY

« Ces remparts couleur de miel
Qui bordent majestueusement tes oreilles,
Ne devraient jamais plonger
Un jeune homme dans le désespoir,
Sois aimée pour toi-même
Et non pour tes cheveux dorés. »

« Mais je peux me teindre les cheveux
Et choisir à loisir leur couleur,
Bruns ou noirs ou roux,
Afin que ce jeune désespéré
M'aime pour moi-même
Et non pour mes cheveux dorés. »

« J'ai entendu un vieil ecclésiastique
Qui déclarait hier soir
Qu'il avait découvert un texte qui prouve
Que Dieu seul, ma chère,
Peut t'aimer pour toi-même
Et non pour tes cheveux dorés. »

WILLIAM BUTLER YEATS
(1865-1939)

Poète et dramaturge irlandais, William Butler Yeats est généralement considéré comme l'un des plus grands poètes du vingtième siècle.

William Butler Yeats, qui adorait écrire sur le cri de l'âme aspirant à se libérer du monde matériel, fut un visionnaire fascinant qui chercha la sagesse et la fraternité dans le mysticisme. À l'époque où l'Irlande devint un État autonome, en 1922, ce célèbre dramaturge, qui fut indiscutablement l'un des poètes modernes les plus importants, s'impliqua en politique du côté des nationalistes irlandais et reçut le prix Nobel de littérature en 1923. Yeats se passionnait pour l'occultisme et la magie, tout comme pour les forces négatives qui semblaient pousser le monde vers une bataille cataclysmique entre le bien et le mal. Il mourut peu de temps après le déclenchement de la Seconde Guerre mondiale.

En plus de chanter l'Irlande, Yeats écrivit sur l'amour qui transcende les préoccupations purement physiques. Il tomba amoureux de Maud Gonne, une beauté irlandaise, brillante et rebelle, éprise, elle aussi, de son Irlande natale. Mais elle repoussa les avances de Yeats et rejeta sa demande en mariage. Fait intéressant, la fille de Maud rejeta à son tour la demande en mariage de Yeats, quelques années plus tard. Celui-ci connut d'autres amours, mais demeura célibataire jusqu'à l'âge de cinquante-deux ans.

Ces deux morceaux choisis représentent sa conception poétique d'un amour ne reposant pas uniquement sur l'attirance physique. En 1907, Yeats traverse l'Italie en compagnie d'Anne Gregory, une magnifique jeune femme aux cheveux blonds. Il lui écrit alors : « Dieu seul, ma chère, peut t'aimer pour toi-même, et non pour tes cheveux dorés. » Le même thème réapparaît dans le poème « Quand tu seras vieille » : « Combien ont aimé vos moments de grâce joyeuse, et adoré votre beauté d'un amour réel ou feint ; mais un homme a aimé votre âme voyageuse, et aimé les afflictions de votre visage changeant. » Le poète nous dit que l'amour véritable n'a rien à voir avec l'attirance physique ; et bien qu'on puisse admirer la beauté extérieure, il vous supplie d'aimer comme Dieu vous aime, simplement pour ce que vous êtes.

Dans les années 60, je vécus l'un des moments les plus mémorables de ma vie d'étudiant au doctorat au cours d'un séminaire sur la psychologie du counseling, enseigné par le plus prestigieux professeur de notre université. J'étudiais alors, avec onze autres étudiants, ce qu'on appelle l'actualisation de soi et les caractéristiques propres aux personnes hautement fonctionnelles. On disait de ces gens exceptionnels, parmi lesquels se trouvaient certaines figures historiques, qu'ils étaient autoactualisés. Le but de ce séminaire de recherche avancée était de nous enseigner comment identifier ces traits et aider les gens à vivre une vie mieux remplie et plus passionnante.

Les gens autoactualisés partagent plusieurs traits communs : ils savent apprécier la beauté, ils ont le sentiment d'avoir un but dans la vie, ils sont capables de résister à l'acculturation, ils sont ouverts à l'inconnu, ils sont d'un enthousiasme débordant, ils sont maîtres d'eux-mêmes, ils ne se préoccupent pas des conséquences, ils ne se laissent pas influencer par l'opinion des autres et ils ne ressentent pas le besoin de contrôler les autres. Chaque semaine, nous discutions des stratégies à utiliser comme thérapeutes pour encourager nos clients à s'autoactualiser. Au milieu du trimestre, notre distingué professeur nous fit passer un examen ne comprenant qu'une seule question :

« Un homme autoactualisé se présente à une réception où tous les invités sont en habits de soirée. Il porte un blue-jean, un T-shirt, des chaussures de sport et une casquette de base-ball. Que fait-il ? Vous avez trente minutes pour mettre votre réponse par écrit. » Pendant la demi-heure qui suivit, nous travaillâmes tous les douze avec acharnement, puis le professeur nous demanda de lire nos réponses devant toute la classe. Je me souviens que certains avaient répondu qu'il ne se préoccuperait pas des apparences ; qu'il choisirait ni de quitter les lieux ni de présenter des excuses ; qu'il ferait comme si de rien n'était ou encore qu'il s'amuserait sans se soucier de la façon dont les autres pourraient le percevoir. Je me rappelle avoir été particulièrement fier de ma réponse, où il était fait mention de son sentiment d'avoir un but et une mission supérieure dans la vie.

Quand nous eûmes terminé de lire nos réponses, notre professeur annonça : « Je suis désolé, mais vous avez tous échoué à votre examen. Il suffisait d'écrire sept petits mots. » Sur ce, il alla au tableau noir et écrivit : « Il ne s'en serait pas rendu compte. »

Au plus haut niveau de conscience, la personne autoactualisée ne fait pas attention aux apparences, car elle ne voit que le dévoilement de Dieu chez les gens qu'elle rencontre. C'est de ce genre d'amour dont parle William Butler Yeats dans ses deux poèmes.

Quel défi ! Aller au-delà de ce que nous voyons avec nos yeux et tomber en amour avec une âme plutôt qu'avec une apparence physique. Quel défi dans une société où nous sommes bombardés par des messages publicitaires conçus pour nous vendre des produits exclusivement dédiés à l'amélioration de notre apparence physique ! Selon cette propagande, les rides doivent être cachées ou mieux encore, éliminées par voie chirurgicale ; les cheveux gris doivent être teints ; et tous les signes témoignant d'un processus de vieillissement normal doivent être dissimulés.

Yeats nous demande de voir au-delà de ces messages publicitaires, d'aimer comme Dieu nous aime, d'un amour qui n'a rien à voir avec les apparences extérieures, et de ne plus remarquer tous ces détails superficiels. Nous avons tous déjà possédé cette habileté par le passé. Il fut un temps où nous ne remarquions ni la couleur de la peau ni la forme des yeux de nos camarades de jeux. Ce n'est qu'après avoir subi le conditionnement culturel de notre société que nous avons commencé à nous identifier à l'apparence du contenant plutôt qu'à l'âme qui se trouve à l'intérieur.

L'un de mes poèmes préférés de Yeats, « Voguant vers Byzance », contient les quatre vers les plus frappants qu'il m'eut été donné de lire.

> Un homme âgé n'est qu'une chose dérisoire,
> Un manteau en lambeaux sur un bâton, à moins
> Que son âme ne tape des mains et ne chante, et chante
>   encore plus fort
> Pour chaque lambeau dans son mortel habit.

En tant qu'êtres physiques, nous sommes destinés à devenir un jour ou l'autre « un manteau en lambeaux sur un bâton ». Si nous aimons uniquement en vertu de ce que nos sens nous transmettent, nous sommes, en effet, une chose bien dérisoire. Mais quand l'âme tape des mains et chante, l'âge n'a plus d'importance. Yeats vous demande de voir au-delà des détails superficiels, puis, quand vous serez parvenu à l'autoactualisation, d'en arriver à un point où vous ne les remarquerez même plus. Que votre attention soit dirigée vers l'âme de ceux que vous aimez, et pendant que vous y êtes, rendez-vous service et laissez votre âme taper des mains et recevoir les applaudissements. Aimez-vous comme Dieu vous aime : pour ce que vous êtes vraiment.

Voici quelques suggestions pour manifester ce genre d'amour dans votre vie :

- Voyez-vous comme une âme à l'intérieur d'un corps plutôt qu'un corps habité par une âme. Considérez ces signes de vieillissement comme des insignes témoignant de votre mérite, mais essayez de voir au-delà de ces signes pour appréhender cette partie de vous-même qui n'a jamais vieilli et qui ne vieillira jamais.

- Ne prêtez pas attention à la propagande incessante qui bombarde tous les jours votre conscience pour vous convaincre que vous devez aspirer à la jeunesse éternelle et vous juger, vous et les autres, uniquement sur la base de votre apparence physique. Soyez fier non pas de votre apparence, mais de la qualité de votre caractère. Répétez-vous souvent cette célèbre phrase de *La Cage aux folles* : « Je suis ce que je suis. »

- Quand vous rencontrez des gens, voyez d'abord en eux le dévoilement de Dieu et résistez à la tentation de parler de leurs traits superficiels comme on vous l'a enseigné. Parlez des gens en mettant de l'avant leur beauté intérieure et refusez de participer aux commérages qui insistent sur les apparences.

- Quand vous exprimez vos sentiments aux gens que vous aimez, au lieu de leur parler de leur apparence physique, insistez sur ce que vous aimez vraiment en eux. Adressez-vous à leur âme immortelle plutôt qu'au garage qui l'abrite.

MOI SUPÉRIEUR

J'étais sorti seul pour aller à mon rendez-vous. Mais qui
    est ce moi dans le noir ?
Je fais un pas de côté pour l'éviter, mais je ne peux lui
    échapper.
Il fait lever la poussière du chemin en se pavanant ;
Il joint sa voix tonitruante à tout ce que je dis.
Il est mon propre petit moi, Seigneur, et il n'a aucune
    honte ;
Mais j'ai honte de me présenter à ta porte en sa
    compagnie.

RABINDRANATH TAGORE
(1861-1941)

L'une des personnalités les plus influentes de l'Inde moderne, le peintre et mystique Rabindranath Tagore reçut le prix Nobel de littérature en 1913. Ses œuvres sont des classiques, célèbres pour leur beauté lyrique et leur intensité spirituelle.

*D*eux personnes vivent en chacun de nous. J'appelle la première personne *ego*. L'ego veut avoir raison. L'ego croit également qu'il est séparé des autres et en compétition avec eux. Il croit devoir être meilleur que tout le monde, et par conséquent, il se bat non seulement pour acquérir plus de biens, mais aussi plus de biens de grande valeur. Il se sent bien quand il parvient à vaincre ses soi-disant adversaires, et c'est sur cette base qu'il juge de sa propre valeur, en se comparant à ceux qu'il cherche désespérément à surclasser. S'il termine premier, c'est un rêve devenu réalité, mais il sera satisfait de figurer dans les dix premiers centiles. Néanmoins, il est absolument essentiel pour lui d'être au-dessus de la moyenne.

L'ego n'aime pas simplement gagner ; il en a désespérément besoin, il y pense constamment. Il se vante de ses exploits, fait régulièrement le compte de ses prix, de ses récompenses et de ses insignes. Il roule dans les plus belles voitures, porte des vêtements signés, mange dans les meilleurs restaurants, prend des drogues aux effets spectaculaires, fait l'amour comme un dieu et s'adonne à toutes sortes de plaisirs qui sont aussitôt remplacés par une nouvelle liste d'exigences dès que ceux-ci lui semblent usés ou dépassés. Il est impossible de le satisfaire tant qu'il y a quelque part quelqu'un à vaincre, quelque chose à acheter ou à posséder. Il s'acharne, mais il n'est jamais comblé.

La seconde personne qui habite en chacun de nous, je l'appelle l'Esprit. L'Esprit ne s'intéresse pas aux choses qui préoccupent l'ego. Il se soucie comme d'une guigne des possessions terrestres, il ne cherche pas à être meilleur que les autres, et encore moins à les vaincre. En fait, il ne se compare jamais aux autres. Il semble ne vouloir qu'une chose, une chose qu'il poursuit avec acharnement. L'Esprit ignore tout des besoins de son omniprésent jumeau, l'ego, car il n'aspire qu'à la sérénité. L'Esprit incarne en fait le désir de vivre en paix.

Lorsqu'il est question de compétition, il accepte de se mesurer aux autres, mais il ne sent jamais le besoin de prendre des airs supérieurs. Pour ce qui est des possessions matérielles, l'Esprit en jouit sans arrière-pensée, mais ne semble jamais possédé par celles-ci et peut tout aussi bien les donner au premier venu. Si le mantra de l'ego est « toujours plus », celui de l'Esprit est toujours le même : « paix ». L'Esprit irradie cette paix autour de lui et favorise le retour au calme en tout temps, même en plein chaos.

Les voici donc, nos deux compagnons intimes, l'ego et l'Esprit. La question n'est pas de tuer l'un au profit de l'autre, mais de soumettre la partie qui suscite en nous un émoi perpétuel et nous empêche de vivre en paix. Comment passer d'une quête incessante à la réussite ? Je me pose souvent la question au cours d'une journée. À qui ai-je donné la charge de conduire ma vie ? J'ai même écrit un livre sur le sujet ; sans doute pour m'aider à comprendre le pouvoir que j'ai donné à mon ego dans ma propre vie. Ce livre s'intitule *Your Sacred Self*, et il est consacré au thème abordé par Tagore dans son célèbre dialogue avec Krishna (Dieu) présenté au début de cet essai.

Comment dompter la partie de nous-mêmes qui se croit séparée des autres et qui a besoin de conquérir, de gagner et d'acquérir des biens pour se sentir bien ? En empruntant des pensées à des poètes célèbres comme Tagore et Rûmi, qui jouent un rôle majeur non seulement dans ce livre, mais aussi dans ma vie, j'ai composé une prière que je récite tous les matins pour bien commencer ma journée :

Mon Dieu, mon ego est exigeant, arriviste, obsédé par l'idée d'avoir raison et toujours insatisfait. Mon moi sacré recherche la sérénité, n'aime pas la compétition, ne juge pas et ne réclame jamais rien. Je Vous en prie, faites qu'ils communiquent entre eux.

Tagore, dans son dialogue avec Dieu, fait sensiblement la même chose. Il se demande : « Qui est ce moi dans le noir » à qui je ne peux échapper, qui avance dans la vie en se pavanant, infectant chacune de mes paroles de sa suffisance, sans honte aucune ? Tagore reconnaît que l'entrée qui mène au royaume supérieur est bloquée par ce « petit moi » sans vergogne. Le poète reçut le prix Nobel de littérature en 1913 pour l'un de ses plus grands recueils de poésie, et néanmoins cet honneur ne lui monta pas à la tête. Il consacra sa vie à écrire sur les différentes façons de nous libérer de cette tendance à nous identifier à de tels prix.

La lecture des touchants poèmes de Tagore, et de celui-ci en particulier, nous rappelle les avantages dont nous pouvons bénéficier en soumettant notre ego et en écoutant l'Esprit qui nous guide vers la paix. L'ego obstruera les pores de votre vie en faisant lever « la poussière du chemin » et en créant de l'agitation si vous ignorez le rôle de l'Esprit et refusez de reconnaître la responsabilité de l'ego. Pour sa part, Tagore s'est toujours comporté avec une dignité tranquille et une contenance sereine, et cela s'est reflété dans la très belle simplicité de sa poésie.

Voici quelques suggestions pour mettre en pratique dans votre vie de tous les jours la sagesse au cœur de la poésie de Tagore :

- Écoutez votre cœur avant de réagir. Voyez si vous parvenez à dompter votre ego au moins une fois au cours de la journée. Avant de parler, demandez-vous : « Est-ce que les paroles que je suis sur le point de prononcer ont pour but de réfuter quelqu'un et de me prouver à moi-même que je suis spécial ? Vais-je créer plus d'émoi ou plus de sérénité ? Puis prenez la décision d'être aimable et bon. Remarquez la réaction de votre ego et laissez-lui jouer un rôle moins important une ou deux fois par jour jusqu'à ce que cela devienne une habitude, une façon d'être.

- Prenez conscience du nombre de fois où vous utilisez le mot « je » dans vos conversations et voyez si vous ne pourriez pas, chaque jour, commencer quelques-unes de vos phrases par « tu » ou « vous ». Débarrassez-vous de votre besoin de vous vanter en applaudissant à la réussite des autres.

- Efforcez-vous d'être moins attaché aux choses que vous avez accumulées et essayez même de vous en libérer. Aider les autres en leur donnant certaines de vos choses vous permettra de dompter votre désir de posséder, de rééduquer votre ego et d'accéder à la paix à laquelle aspire votre Esprit.

- Parlez avec votre ego comme je le fais dans ma prière du matin, en adoptant la position de votre moi supérieur. Voici ce que l'une de mes lectrices, Shirley Ross Korber, a écrit à son ego après avoir lu mon livre *Your Sacred Self*.

Tenir mon journal est pour moi une activité quotidienne depuis près de treize ans. Ce matin, j'ai envoyé la lettre suivante à mon ego :

« Cher ego, vous êtes informé par la présente que nous avons un nouveau chef. Vous êtes invité à demeurer en tant que partenaire silencieux. Je (mon moi sacré) reprends dès aujourd'hui ma vie en main. J'ai embauché les services du plus grand spécialiste de l'univers qui soit : Dieu. Nous nous sommes entendus, Dieu et moi, pour restructurer ma vie et mes affaires. Cela veut dire que vous n'aurez plus désormais voix au chapitre. Je n'éprouve aucune rancœur à votre égard, mais il n'est pas dans mon meilleur intérêt, ni dans celui des gens que je côtoie, de vous laisser influencer mes décisions. »

INTIMITÉ

La force du nombre fait les délices du timide.
L'esprit courageux se fait gloire de combattre seul.

MOHANDAS KARAMCHAND GANDHI
(1869-1948)

Aussi connu sous le nom de Mahatma, ce qui veut dire la « grande âme », Gandhi préconisa la non-violence dans sa lutte pour l'indépendance et les droits civiques du peuple indien.

*L*e secret pour manifester ce que vous désirez, mais aussi celui de la physique quantique, sont tous deux partiellement révélés dans ces quelques mots de Mohandas Gandhi. Tout devient plus clair lorsque nous considérons qu'il est possible de diviser l'univers, en suivant notre expérience personnelle, entre le visible et l'invisible, le matériel et le spirituel. Le monde du visible, nous en faisons l'expérience par le biais de nos sens. C'est le monde qui nous intéresse le plus lorsqu'il est question d'obtenir les choses que nous désirons.

Mais *d'où* viennent ces *choses* ? Comment cette soi-disant réalité se manifeste-t-elle ? Les physiciens quantiques sont à la recherche d'une réponse, mais je soutiens pour ma part que le premier physicien quantique ne fut pas Bohr ou Einstein, mais saint Paul, l'un des auteurs du Nouveau Testament. Saint Paul a écrit : « Le monde visible ne prend pas son origine dans les apparences. » Il me semble que saint Paul énonce précisément la conclusion à laquelle en sont venus les physiciens contemporains : *Les particules ne sont pas responsables de leur propre création.* La mécanique quantique étudie la matière (le monde matériel) au niveau le plus élémentaire dans sa recherche de la source du monde physique. Leur conclusion est que le monde du visible vient du monde de l'invisible. Alors en quoi cela est-il relié aux idées de Gandhi sur l'esprit courageux qui combat seul ? Lisez la suite.

Notre réalité est divisée entre l'ego et l'Esprit. On ne peut créer ou manifester quelque chose à partir de la dimension de l'ego, car celui-ci est ancré dans le monde physique, contrairement à la dimension de l'Esprit, qui est celle du monde invisible. Rappelez-vous que les particules (celles qui composent le monde matériel) ne sont pas responsables de leur propre création. Pour réaliser vos rêves, vous devez d'abord vous libérer de votre ego. L'ego n'est rien de plus qu'une idée qui vous trotte dans la tête, l'idée que vous êtes séparé des autres et en compétition avec eux, mais aussi séparé de Dieu (ou de votre source). Tant que vous croyez être coupé des autres et de votre source, vous perdez le pouvoir de votre source. Quand vous reprenez contact avec elle ou encore quand vous reprenez consciemment contact avec l'invisible (l'Esprit), vous retrouvez le pouvoir de votre source. Cela veut dire retrouver le pouvoir de manifester, de guérir et d'attirer dans votre vie ce que vous désirez.

À l'instant où vous confiez aux autres vos désirs et la façon dont vous allez créer le genre de vie que vous savez être votre destin personnel, vous lancez une invitation à votre ego. Si vous vous mettez à expliquer ces idées qui peuvent sembler radicales, on vous demandera de vous justifier. Vous sentirez alors le besoin d'argumenter avec vos interlocuteurs, de voir en quoi vos idées s'accordent ou ne s'accordent pas avec leurs propres perceptions. Et pire que tout, on s'attendra à ce que vous écoutiez les raisonnements de ceux avec qui vous avez choisi de partager vos rêves, des gens qui vous diront probablement d'arrêter de délirer et de tenir compte des circonstances.

Dès que l'ego est impliqué, vous perdez littéralement la capacité de créer ce que votre cœur vous présente comme votre destinée. Par conséquent, en partageant vos désirs les plus intimes, vous cherchez en fait la force du nombre, dont Gandhi dit qu'elle fait « les délices du timide ». Ne vous y trompez pas, les timides ne manifestent jamais leurs propres rêves ; ils vont grossir les rangs des insatisfaits.

En luttant seul pour ce que vous savez être votre destin, sans vous soucier de ce que les autres pensent, vous devenez cet « esprit courageux qui se fait gloire de combattre seul ». L'Esprit est la source de tout ce que vous voyez, de tout ce dont vous êtes témoin, de tout ce que vous observez. Vous pouvez reprendre contact avec lui en vous libérant de l'influence de l'ego. Plus spécifiquement, cela incite à garder vos rêves pour vous-même et à ne les partager qu'avec Dieu, ou quel que soit le nom que vous donnez à la source invisible du monde matériel. Reprenez contact avec cette source et retrouvez le pouvoir de cette source ; ouvrez la porte à votre ego, et vous pouvez être sûr d'être coupé de votre source.

Jeune homme, je rêvais de devenir indépendant de fortune. Je fis part de mon « plan » à mes amis et à ma famille. Chaque fois que j'expliquais mon intention de mettre de côté un cinquième de tout ce que je gagnerais avant de dépenser quoi que ce soit, j'entendais toute sorte d'objections contre ma stratégie financière. Je me rappelle encore ce qu'on me disait : « Tu as perdu le contact avec la réalité. Personne ne peut économiser vingt pour cent de son revenu, payer ses impôts, payer ses factures et prendre soin de sa famille, c'est impossible. » Je prenais alors la défense de mon projet en expliquant comment, grâce aux intérêts composés et sans jamais toucher au capital, je parviendrais à vivre de ces intérêts, qui allaient croître à l'abri de l'impôt, en moins de quinze ans. Mais je finissais toujours par me laisser abattre par ces soi-disant « experts », spécialisés en pauvreté. J'ai appris depuis à la boucler et à agir en silence. J'ai découvert que moins je sens le besoin de parler aux gens de mes projets, plus ils se réalisent rapidement.

En libérant mon rêve de l'emprise de mon ego et en m'appuyant au contraire sur le pouvoir du silence, j'ai attiré dans ma vie une indépendance financière qui reflète ma vision intérieure. Les paroles de Gandhi me font penser à cette époque de ma vie, et quel puissant rappel pour le monde d'aujourd'hui ! Résistez à votre besoin de demander aux gens d'endosser vos rêves ; soyez plutôt un esprit courageux qui se fait gloire de suivre sa propre voix intérieure. Une autre façon de le dire, peut-être un peu moins sophistiquée, mais tout aussi profonde : « Si vous suivez la meute, vous marcherez souvent dans ce qu'elle laisse derrière elle. »

Voici ce que je vous suggère pour mettre en pratique les paroles de Gandhi :

- Quand vous êtes sur le point de demander à quelqu'un d'endosser vos rêves, arrêtez-vous et rappelez-vous qu'une fois que votre ego se met de la partie, vous perdez vos moyens spirituels et scientifiques de créer ce que vous voulez.

- Pour satisfaire votre besoin d'annoncer vos plans, décrivez en détail dans un journal intime ce que vous avez l'intention de manifester dans votre vie. À tout le moins, votre journal ne mettra pas le doute dans votre esprit.

- Ne perdez jamais de vue que le processus de création implique un passage de l'invisible vers le visible, de l'esprit vers la matière. Ayez confiance en votre capacité d'établir un contact conscient avec le monde invisible. Établir un contact conscient, c'est la différence entre connaître l'existence de Dieu et connaître Dieu.

Voilà le vrai plaisir de la vie : être au service d'une cause que l'on juge soi-même de la plus haute importance. Être une force de la nature, plutôt qu'un petit crétin fébrile, égoïste et rancunier, souffrant de tous les maux et se plaignant que le monde ne se consacre pas à son seul bonheur. Mon opinion est que ma vie appartient à toute la communauté, et tant que je vivrai, ce sera pour moi un privilège de faire pour elle tout ce que je peux.

Je veux mourir en ayant épuisé toutes mes forces — car plus je m'acharne au travail, plus je vis. Je suis heureux de vivre parce que j'aime la vie. Pour moi, la vie n'est pas une « brève chandelle », mais un splendide flambeau auquel je m'accroche pour l'instant, et je veux le faire briller de tous ses feux avant de le tendre à la génération suivante.

GEORGE BERNARD SHAW
(1856-1950)

Dramaturge, critique et réformateur irlandais, George Bernard Shaw utilisa ses pièces et ses essais pour véhiculer ses théories et faire connaître ses causes, comme le socialisme politique et économique, une nouvelle religion fondée sur l'évolution créatrice, la lutte contre la vivisection, le végétarisme et une réforme de l'orthographe.

George Bernard Shaw, ce brillant dramaturge, critique littéraire, conférencier, critique musical, critique de théâtre et essayiste, travailla jusqu'à son dernier souffle, à plus de quatre-vingt-dix ans. Il gagna et refusa le prix Nobel de littérature en 1925 pour *Jeanne d'Arc*, mais on se souvient davantage de lui pour son livre fascinant *L'Homme et le surhomme*, et bien sûr, pour la pièce *Pygmalion*, dont on tira la comédie musicale *My Fair Lady*. Le passage ci-dessus illustre parfaitement la façon dont George Bernard Shaw, le plus important dramaturge irlandais depuis le dix-septième siècle, vécut sa vie.

J'avais dix ans à la mort de Shaw, et je me rappelle encore avoir lu l'annonce de son décès dans les journaux. Sa philosophie de vie m'a, semble-t-il, toujours attiré. Ici, il vante les mérites d'une vie au service d'une cause que nous jugeons de la « plus haute importance ». Cette idée de nous voir comme des êtres naturellement résolus s'adresse directement à notre image de nous-mêmes. Qui voudrait ressembler à l'image de ce « petit crétin fébrile, égoïste et rancunier, souffrant de tous les maux et se plaignant que le monde ne se consacre pas à son seul bonheur » ? Pas moi; et pourtant n'avons-nous pas tous rencontré des gens correspondant à cette description ?

Les gens qui mordent dans la vie comme s'ils étaient des forces de la nature sont généralement des gens d'action, des bons vivants qui n'endurent ni les geignards ni les pleurnicheurs, des gens qui seront actifs jusqu'à la fin de leurs jours. Ils sont actifs, non pas pour s'occuper, mais parce qu'ils prennent plaisir à leurs activités. Ils n'ont ni le temps ni l'envie de s'arrêter pour écouter nos petites revendications, et ni d'ailleurs de se complaire dans ce genre d'activité. Shaw nous demande de nous libérer de notre égocentrisme et de goûter au vrai plaisir de la vie, à savoir, sentir que nous sommes au service d'une cause.

Dans ce passage, le dynamique et spirituel philosophe nous transmet son extraordinaire enthousiasme pour la vie et nous encourage à adopter une attitude similaire envers tous et chacun. Laissez de côté les plaintes, les jérémiades et la passivité en modifiant la façon dont vous percevez la vie en général, nous dit

Shaw. Il nous dit de profiter de la vie, non pour les résultats et les récompenses que nous en retirerons, mais purement et simplement par amour pour elle. George Bernard Shaw, l'exemple même d'une personne pleinement fonctionnelle, vous invite à sortir de votre torpeur et à cesser de chercher une raison pour être heureux. Prenez plutôt conscience que vous pouvez être utile à tous ceux que vous rencontrez, quelles que soient vos activités. Mais comment y arriver ?

Pour ma part, je m'éloigne des champs d'énergie de ceux qui violent les principes énoncés par George Bernard Shaw. Quand j'entends quelqu'un se plaindre, rouspéter ou râler, je m'éloigne volontairement de son espace, en silence et aussi vite que possible. En général, je ne dis ou ne fais rien qui pourrait être interprété comme une forme de rejet, même si je refuse catégoriquement de tolérer ce genre d'énergie dans mon environnement immédiat. J'ai aussi découvert que moins je verbalise, moins j'ai de raisons de me plaindre. Il y a une vingtaine d'années, j'ai décidé de ne plus utiliser des phrases du genre : « Je suis fatigué », « Je ne me sens pas bien » ou « Je vais avoir le rhume ». Ce choix, tout à fait conscient, a été inspiré par cette phrase de Shaw, que j'ai d'ailleurs partiellement incluse dans certains de mes premiers ouvrages. En cessant d'utiliser ces phrases, j'ai dû revoir mon attitude à l'égard de la fatigue et de la maladie, car j'ai découvert qu'en cessant de me plaindre, j'étais généralement épargné par ces maux.

Quand je rencontre des gens qui me disent être fatigués ou sur le point d'avoir le rhume, je réponds d'ordinaire : « Ne pensez pas à la fatigue » ou « Ne pensez pas au rhume ». Mes interlocuteurs me regardent souvent d'un air perplexe, néanmoins le message est passé et je leur fais comprendre que je ne me laisserai pas entraîner dans une discussion sur leurs maladies et leurs récriminations.

Si vous êtes prêt à mettre en pratique ce conseil, à le prendre à cœur, ce morceau choisi de George Bernard Shaw peut littéralement changer votre façon de penser. Si vous vous voyez chaque jour comme une force de la nature, si vous renoncez à

votre suffisance et à vos sujets de plainte au profit d'une vision de
la vie perçue comme une splendide torche qui illumine magnifiquement celle-ci, vous comprendrez ce que Shaw entend par le
« vrai plaisir de la vie ». J'adore l'idée de mourir en ayant épuisé
toutes mes forces. Pour moi, cela veut dire ne pas entretenir de
pensées qui pourraient m'immobiliser ou me détourner de ma
propre mission héroïque. Il faut absolument refuser de penser et
d'agir comme si nous n'étions pas des forces de la nature, comme
si nous n'avions pas un but dans la vie. Toute pensée qui nous
empêche de connaître et de mobiliser cette force doit d'abord être
identifiée, puis, petit à petit, rejetée. Il est hors de question de
mourir sans avoir exprimé toute la musique qui dort en nous !

Vous pensez peut-être que ce conseil est valable pour un génie
comme George Bernard Shaw, mais pas pour vous, car à bien des
égards, vous pensez effectivement être un petit crétin égoïste.
Cette attitude reflète l'image de vous-même que vous avez choisi
d'adopter, mais cela veut aussi dire que vous pouvez la modifier.
Rappelez-vous que votre image de vous-même découle de votre
moi, et que personne d'autre n'en est responsable. Elle est
entièrement vôtre.

Ces mots m'ont guidé dans la vie depuis que je les ai lus, jeune
homme. Si vous ne voulez pas ressembler à celui qui a été décrit
comme un petit crétin égoïste et fébrile, essayez les voies
suivantes :

- Éliminez de votre vocabulaire les énoncés faisant référence
  à des phénomènes que vous ne souhaitez pas manifester
  dans votre vie. Quand vous vous rendez compte que vous
  êtes en train de parler de vos maux, de votre fatigue ou de
  vos peurs, arrêtez-vous et gardez le silence au lieu de
  professer des prophéties défaitistes.

- Éloignez-vous physiquement, mais subtilement, des gens
  qui ne cessent de vous importuner avec leurs griefs.

- Mettez de l'énergie dans votre vie en développant de nouveaux centres d'intérêt, en entreprenant de nouveaux projets, et en prenant le temps de jouir de la vie. Débarrassez-vous de ces habitudes lamentables qui reflètent votre faible estime de vous-même. Arrêtez de vous dénigrer et de vous rabaisser, et faites comprendre en privé à ceux qui le font que vous ne voulez plus être traité de la sorte.

- Soyez un homme ou une femme d'action plutôt qu'un détracteur et un geignard toujours à la recherche d'une bonne excuse. Laissez votre vrai moi s'exprimer, et prenez l'habitude de ne plus tolérer les imbéciles.

- Ignorez les critiques. J'ai accroché dans mon bureau un poster arborant ma citation préférée d'Albert Einstein, un contemporain de Shaw. « Les grands esprits ont toujours suscité l'opposition des esprits médiocres. » Vous êtes un grand esprit ! Vivez en conséquence.

SOUFFRANCE

Tiré des *Paroles de Paramahansa Yogananda*

L'Homme s'est identifié à tort à la pseudo-âme, à l'ego.
Lorsqu'il s'identifie enfin à son être véritable, l'âme
immortelle, il découvre que toute douleur est irréelle. Il
ne peut même plus imaginer ce qu'est la souffrance.

PARAMAHANSA YOGANANDA
(1893-1952)

*Issu d'une famille bengali pieuse et aisée, Paramahansa Yogananda
obtint son diplôme à l'université de Calcutta en 1915, puis fonda
le Self-Realization Fellowship à Los Angeles en 1920, où il offrit
une science de l'exploration spirituelle pour l'harmonie de soi
menant à un monde plus compatissant et plus serein. Dans*
Autobiographie d'un Yogi, *il initia des millions de gens à la
philosophie séculaire indienne du yoga et à sa tradition consacrée
de méditation.*

*L*e message d'inspiration divine de Paramahansa Yogananda – à
savoir qu'il est possible d'imaginer que la souffrance est impossible
– vous semblera peut-être farfelu. J'ai inclus cette déclaration
d'un homme que j'admire profondément pour vous encourager à
aborder le phénomène de la souffrance sous un angle qui vous
mènera probablement à voir votre vie sous un jour complètement
différent. Vous êtes par la présente invité à vous libérer de
certaines idées fermement implantées en vous et de cette fausse
identité dont parle Yogananda.

Pour l'essence de votre être véritable — ce que Yogananda appelle « l'âme immortelle » — la douleur est irréelle. Pourtant, nous vivons dans un monde réel où nous sommes confrontés à des problèmes réels et à des éléments de souffrance que nous savons être réels. Et c'est pourquoi ce conseil, qui nous enjoint à adopter un nouveau pôle d'identification et à entrer dans un espace où nous ne pouvons plus imaginer souffrir, peut sembler incompréhensible.

Pour moi, ce qui fonctionne, c'est devenir spectateur, perdre tout attachement pour ce qui n'est pas permanent. L'un de mes maîtres, Nisargadatta Maharaj, disait : « Vous ne souffrez pas, c'est la personne que vous imaginez être qui souffre. Vous ne pouvez pas souffrir. » Il nous rappelle encore une fois que notre être véritable ne doit être confondu ni avec notre corps ni avec notre ego. Surmonter votre tendance à croire fermement à votre souffrance en devenant le spectateur de votre vie est un défi extraordinaire.

Prenons le genre de souffrance le plus courant, ce que nous appelons la douleur. Supposons que vous éprouvez une douleur quelconque, comme un mal de tête, et que vous n'êtes pas d'humeur à écouter un swami vous expliquer qu'elle n'est pas réelle ou que votre imagination vous joue des tours. Je vous comprends, mais accordez-moi quelques instants, et voyons si vous ne pouvez pas vous libérer de votre attachement à cette souffrance. Qu'arriverait-il, en effet, si vous pouviez devenir le spectateur de ces maux de tête en transférant votre pôle d'identification vers ce que Yogananda appelle votre être véritable ?

En vous concentrant sur votre douleur, vous pourrez la localiser précisément, décrire sa taille, sa forme ou toute autre caractéristique perceptible. Si vous demeurez concentré suffisamment longtemps, vous parviendrez à déplacer cette douleur d'un point à un autre dans votre tête. Une fois que vous y serez arrivé, vous prendrez conscience que vous pouvez également la chasser hors de votre tête. En d'autres termes, vous aurez éliminé votre souffrance en devenant l'observateur de votre douleur et en vous détachant complètement de cette expérience douloureuse. Certains appellent cette activité « contrôle de l'esprit », mais j'y vois pour ma part une façon efficace de mettre un terme à notre identification avec ce que nous avons appris à appeler « souffrance ».

La plupart des souffrances que nous éprouvons, à l'exception des douleurs proprement physiques, sont la conséquence de notre identification avec notre propre suffisance. L'autre jour, alors que je planifiais la façon dont j'allais aborder le sujet de l'ego et de la souffrance, je me suis souvenu d'une conversation que j'avais eue avec mon bon ami Deepak Chopra. Mais tandis que je me demandais si je devais inclure ce qu'il m'avait confié au cours de cette discussion, le téléphone a sonné et, vous l'avez deviné, c'était Deepak. Je lui ai raconté que je venais tout juste d'écrire son nom sur un bout de papier pour ne pas oublier d'inclure ce qu'il m'avait dit au sujet de l'ego et de la souffrance, et que j'allais justement lui téléphoner pour être sûr de ne pas me tromper.

Il m'a aussitôt grondé en disant : « Le champ unifié m'a transmis ton message, alors j'ai téléphoné. » Il m'avait en fait raconté l'histoire d'un maître bouddhiste à qui on avait demandé quelle était la chose à laquelle il pensait et recourait lorsqu'il se trouvait dans un état de douleur. Le maître répondit : « Souvenez-vous de ceci, et vous ne souffrirez plus jamais. Ne vous accrochez pas à ce que vous appelez moi ou mien. » Ces quelques paroles, si vous les répétez assez souvent quand vous ressentez de la tristesse et par conséquent de la souffrance, peuvent éliminer cette identification trompeuse avec l'ego. L'ego n'est que suffisance.

Deepak et moi avons discuté encore quelques instants, puis il a ajouté : « Puisque tu écris sur notre capacité à mettre fin à la souffrance, je te suggère d'offrir à tes lecteurs cette phrase que nous devons à la tribu des Ojibway et que j'utilise moi-même chaque fois que je me laisse emporter par ma propre complaisance à me fâcher pour des vétilles. Je répète simplement cette phrase dans ma tête et toutes mes souffrances mentales disparaissent comme par magie. » Voici donc cette phrase des Ojibway, de la part de Deepak Chopra et de moi-même : « Il m'arrive de temps à autre de me prendre en pitié, mais pendant tout ce temps, de grands vents soufflent mon âme à travers ciel. »

Quelle belle image à évoquer quand on souffre et qu'on est prisonnier de sa propre suffisance ! En tant que spectateur, vous pouvez observer vos souffrances à loisir, et de ce point de vue privilégié, choisir de les aimer et de vous y donner entièrement. Vous pouvez les traiter comme s'il s'agissait d'un merveilleux cadeau qui vous aidera à vous libérer de votre crise identitaire et de votre pseudo-âme, et à consacrer toute votre attention et votre énergie à ce qui en vous rend possible l'observation de votre souffrance à partir d'un point de vue complètement détaché.

C'est une façon extrêmement libératrice de mettre fin à toutes vos souffrances. Quand vous vivrez comme Yogananda a vécu, vous pourrez, vous aussi, affirmer : « Je ne peux même pas imaginer ce qu'est souffrir. » J'entends d'ici la voix de Yogananda vous disant que vous devriez apprendre à vous réjouir de vos souffrances, car tout ce que Dieu fait, Il le fait pour notre édification. La douleur est un messager qui nous rappelle à Dieu, à cette âme soufflée à travers ciel, bien qu'invisible. Bientôt, la douleur n'est plus une douleur, et la souffrance n'est plus une souffrance, et en cessant de vous identifier à votre corps et à votre ego, vous supprimez votre vulnérabilité à la tristesse et à la souffrance.

Ce n'est pas un truc, c'est une façon concrète de scruter vos attachements, tous vos « moi » et « mien », l'ampleur de votre suffisance, et finalement de vous identifier avec ce qui est éternel en vous. Cela fonctionne vraiment, et vous découvrirez, comme Yogananda nous l'a promis, que toute douleur est irréelle.

Pour suivre ce divin conseil :

- Donnez une juste évaluation de ce que vous croyez être la source de votre tristesse ou de votre souffrance. Exercez-vous ensuite à répéter dans votre for intérieur : « La cause de mes souffrances est en moi et en moi seul, et je ne blâmerai plus les autres et les circonstances pour ce que je ressens. »

- Soyez à présent extrêmement attentif à tout ce qui touche votre souffrance. Si vous ressentez simplement de la tristesse, notez où elle sévit, où elle se manifeste, à quoi elle ressemble et quelles sont ses autres caractéristiques.

- Quand vous vous surprenez à avoir pitié de vous-même, essayez de vous répéter les paroles des Ojibway. Vous verrez rapidement à quel point ces sentiments d'autodénigrement sont banals comparés à votre âme éternelle qui ignore tout de ce genre de sentiments.

- Demandez-vous, comme je le fais moi-même : « Quelle leçon puis-je tirer de cette expérience ? » Une fois que je sais qu'il y a quelque chose à apprendre de cette tristesse, comme de toutes les déceptions qui ont marqué ma vie, je peux transformer cette tristesse en chanson quasi instantanément.

✾ ÉNERGIE DE L'AMOUR ✾

Un jour, quand nous aurons maîtrisé les vents, les vagues, les marées et la pesanteur, nous exploiterons l'énergie de l'amour. Alors pour la seconde fois de l'histoire du monde, l'homme aura découvert le feu.

PIERRE TEILHARD DE CHARDIN
(1881-1955)

Jésuite, paléontologiste, scientifique et philosophe d'origine française, Pierre Teilhard de Chardin consacra sa vie à réinterpréter le christianisme à la lumière de l'évolution. Il percevait la matière et l'esprit comme deux aspects différents d'une même substance cosmique, parfaitement compatibles sur le plan intellectuel.

*P*ierre Teilhard de Chardin aborde ici un thème qui, une fois compris par chacun d'entre nous, aura un impact monumental sur l'humanité. Il nous dit que l'amour et l'énergie sont étroitement liés, allant même jusqu'à suggérer que l'amour renferme une énergie qui peut unir le genre humain en allant chercher ce qu'il y a de plus profond en nous. Pensez à l'importance de ce que nous offre ce brillant philosophe et homme de Dieu par le biais de cette observation. Il prend pour acquis que nous parviendrons un jour à maîtriser les vents, les vagues, les marées et la pesanteur pour combler nos besoins énergétiques et ceux de tous les peuples.

Notez que toutes ces sources d'énergie sont des mouvements orchestrés par une réserve d'énergie invisible. Personne n'a jamais vu le vent ; nous ne pouvons qu'observer ses effets. Nous entendons le bruissement des feuilles, nous voyons la pluie tournoyer dans le ciel et nous sentons le souffle du vent sur notre visage, mais le vent lui-même demeure invisible. Comme cette force qui régit les vagues, les marées et la pesanteur.

Nous regardons les vagues aller et venir sans cesse contre le rivage, chaque jour, à l'heure prévue, et pourtant la force derrière ce mouvement résiste à toutes nos investigations. Nous voyons le fruit qui tombe de l'arbre, mais ce qui l'attire vers le sol demeure pour nos sens un mystère. À présent, pensez un instant au pouvoir latent, virtuellement inexploité, de l'amour. Bien sûr, nous ne voyons jamais que les conséquences de cette énergie. Personne ne s'entend pour dire ce qu'elle est ou d'où elle provient, mais nous avons tous connu et senti ses effets lorsque ceux-ci se manifestent.

À l'intérieur de chacun de nous et de chacune de nos cellules, nous retrouvons des atomes et des particules subatomiques infinitésimales. Quand nous alignons un certain nombre d'électrons à l'intérieur d'un atome d'une molécule, nous produisons une force mystérieuse. Je ne ferai pas semblant de connaître la formule scientifique, mais disons, pour le bien de la démonstration, qu'un atome contient un milliard d'électrons. Quand nous les alignons artificiellement en les plaçant, un à la fois, les uns sous les autres, nous finissons par atteindre ce que les physiciens appellent une masse critique. En théorie, nous devrions alors obtenir 375 millions d'électrons alignés et 625 millions d'électrons voletant de façon aléatoire. Mais lorsque nous alignons le 375 millionième électron, une force à l'intérieur de la structure de l'atome contraint le reste des électrons à s'aligner eux aussi. Ce point est appelé transition de phase, un point où la force interne à l'intérieur de la cellule ou de la molécule ou de l'atome ou de la particule subatomique est activée pour créer ce nouvel alignement. Cette énergie agissant à l'intérieur de la cellule, Pierre Teilhard de Chardin l'appelle l'amour, l'affinité qui lie et attire tous les éléments de l'univers.

À présent, imaginez que vous êtes vous-même l'une des cellules qui composent le corps total de l'humanité, un corps comptant six milliards de cellules. Si chacun d'entre nous s'aligne d'une certaine façon, nous pouvons, nous aussi, atteindre une masse critique. Le champ d'énergie créé par cette masse critique est un champ d'amour qui produit au niveau macroscopique – soit le monde matériel tel que nous pouvons l'observer – les mêmes effets qu'au niveau microscopique. Teilhard de Chardin parle d'une humanité qui a atteint cette masse critique et pour qui la découverte de la force invisible de l'amour est équivalente à celle du feu. Mais pour ce faire, nous devons d'abord nous aligner individuellement sur les enseignements des maîtres spirituels qui ont vécu au cours des siècles de l'histoire humaine.

Pierre Teilhard de Chardin fut extrêmement respecté bien que peu connu de son vivant. Étant membre de l'ordre des Jésuites, il ne put exprimer certaines idées, et c'est pourquoi la majeure partie de ses enseignements ne fut publiée qu'après sa mort. L'essentiel de sa philosophie repose sur l'idée que l'évolution mentale et sociale nous entraîne vers une grande union spirituelle. Il suffit que nous imaginions que notre capacité à aimer se développe jusqu'à embrasser tous les hommes et toute la terre. Il donne à cette énergie latente de l'amour le nom de synthétiseur universel. L'amour est un élixir énergisant capable de nourrir et de réunir le genre humain comme le fit le feu pour les premiers hommes. Imaginez quelles seraient les conséquences, pour notre survie, d'une découverte aussi prodigieuse et importante que celle du feu.

Nous pouvons appliquer les enseignements de Teilhard de Chardin en comprenant tout d'abord que blesser un seul être humain, c'est blesser la puissance divine à l'intérieur de chacun de nous. Le synthétiseur universel, l'amour, est en chacun de nous, tout comme la force qui maintient les électrons au sein de l'atome. Or quand nous pensons et agissons avec malveillance, nous inhibons littéralement la transition de phase qui pourrait nous mener à redécouvrir le feu pour la seconde fois de notre histoire. Chaque geste haineux, chaque blessure infligée, est une action qui nous empêche de harnacher l'énergie de l'amour. Cela peut sembler exagéré et mièvre, mais je crois que nous pouvons tous dompter nos mauvais penchants et enclencher cette transition de phase universelle dont Pierre Teilhard de Chardin a prédit l'avènement.

Cela me rappelle ma citation biblique préférée, celle du célèbre énoncé sur l'amour que vous retrouverez dans les Épîtres aux Corinthiens, chapitre 13, verset 1 : « Quand bien même je parlerais plusieurs langues, celles des hommes et celles des anges, s'il me manque l'amour, je suis un gong qui résonne, une cymbale retentissante. » Saint Paul précise sa pensée magnifiquement en disant qu'on ne gagne rien sans amour. Il parle de la patience et de la bonté de l'amour, de l'absence d'envie, de vantardise, de violence et d'égoïsme, et il conclut sur ce formidable message : « Maintenant donc ces trois-là demeurent, la foi, l'espérance et l'amour, mais l'amour est le plus grand. »

En effet, plus grandes que la foi et l'espérance sont la capacité et la détermination à cultiver l'amour. Comment cultive-t-on l'amour ? Nous pouvons nous débarrasser de notre tendance à juger les autres. Nous pouvons refuser de faire comme si de rien n'était quand nous commettons une erreur ou faisons souffrir quelqu'un. Nous pouvons *vivre* les leçons de la bonté au lieu de simplement en entendre parler à l'église. Nous pouvons chasser notre désir de vengeance et pardonner à ceux qui nous ont offensés. Nous pouvons choisir l'amour, où que nous soyons, à toute heure du jour ou de la nuit. Cette énergie est si puissante qu'elle maintient littéralement ensemble toutes les cellules de notre univers. C'est la colle qui nous unit les uns les autres. Voici comment Robert Browning décrivait un monde sans amour : « Enlevez l'amour et notre terre est un tombeau. » Puisque vous sentez quand l'énergie de l'amour est absente, vous pouvez contribuer vous aussi à ranimer cette énergie avec votre amour.

Vous pouvez mettre en pratique dans votre vie cette célèbre citation de Teilhard de Chardin dès aujourd'hui. Voici quelques suggestions pour harnacher les énergies de l'amour :

- Considérez-vous comme l'une des cellules qui composent ce corps appelé humanité, et qui peut produire l'énergie nécessaire à l'enclenchement de cette transition de phase vers l'amour universel. Vous faites une différence, et toute pensée d'amour qui débouche sur une action nous rapproche de cette découverte comparable à celle du feu.

- Chassez les pensées de dépréciation, de vengeance, de colère et de haine en prenant conscience de leur présence à mesure qu'elles font surface. Dites-vous simplement : « Je ne veux pas penser ainsi, et je ne le permettrai pas plus longtemps. »

- Lorsque vous êtes confronté à des commérages malveillants ou haineux, répondez-leur à partir de votre position d'amour : « Je ne veux pas porter de jugement. » Au lieu de critiquer une personne malintentionnée, envoyez-lui de l'amour en silence. Soyez celui ou celle qui prend la défense des absents lors d'une réunion.

- Faites comme nous ; faites encadrer ce verset de la Bible (Corinthiens, chapitre 13, verset 1) et accrochez-le sur un mur de votre maison. Je le lis chaque fois que je passe dans le corridor qui mène à la chambre des enfants, et il me rappelle que le synthétiseur universel est le plus beau cadeau que je puisse leur offrir, et offrir au monde. Aimez !

voici la tête de la petite Effie
dont la cervelle est en pain d'épices
quand viendra le jugement dernier
Dieu y trouvera six miettes

voûté près du couvercle de la bière
attendant que quelque chose ressuscite
comme les autres choses l'ont fait —
vous imaginez Sa surprise

braillant à travers le vacarme ambiant
où est Effie, celle qui était morte ?
— à Dieu d'une toute petite voix,
je suis puis-je dit la première miette

sur quoi ses cinq consœurs
les miettes gloussent comme si elles étaient vivantes
et la numéro deux prend le relais,
aurait pu je m'appelle et je n'ai rien fait de mal

pleura la troisième miette, je suis aurait dû
et voici ma petite sœur pouvait
avec notre grand frère qu'on appelle voudrait
ne nous punissez pas car nous avons été bons ;

et la dernière miette, quelque peu honteuse,
chuchota à l'oreille de Dieu, mon nom est
doit et avec les autres j'ai
été Effie qui n'est plus vivante

imaginez un peu dis-je
Dieu au milieu d'un monstrueux tapage
faites attention où vous mettez les pieds et suivez-moi
voûté près de la petite tête d'Effie, dans

(voulez-vous une allumette ou pouvez-vous y voir ?)
laquelle les six miettes subjonctives
s'agitent comme des pouces mutilés :
imaginez Son visage scrutateur couleur petit-lait

auquel une ride donne un air
perplexe, mais je connais le chemin —
(nerveusement Ses yeux approuvent
les bienheureux pendant que Ses oreilles sont
bourrées

de l'oppressante musique
des innombrables damnés qui gambadent)
— fixant violemment de haut en bas
le nous y voici à présent le jugement dernier

franchissez le seuil sans crainte
soulevez le linceul de cette façon.
voici la tête de la petite Effie
dont la cervelle est en pain d'épices

E. E. CUMMINGS
(1894-1962)

L'un des poètes les plus doués et les plus indépendants de son
époque, le poète américain E. E. Cummings (cf. e. e. cummings)
écrivit des poèmes lyriques, des sketches à caractère humoristique
et des satires amères sur les faiblesses et les institutions de son
temps.

*P*our pleinement apprécier la poésie de E. E. Cummings, il faut savoir que l'énergie de ses poèmes participe de son individualisme iconoclaste extrêmement virulent. Il fut en cela inspiré par l'essai de Ralph Waldo Emerson, intitulé « Autosuffisance », où celui-ci manifeste son opposition à l'ordre établi. Alors qu'il servait en Europe durant la Première Guerre mondiale, il fut interné dans un camp de détention de sa propre armée parce qu'il s'était lié d'amitié avec un Américain qui avait osé critiquer les efforts de guerre de son pays. La censure française le jugea potentiellement dangereux en raison de son indépendance d'esprit. Il alla même jusqu'à faire changer légalement son nom afin de pouvoir l'écrire uniquement avec des minuscules. L'emploi des minuscules, d'une ponctuation et d'une syntaxe excentriques, sont également des traits caractéristiques de sa poésie. Un voyage de trente-six jours en Russie le conforta dans son dégoût du collectivisme et renforça sa détermination, déjà fermement implantée, à penser par lui-même et à résister à l'autorité, en particulier lorsqu'elle exige de nous un certain conformisme.

Ce poème qui raconte comment Dieu accueillit la petite Effie le jour du Jugement dernier est depuis longtemps l'un de mes préférés. Il témoigne de la croyance inébranlable de Cummings envers les idées dissidentes de la Nouvelle-Angleterre et sa conception de l'autosuffisance. J'adore l'image de Dieu se tenant près du couvercle de la bière, surpris de ne pas y voir Effie. Son être dépourvu de cerveau a été remplacé par les six symboles utilisés par le poète pour décrire sa petite tête vide, ce que Cummings appelle les six miettes. Cummings nous demande de prendre conscience du nombre de fois où nous utilisons ces miettes de conformisme, qui représentent l'absence de cerveau chez Effie, au lieu de faire valoir notre individualité.

La première miette, qui s'appelle « puis-je », représente l'un de ces « innombrables damnés qui gambadent », symbolisant pour le poète le fait d'être mort dans notre tête. « Puis-je » doit demander la permission des autres avant d'agir, comme dans « Puis-je avoir votre bénédiction et bénéficier de votre indulgence avant d'être ou de faire ceci ou cela ? » Cette expression, « puis-je », symbolise le doute et la tendance à chercher l'approbation et l'autorité des autres. Y avoir constamment recours, nous dit Cummings, c'est avoir une cervelle en pain d'épices.

La deuxième miette a pour nom « aurait pu », car celle-ci passe sa vie à dire « Cela aurait pu être. » « Aurait pu » est aussi un synonyme de « puis-je », car on peut aussi dire « Pourrais-je avoir votre permission ? » Dans les deux cas, cette tendance à nous comporter de manière obséquieuse, symbolisée par les deux miettes, est une disposition que le poète nous invite à combattre énergiquement, sinon nous risquons de nous présenter devant Dieu, au jour du Jugement dernier, sous la forme d'un être sans substance !

Les miettes dotées des numéros trois, quatre et cinq sont la triplette d'un mode de vie dépourvu de force personnelle. « Aurait dû » est le terme que nous utilisons quand nous faisons allusion à nos actions passées d'un point de vue où nous prenons nos rêves pour des réalités. Après avoir posé un geste, nous l'évaluons non pas sur la base de ce que nous avons fait, mais sur celle de ce que nous aurions dû faire. Toutefois, dans le monde réel, on ne peut « avoir dû » faire quelque chose. « Ce que vous me dites là est impossible », ai-je répondu à un chauffeur de taxi qui venait de me faire la réflexion suivante : « On a du beau temps cette semaine, mais vous auriez dû être ici la semaine dernière. » Ceux qui prennent constamment leurs rêves pour des réalités vivent une vie incroyablement vide en ayant recours au moment présent pour se plaindre de ce qu'ils auraient dû faire ou ne pas faire.

L'apparition de la petite sœur « pouvait » et du grand frère « pourrait » indique que le propriétaire du cerveau n'est pas disponible. Le mode de vie de ces deux-là est fondé sur le désespoir, car ils passent leur temps à débattre de leurs décisions et de leurs actions. « Je le ferais, si seulement je le pouvais », donnent-ils en guise d'excuse pour expliquer leur éternel manque d'initiative et leur inaction. Quand nous les utilisons sur le mode interrogatif, comme par exemple « Pourrais-je faire ceci ? » ou « Pourrais-je avoir votre permission ? », nous remplaçons un esprit clair par des miettes de pain d'épices. Quand nous les utilisons pour expliquer pourquoi les choses ont mal tourné, nous démontrons que nous avons, nous aussi, une tête vide.

La dernière miette, celle qui est quelque peu honteuse, a pour nom « doit », et constitue l'ultime symbole de la vacuité. Cette miette sert à justifier toutes les obligations auxquelles vous devez vous plier, à justifier toutes les exigences et les attentes des autres. « Je dois le faire, car *ils* seront déçus si je ne le fais pas. » « Je dois faire ce que l'on m'a appris, sinon je vais m'effondrer. » Mon ami et professeur Albert Ellis dit que ces personnes aiment se « masturber les idées ».

Voici donc six indices d'une tête à ce point vide que Dieu se penche vers elle avec étonnement dans l'espoir que quelque chose ressuscitera. Nous avons plutôt affaire à l'inventaire d'excuses personnelles que nous employons beaucoup plus souvent que nous ne le croyons. Il semble souvent naturel de demander la permission et de s'en remettre aux autorités au lieu de prendre sa vie en main. Quand nous disons « Puis-je ? », nous disons en fait « Comme je n'ai pas assez confiance en moi-même pour prendre les mesures nécessaires, je remets ma vie entre les mains de quelqu'un d'autre. » Pour Cummings, cela revient à dire que nous n'avons pas de cerveau ou que nous sommes, dans le meilleur des cas, dans le coma. À la place d'un cerveau, Dieu tombe sur des miettes de pain d'épices, là où Il s'attendait à trouver un être pensant.

Quand nous réfléchissons à ce que nous aurions dû faire, à ce que nous aurions pu faire ou à ce que nous aurions voulu faire, nous ne sommes pas en harmonie avec notre réalité. Personne n'aurait pu agir différemment, un point, c'est tout ! Personne n'aurait pu ou n'aurait dû agir de manière différente, quelles que furent les circonstances. Nous l'avons fait, un point, c'est tout ! Vous pouvez tirer des leçons des gestes que vous avez posés, mais il ne sert à rien de vous demander ce que vous auriez « pu » faire, ce que vous auriez « dû » faire ou ce que vous auriez « voulu » faire.

Avoir recours à ces trois rimes, c'est substituer des miettes de pain d'épices à votre propre processus réflexif.

Ne soyez pas une Effie, celui ou celle que Dieu ne parviendra pas à retrouver une fois que vous aurez quitté ce monde. On vous a donné un cerveau et la capacité de penser et d'agir conformément à l'utilisation que vous faites de cet organe remarquable. Ne le laissez pas tomber en miettes en ayant recours à ces six symboles de la vacuité intellectuelle. Pour mettre en pratique dans votre vie les pensées de ce poète acerbe et résolument individualiste, réfléchissez aux idées suivantes :

- Quand vous êtes sur le point d'utiliser l'une de ces six miettes, prenez conscience de votre tendance à y avoir recours. Vous serez alors en mesure de les éliminer non seulement de votre vocabulaire, mais aussi de votre vie.

- Ne soyez pas cette personne qui demande toujours la permission des autres lorsqu'elle est confrontée à une décision importante. Au lieu de dire : « Puis-je assister à ce séminaire ? » ou « Pourrais-je aller déjeuner avec vous ? », déclarez ouvertement vos intentions. Dites : « Je vais assister à cette rencontre » ou « J'ai inscrit ce déjeuner à mon agenda. Voudriez-vous vous joindre à moi ? »

- Libérez-vous de ces responsabilités qui vous ont été imposées par d'autres sans votre consentement. Vous et vous seul êtes en droit de choisir vos propres responsabilités, et vous n'avez pas à vous plier à une exigence, à moins qu'elle ne découle de vos propres décisions. Transformez ces obligations et ces contraintes en vos propres options personnelles et assumez-les fièrement avec force, et plus important encore, avec vitalité. Pas de pain d'épices pour vous !

INDÉPENDANCE

LE CHEMIN LE MOINS FRÉQUENTÉ

Deux chemins divergeaient dans un bois jaune,
Et déçu de ne pouvoir les emprunter tous deux
Afin de les explorer, longtemps je demeurai
À regarder l'un d'eux aussi loin que je le pouvais
À l'endroit où il tournait dans les broussailles ;

Mais je pris l'autre, tout aussi invitant,
Et ayant peut-être de meilleurs arguments
Car il était herbeux et appelait l'usure ;
Même si le nombre des passants
Les avait usés à peu près semblablement,

Et tous deux ce matin-là s'étendaient pareils
Sur des feuilles qu'aucun pas n'avait noircies.
Oh, je gardai le premier pour un autre jour !
Mais sachant comment une route en amène une autre,
Je doutai de n'y retourner jamais.

Je devrais raconter ceci en soupirant
À des siècles et des siècles d'ici :
Deux chemins divergeaient dans un bois, et moi —
J'ai pris celui le moins fréquenté,
Et cela a fait toute la différence.

ROBERT FROST
(1874-1963)

Récipiendaire de nombreux prix Pulitzer, Robert Frost est célèbre pour ses descriptions poétiques de l'Amérique rurale et de l'âme humaine.

Quand Frost parle d'emprunter le chemin le moins fréquenté, il fait allusion à quelque chose de beaucoup plus transcendant que le simple fait de choisir la voie la plus paisible à un embranchement. Les deux chemins qui divergent et la réflexion de Frost, « je doutai de n'y retourner jamais », signifient en fait : « Cette occasion ne se représentera jamais. Si je prends un chemin qui ne mène nulle part, je ne pourrai pas revenir pour emprunter le second. » Il sait qu'il doit faire un choix, et son instinct lui dit de prendre le chemin le moins fréquenté.

Je lis dans ce poème un conseil qui peut s'appliquer dans tous les secteurs de notre vie. Selon moi, Frost nous dit qu'il faut nous méfier de notre tendance à suivre la meute et à faire comme tout le monde. Il nous encourage également à agir en nous basant sur nos propres perceptions, sans nous soucier de ce que les autres font ou ont toujours fait. Et finalement, dans la dernière strophe de ce qui est sans doute le plus mémorable de tous les poèmes de Robert Frost, le poète souligne, en guise de conclusion, qu'une vie vécue de la sorte fait toute la différence.

Nous sommes, ma femme et moi, parents de huit enfants. Notre principal souci est de les aider à développer le sentiment qu'ils ont un but dans la vie, un but qui leur est propre, tout en faisant également notre possible pour les protéger du danger. Mais tous les jours nous parvient le récit de jeunes gens qui ont été victimes de calamités comme la conduite en état d'ébriété, les surdoses de drogue, la criminalité et les maladies transmissibles sexuellement, qui s'avèrent souvent une condamnation à mort. Lorsque nous discutons de ces sujets avec nos enfants et leurs amis, ils nous répondent souvent : « Tout le monde le fait. » Nous entendons parler de la pression du groupe et du fait qu'il est normal pour des jeunes gens de vouloir se sentir acceptés par leurs pairs. Personne, nous dit-on, ne veut passer pour un « crétin » incapable de s'intégrer. Mais je leur rappelle chaque fois le message du poème de Frost. Quand vous ne pouvez décider quel chemin emprunter parce qu'ils semblent tout aussi invitants les uns que les autres, suivez le conseil du poète et prenez celui le moins fréquenté ; cela fera toute la différence dans votre vie.

Si tout le monde semble penser qu'il faut boire et prendre de la drogue pour être dans le coup mais que vous hésitez à faire de même, prenez un chemin différent. Empruntez le chemin que vous et vous seul allez parcourir, et cela fera toute la différence. L'une des raisons pour lesquelles les jeunes sont si influencés par leurs pairs est que nous sommes nous-mêmes, en tant qu'adultes, victimes de cette pensée de groupe. Nous trouvons souvent des excuses aux plus jeunes parce que nous avons du mal à faire une différence dans nos propres vies.

L'élaboration de ce recueil d'essais inspirés par les inoubliables contributions de quelques-unes des âmes les plus évoluées de l'histoire du monde m'a littéralement ouvert les yeux. Avant d'écrire ce que je crois être le message essentiel de tel poète ou de tel écrivain, je lis tout ce que je peux trouver sur sa vie et les choix spécifiques qui ont marqué son parcours. Pratiquement tous ces gens ont choisi le chemin le moins fréquenté, et c'est pourquoi ils ont pu faire une différence.

On attendait de Frost qu'il devienne fermier, avocat ou professeur. Il s'essaya à l'agriculture, mais abandonna. Il s'inscrivit en droit pour devenir l'avocat que voyait en lui son grand-père, mais quitta l'université presque aussitôt, sans préavis. Il quitta Harvard à cause d'une maladie, peut-être provoquée par le fait d'avoir choisi le chemin le *plus* fréquenté. Mais la poésie était inscrite dans son cœur, et quand il emprunta un chemin que peu d'êtres avaient parcouru avant lui, cela fit toute la différence, et c'est parce qu'il a fait ce choix que nous héritons aujourd'hui de sa poésie, comme nous héritons de la musique de Mozart, des fresques de Michel-Ange et des sculptures de la Grèce antique.

Le poème de Frost vous invite à résister à la pression de vos pairs et à prendre conscience que pour faire une différence dans votre vie, vous ne pouvez pas faire simplement ce que tout le monde fait ou devenir ce qu'ils prétendent être. Si vous choisissez de vivre comme tout le monde, alors qu'avez-vous au juste à offrir ? Le chemin le plus fréquenté vous permet de vous intégrer, de vous sentir accepté, et même de devenir cultivé. Mais il ne vous permettra jamais de faire une différence. En lisant les mémorables témoignages écrits de ces grands penseurs, vous assimilez la sagesse de ceux qui ont choisi d'emprunter le chemin le moins fréquenté. Et c'est précisément parce qu'ils ont persévéré malgré les critiques de ceux qui avaient choisi le chemin le plus familier que leurs écrits sont restés.

Dans le cadre de mes activités professionnelles, j'ai accepté de parler en public et dans mes livres de sujets et d'idées qui sont vertement critiqués par ceux qui sont sur le chemin le plus fréquenté. Dans les premiers temps, mon chemin s'est avéré rempli de nids-de-poule et de gravier. Toutefois, comme mon travail est toujours venu de cet endroit en lequel j'ai le plus confiance – mon propre cœur – j'ai persévéré. Au fil des ans, ce chemin s'est transformé en une route pavée et bien éclairée. De nombreuses personnes qui avaient d'abord pensé que ce sentier était absurde marchent aujourd'hui à mes côtés. « Je pensais que ces idées étaient complètement folles, mais aujourd'hui j'apprécie vraiment ce que vous disiez à l'époque. » Pour ma part, je suis heureux d'avoir fait l'expérience de cette réalité dont parle Robert Frost dans son poème.

Frost parlait de l'homme de la rue et des choix inhabituels dont il est capable lorsqu'il suit son intuition au lieu de suivre la meute. Quelle extraordinaire leçon, pour vous, pour moi et surtout pour nos enfants. Je suis l'un de ces enfants qui dit aujourd'hui aux siens d'emprunter le chemin le moins fréquenté.

Je vous encourage à découvrir comme il est agréable de choisir *sa* propre voie et de pouvoir raconter son périple « en soupirant à des siècles et des siècles d'ici ». J'espère qu'il y aura de plus en plus d'enfants dans le monde qui deviendront des adultes conscients que ce chemin n'est jamais bondé.

Pour mettre ce message en pratique dans votre vie :

- Arrêtez d'utiliser les comportements et les réalisations des autres pour justifier vos propres choix de vie. Même si de nombreuses personnes, voire la majorité des gens, ont des croyances qui vous placent en porte-à-faux avec le groupe, écoutez votre cœur et empruntez le chemin qu'il veut suivre.

- Faites de gros efforts pour ne pas utiliser de comparaisons dans vos relations personnelles. S'attendre à ce qu'une personne se conforme à des standards qui ne sont pas les siens ne favorise ni le renforcement de son estime de soi, ni l'expression de son individualité.

- Écoutez ce que vous dit votre cœur pour déterminer quel chemin emprunter. Même si toute votre éducation vous pousse dans une direction, si elle ne correspond pas à ce que vous ressentez en vous, lancez-vous dans l'aventure d'explorer un chemin moins fréquenté. Les récompenses inhérentes au fait d'être autonome l'emportent largement sur le confort du conformisme.

- Rappelez-vous, comme le suggère Robert Frost dans ce poème, qu'il est peu probable que vous ayez à nouveau la chance de revenir sur vos pas pour emprunter le sentier qu'appelle de ses vœux votre cœur, mais que vous avez écarté parce qu'il était moins fréquenté.

CE QUE C'EST QUE D'ÊTRE FEMME

Pourquoi lorsque je suis à Rome
Je donnerais un œil pour être chez moi,
Mais quand je retrouve ma terre natale
Mon âme se meurt de l'Italie ?

Et pourquoi avec toi, mon amour, mon seigneur,
Je m'ennuie spectaculairement,
Pourtant tu te lèves et me quittes ;
Je crie pour que tu me reviennes ?

DOROTHY PARKER
(1893-1967)

Écrivaine américaine, auteure de nouvelles, de poèmes et de critiques, Dorothy Parker était réputée pour son humour caustique.

Ce poème, dans le style spirituel et plein d'humour qui fut la marque de commerce des écrits de Dorothy Parker, reflète un trait névrotique dont la plupart d'entre nous sommes malheureusement affligés. Elle s'étonne, dans ce petit poème, de cette étrange tendance à vouloir ce que nous n'avons pas jusqu'à ce que nous l'obtenions, puis à ne plus le vouloir ! Voilà l'un des grands mystères de la vie ! Pourquoi n'apprécions-nous pas le moment présent et pourquoi négligeons-nous l'ici à la faveur de l'ailleurs ? Dorothy Parker a intitulé son poème « Ce que c'est que d'être femme », mais si je me fie à ce que j'ai observé chez mes confrères masculins et chez moi-même, je l'intitulerais plutôt : « Ce que c'est que d'être humain ».

Nous sommes si nombreux à souffrir de cette maladie qui nous empêche de nous immerger complètement dans le moment présent, le seul moment où nous pouvons vraiment le faire. Pourquoi gaspillons-nous le moment présent, la précieuse devise de notre vie, à nous languir de ne pas être ailleurs ? Pourquoi gaspillons-nous le moment présent à nous culpabiliser pour le passé, à craindre l'avenir ou à vouloir être n'importe où sauf là où nous sommes, comme le remarque avec justesse Dorothy Parker dans ce court poème ?

Je répondrais que nous agissons de la sorte parce que nous vivons nos vies en dépréciant ce qui nous entoure au lieu de l'apprécier. Et la façon de résoudre ce dilemme est si simple que pratiquement personne ne semble y avoir pensé : vivez votre vie en appréciant ce qui vous entoure au lieu de le déprécier ! Pour ce faire, vous n'avez qu'à prendre conscience de la façon dont vous vivez vos moments présents dans l'univers intime de vos pensées. Si, alors que vous êtes à Rome, vous vous surprenez à penser à votre chez-vous — ou vice versa — ressaisissez-vous et au lieu de déprécier Rome, faites l'effort d'apprécier ce qui vous entoure. Voilà le genre de petit conciliabule avec vous-même qui vous sortira du piège de ne jamais être vraiment présent là où vous êtes.

L'un des traits que j'ai observés chez les gens hautement fonctionnels est leur troublante capacité à se couper à la fois du passé et de l'avenir. Lorsque vous êtes en leur présence, ils vous regardent droit dans les yeux et vous savez aussitôt que vous avez toute leur attention. Se faire du souci ne fait pas partie de leur expérience de vie. L'une de ces personnes m'a dit un jour : « Premièrement, il ne sert à rien de nous faire du souci pour des choses qui sont hors de notre contrôle, car si nous n'avons aucun contrôle sur elles, nous en soucier n'a alors pas de sens. Deuxièmement, il ne sert à rien de nous faire du souci pour des choses que nous pouvons maîtriser, car si nous pouvons les maîtriser, nous en soucier n'a pas plus de sens. » Et c'en est fait de tous vos soucis ! À mon avis, ce message est assez important pour que vous vous le répétiez régulièrement.

Si je suis à Rome, je n'ai aucune emprise sur ce qui se passe à la maison. Donc, quand je suis à Rome, je peux choisir de ne pas déprécier Rome sous prétexte que j'apprécie les bons côtés de mon chez-moi. De même, quand je suis avec une personne qui m'ennuie, c'est avant tout parce que j'ai décidé de la déprécier et d'apprécier les moments où je ne suis pas avec elle. C'est pourquoi d'ailleurs, même après son départ, je demeure prisonnier de cet état d'esprit névrotique. J'apprécie ce qui n'est pas là et je déprécie ce qui constitue mon moment présent, ma solitude. En apprenant à apprécier ce que vous avez sous les yeux et à ne rien déprécier, le dilemme dont nous parle notre spirituel auteur disparaît aussitôt. Et il suffit pour cela d'en prendre la décision.

Je tombe souvent dans le piège décrit par Dorothy Parker quand je suis seul et censé me consacrer exclusivement à mes travaux d'écriture. Loin du bruit et à l'abri des constantes interruptions de mon épouse et de mes enfants, je me surprends à vouloir être avec eux. Puis, de retour à la maison, je m'ennuie de l'intimité et de la solitude de mon lieu de travail. Pour m'en sortir, je prends conscience de ce que je fais et de la façon dont j'utilise mes pensées pour m'ancrer fermement dans le présent.

Quand j'écris, je m'exerce à apprécier tout ce qui m'entoure en regardant mon décor et en remerciant cet environnement qui me permet de créer, ici et maintenant. Le simple fait d'écrire devient alors pour moi une grande source de joie. De même, quand je suis à la maison et que les enfants courent dans tous les sens, je m'efforce d'expulser toutes les pensées qui m'entraînent ailleurs et d'apprécier le moment présent, même si l'agitation qui m'entoure semble ne jamais devoir avoir de fin. J'observe mon épouse aller et venir dans la maison et je pense à la chance que j'ai d'être ici avec elle. Mieux encore, j'en viens même à apprécier les choses les plus banales, celles que nous prenons trop souvent pour acquises, comme le réfrigérateur, les tableaux qui ornent les murs et les chiens qui jappent. Apprécier au lieu de déprécier, voilà toute l'affaire.

Je sais que Dorothy Parker était connue pour son humour acerbe et mordant, et c'est peut-être pourquoi j'ai choisi de l'inclure dans ce recueil. J'adore les traits d'esprit, comme j'adore rire en général. Lorsqu'elle apprit la mort du président Calvin Coolidge, elle s'exclama : « Comment ont-ils fait pour s'en rendre compte ? » Et dans un article où elle critiquait le jeu de Katharine Hepburn dans une pièce de 1934, elle écrivit : « Hepburn couvre toute la gamme des émotions, de A jusqu'à B. » Je suis parfaitement conscient que le titre du poème de Dorothy Parker contient une bonne dose d'autodérision et de désinvolture, et pourtant il aborde un élément fondamental pour mener une vie complètement fonctionnelle.

Être capable de vivre le moment présent, entièrement et sans penser à être ailleurs, est probablement le trait prédominant des gens qui jouissent d'une bonne santé mentale. C'est pourquoi, à la description de Henry David Thoreau, « Il est béni d'entre les mortels celui qui ne perd pas un seul instant de sa vie à penser au passé », j'ajouterais bien humblement : « ou à anticiper l'avenir ». Il y a eu un passé, mais plus maintenant. Et il y aura certainement un avenir, mais pas maintenant.

Le moment présent est un mystère auquel nous participons ; un rêve qui ne dure qu'un instant, si vous voulez. Ce mystère réside entièrement dans l'ici et le maintenant. Mais ne vous y trompez pas, s'efforcer de vivre pleinement le moment présent, c'est s'efforcer d'atteindre ce qui est déjà là. Vous pouvez utiliser ces précieux instants soit en les appréciant, donc en étant entièrement présent, soit en les dépréciant, donc en souhaitant être n'importe où sauf là où vous êtes. Mais au bout du compte, il n'y a que le moment présent, et il n'y aura jamais rien d'autre.

Amusez-vous à relire le brillant petit poème de Dorothy Parker et tirez le meilleur de son observation en adoptant les suggestions suivantes :

- S'il vous arrive de souhaiter être ailleurs, revenez au moment présent en appréciant l'endroit où vous êtes. Quand vous planifiez quelque chose, prenez plaisir à ce que vous faites. Rappelez-vous que ne pas être fermement ancré dans le présent n'est qu'une habitude dont vous pouvez vous débarrasser dès maintenant, à l'instant même !

- Ignorez toute pensée dépréciative. Quand vous vous surprenez à déprécier quelqu'un ou quelque chose dans votre environnement immédiat, voyez si vous ne pouvez pas remplacer ces pensées par un sentiment d'appréciation. Par exemple, si une conversation vous ennuie, dites-vous : « Je vais profiter des prochaines minutes pour aimer cette personne pour ce qu'elle est, et rien d'autre ». Le fait de ne plus la juger vous ramènera directement au moment présent.

- Prenez le temps de méditer. Pour bien des gens, méditer est la chose la plus difficile au monde, car leurs pensées sont constamment tournées vers des objets ou des lieux éloignés. Une forme de méditation consiste à étiqueter vos pensées à mesure qu'elles apparaissent, puis à vous en séparer volontairement. Cet exercice vous aide à prendre conscience de vos pensées, ce dont plusieurs d'entre nous ont besoin pour retourner dans le moment présent.

- Exercez-vous à apprécier chaque étape d'un repas, au lieu de penser au dessert alors que vous n'en êtes qu'aux hors-d'œuvre. Cela veut aussi dire être capable d'apprécier un lever de soleil, de demeurer éveillé tout au cours de la journée et de ne pas penser à votre lit quand vous êtes au travail. L'essentiel est d'être présent, ici et maintenant. De toute façon, vous ne pouvez être nulle part ailleurs.

PARDON

CROISEMENT

Mon vieux est un vieil homme blanc
Et ma vieille mère est noire.
S'il m'est arrivé de maudire mon vieux père
Je retire tout ce que j'ai dit.

S'il m'est arrivé de maudire ma vieille mère
Et de souhaiter qu'elle finisse en enfer,
Je regrette ces mauvaises pensées
Et je ne lui souhaite à présent que du bien.

Mon vieux est mort dans une belle grande maison
Ma maman est morte dans une case.
Je me demande où je vais mourir
N'étant ni blanc ni noir.

LANGSTON HUGHES
(1902-1967)

Le poète américain Langston Hughes fut également auteur de romans et de nouvelles et caricaturiste. On se souvient principalement de lui pour ses poèmes, basés sur le rythme du blues et de la ballade, qui documentent les joies et les peines des Afro-Américains.

Ce court poème, écrit dans le style alerte et spirituel qui fut la marque de commerce de cet homme que je considère comme le père du mouvement pour les droits civils aux États-Unis, est un hommage au pouvoir guérisseur du pardon, mais aussi une parodie de notre absurde tendance à étiqueter les gens sur la base de leur apparence physique, et en particulier en fonction de la couleur de leur peau. Le dernier vers des deux premières strophes adresse à chacun d'entre nous un puissant message. Il résume parfaitement ce qu'est la véritable spiritualité et un comportement sociable amène : « Je retire tout ce que j'ai dit. (…) Et je ne lui souhaite à présent que du bien ». Je crois que le poète exprime qu'il est à présent suffisamment adulte pour dire à ses parents : « Je vous pardonne et je regrette toutes les mauvaises pensées que j'ai dirigées contre vous ».

Exprimer sa liberté en pardonnant, c'est s'épargner les coûts exorbitants de la colère et de la haine et recouvrer sa tranquillité d'esprit. Pensez à tout ce que l'on vous a fait subir puis à la rancune et à l'hostilité qui vous habitent. Chaque blessure, chaque remarque cinglante est pareille à la morsure d'un serpent. On en meurt rarement, mais une fois mordu, on ne peut revenir en arrière, car le mal est fait : le venin circule dans votre système. Ce venin, c'est l'amertume et la haine auxquelles vous vous raccrochez longtemps après l'offense, le venin qui détruira finalement votre tranquillité d'esprit.

Il n'y a qu'un antidote : le pardon. Et cela n'est pas aussi difficile que vous le croyez. Si vous pensez que pardonner est un geste exigeant et conflictuel avec lequel vous devrez lutter toute votre vie, je suis pour ma part convaincu que c'est tout à fait l'inverse. Pardonner est un geste joyeux, aisé et par-dessus tout extraordinairement libérateur. Il nous soulage du fardeau du ressentiment et des rancœurs du passé, en nous permettant de tourner la page. Je le sais pour l'avoir moi-même vécu, et c'est peut-être pourquoi ce poème m'attire autant.

Mon vieux père était un vieil homme blanc qui était sorti de ma vie alors que je n'étais qu'un petit enfant. Jamais de toute sa vie, il ne se donna la peine de téléphoner pour voir comment ses trois garçons s'en sortaient. Il fit de la prison, sombra dans l'ivrognerie, maltraita ma mère et plusieurs autres femmes, mourut d'une cirrhose du foie à l'âge de quarante-neuf ans et fut enterré dans une fosse commune à Biloxi, Mississippi.

Je portai le poids de mon ressentiment et de ma haine jusqu'au début de la trentaine, jusqu'au jour, en fait, où j'allai me recueillir sur sa tombe pour lui dire essentiellement ce que dit Langston Hughes dans son poème, « Je retire tout ce que j'ai dit », et cela transforma littéralement ma vie. Mes écrits commencèrent à connaître du succès, ma santé s'améliora sensiblement, la spiritualité remplaça l'hostilité dans mes relations avec les autres, et surtout, je fus soulagé du fardeau d'avoir à pomper tout ce venin à travers mes veines. En apprenant à pardonner, nous nous élevons au-dessus de ceux qui nous ont insultés ou lésés et mettons fin à la querelle qui nous opposait. La dernière strophe du poème de Langston Hughes évoque également notre tendance à nous étiqueter en fonction de notre apparence extérieure.

Le célèbre penseur et théologien danois, Søren Kierkegaard, écrivait : « M'étiqueter, c'est me nier. » Nous enfermer nous-mêmes et les autres dans de jolis petits compartiments où chacun a son étiquette, puis porter des jugements sur la base de ces étiquettes, c'est à mon avis vivre une expérience anti-spirituelle et déshumanisante au possible. Pourtant, on le fait constamment. Nos gouvernements nous demandent de répondre gentiment à des recensements où nous devons cocher la petite case qui correspond à notre race. La redistribution de la richesse se fait sur la base de ces distinctions, et les préjugés font des ravages parce que nous avons tendance à nous identifier les uns les autres sur la base de ce que nous voyons avec nos yeux, plutôt que sur la base de ce que nous ressentons dans notre cœur. Nous savons que nous pouvons échanger nos organes et recevoir le sang des autres, nous savons que nos âmes et nos pensées sont incolores, et pourtant nous sentons le besoin de nous étiqueter sur la base de ce qui est visible.

Nous avons sur l'île de Maui un ami dont le père – qui a longtemps vécu loin de sa famille – est noir et la mère est blanche. Comme Langston Hughes, il a été élevé par sa mère et sa grand-mère. Il m'a un jour confié d'un air désinvolte : « N'étant ni noir ni blanc, je n'ai en fait personne à détester. » Il y a beaucoup à apprendre de cette observation.

J'adore les deux derniers vers du poème de Langston Hughes. Il résume bien toute l'absurdité des étiquettes que nous nous imposons les uns les autres. « Je me demande où je vais mourir, n'étant ni blanc ni noir. » Quel dilemme ! Nous savons comment réagir devant son vieux père et sa vieille mère, mais comment allons-nous le traiter *lui* ? Cet homme, Langston Hughes, a produit l'essentiel de son œuvre poétique au cours des années 20 et 30, à une époque où la haine et les tensions raciales étaient à leur plus haut niveau en Amérique. Mais il a parlé en écoutant son cœur, et avec un grand courage. « Moi aussi, je chante l'Amérique » est sans doute son poème le plus célèbre. Il est ici reproduit afin que vous puissiez le lire et réfléchir à ce double thème du pardon et de la catégorisation.

MOI AUSSI, JE CHANTE L'AMÉRIQUE

Je suis le frère à la peau sombre.
Ils m'envoient manger à la cuisine
Quand il vient du monde.
Mais je ris,
Et mange bien,
Et prends des forces.

Demain
Je me mettrai à table
Quand il viendra du monde
Personne n'osera
Me dire

Alors
« Mange à la cuisine ».
De plus, ils verront comme je suis beau
Et ils auront honte, –

Moi aussi, je suis l'Amérique.

Le poète nous rappelle, par-delà une génération ou deux, que nous agissons de manière honteuse chaque fois que nous apposons une étiquette sur quelqu'un. Et il avait raison : « Demain (…) personne n'osera me dire alors ' Mange à la cuisine ' », et il avait raison parce que des hommes comme Langston Hughes ont su rire, prendre des forces et se sentir beaux même si d'autres disaient le contraire. En d'autres termes, parce que des hommes comme lui ont su pardonner. Il nous rappelle que nous sommes égaux, comme le fit William Blake en exprimant son mépris des préjugés dans ses écrits et en nous laissant ces propos poétiques : « Au Paradis, il n'y a qu'un art de vivre : oublier et pardonner. »

Pour utiliser les idées de Langston Hughes dans votre propre vie :

- Faites l'inventaire de tous ceux qui vous ont traité injustement d'une manière ou d'une autre, quelle que soit la gravité ou l'ancienneté du geste, et choisissez de vous en libérer. Pardonner est un acte qui vient du cœur. Faites-le pour vous-même, mais aussi pour vous procurer l'antidote au poison que vous avez laissé circuler en vous.

- Soyez conscient que vos parents (et tous ceux qui ont joué un rôle dans votre vie) ont agi au meilleur de leur connaissance compte tenu des circonstances. Vous ne pouvez exiger rien de plus. Peut-être auriez-vous agi différemment, mais c'est à vous d'en tirer les leçons. Pardonner, c'est reconnaître que ces blessures profondes ne guériront pas avant que vous leur ayez pardonné. Faites le bon choix et vous vous sentirez immédiatement plus libre que vous ne l'avez jamais été.

- Faites tout ce que vous pouvez pour vous débarrasser de votre tendance à étiqueter les gens. Regardez au-delà de la peau et des os pour apercevoir le dévoilement de Dieu en chacun de nous, et adressez-vous aux gens à partir de cet espace où il n'y a pas d'étiquette. Rappelez-vous que tous sans exception ont le droit de dire : « Moi aussi, je chante l'Amérique. »

NON-VIOLENCE

L'approche non violente ne transforme pas immédiatement le cœur de l'oppresseur. Elle agit d'abord sur le cœur et l'âme de ceux qui s'engagent dans cette voie. Elle leur apprend à se respecter et met à contribution des ressources de détermination et de courage qu'ils ne savaient pas posséder. Finalement, elle atteint l'adversaire et agite sa conscience à un tel point que la réconciliation devient réalité.

MARTIN LUTHER KING, JUNIOR
(1929-1968)

Le Dr Martin Luther King junior était un pasteur baptiste et un combattant passionné de la cause des droits civils par le biais d'actions non violentes. Il tomba sous les balles d'un assassin en 1968.

Cette citation du Dr Martin Luther King junior me rappelle une histoire concernant le Bouddha. Un homme, ayant entendu dire que le Bouddha demeurait serein et non violent quelles que soient les circonstances, décida de mettre cet être divin à l'épreuve et entreprit le long voyage qui devait le mener jusqu'à lui. Pendant trois jours, il se montra insupportable et grossier envers le Bouddha. Il critiqua ses moindres gestes et trouva à redire à tout ce qu'il disait ou faisait. Il insulta le Bouddha dans l'espoir de susciter en lui une réaction de colère. Mais le Bouddha ne faiblissait pas. Il lui répondait à chacune de ses insultes avec amour et bonté. Finalement, l'homme s'avoua vaincu et demanda :

« Comment pouvez-vous demeurer aussi serein et bon alors que je n'ai pas cessé de me montrer hostile à votre endroit ? » Le Bouddha formula sa réponse sous la forme d'une question qu'il adressa à l'homme : « Si quelqu'un vous offre un présent, et que vous refusez ce présent, à qui appartient-il alors ? » L'homme avait obtenu sa réponse.

Si quelqu'un veut *vous* faire cadeau de sa colère ou de son hostilité, mais que vous refusez son présent, celui-ci demeurera sa propriété. Pourquoi vous troubler et vous mettre en colère pour quelque chose qui ne vous appartient pas ?

Voilà l'essentiel du message du Dr Martin Luther King. Opter pour l'approche non violente, c'est d'abord vous transformer vous-même. Vous serez moins enclin à accepter les présents des gens malintentionnés. Vous passerez simplement votre chemin quand les autres tenteront de vous entraîner dans une dispute ou un conflit quelconque. Votre objectif principal ne sera plus de changer les autres, mais d'œuvrer délibérément et avec amour à devenir un instrument de tolérance et d'indulgence. Bref, plus vous serez serein, moins vous serez affecté par l'inimitié et la froideur des autres.

Quand le Dr King parle de ce qui se produit dans le cœur et l'âme de ceux qui s'engagent dans la voie de la non-violence, il ne fait pas uniquement allusion au mouvement pour les droits civils et à la lutte des classes. Si nous nous engageons à demeurer sereins, il nous dit que nous ferons preuve d'un courage et d'une force de caractère que nous ne savions pas posséder. Quand les gens autour de nous tenteront de nous enrôler dans leurs batailles, notre engagement à demeurer sereins nous permettra d'engager un autre dialogue avec nous-mêmes avant même de penser à accepter les « présents » qui nous sont offerts. Nous déclarerons : « Je choisis la sérénité plutôt que cela. » Et au bout d'un certain temps, nous réagirons automatiquement de manière sereine.

Mon épouse, Marcelene, est une femme extrêmement sereine et méditative, et l'a toujours été depuis que nous sommes ensemble, soit depuis plus de vingt ans. Au début de notre relation, j'essayais souvent de l'attirer dans une dispute en ayant recours à des arguments plutôt bruyants, mais elle refusait de jouer à ce petit jeu. Par son comportement, elle me disait essentiellement : « Je ne veux pas me disputer avec toi ». Et elle me le démontrait en conservant une attitude sereine et en refusant de répondre à mes tentatives de l'entraîner dans une dispute. Avant longtemps, je me rendais compte que je ne parviendrais pas à convaincre cette femme par la force. Je me rendais également compte qu'il est très difficile de se disputer avec quelqu'un qui ne veut pas se disputer. Par son comportement, elle essayait de m'amener à de meilleurs sentiments. Elle réagissait sereinement parce qu'elle s'était engagée elle-même à se comporter de façon non violente.

Tandis que vous lisez et relisez ces magnifiques paroles du Dr King, rappelez-vous que votre objectif en choisissant de devenir un apôtre de la non-violence n'est pas de changer les autres ou de régler les problèmes du monde. Votre objectif est de vous accorder le respect que vous méritez en tant que divine création de Dieu et d'éliminer les douleurs associées à des conflits ou à des maladies. Vous pourrez alors facilement irradier cette force de respect et de sérénité, et influencer ceux qui vous entourent par votre simple présence.

On disait de Bouddha et de Jésus-Christ qu'ils parvenaient par leur seule présence dans un village, et rien de plus, à élever la conscience de ceux qui les entouraient. Vous avez probablement vécu cela en présence de gens extrêmement évolués dégageant une grande sérénité. Ils semblent irradier des phéromones d'amour qui vous apaisent et vous rassurent. Je sais d'expérience que nous pouvons littéralement modifier l'énergie de n'importe quel environnement en prenant la décision de mettre en pratique cette phrase tirée du livre *A Course in Miracles* : « Je demeurerai serein et non violent peu importe ce que l'on m'offrira. »

Je me suis exercé à émettre des phéromones non-violentes dans des situations où je pensais auparavant n'avoir aucun pouvoir. À l'épicerie, quand j'entends ou quand je vois des parents brutaliser un enfant, je m'approche littéralement de leur champ d'énergie pour permettre à mon énergie d'amour et de sérénité d'influencer le leur. Cela peut sembler un peu fou, mais ma petite manœuvre semble fonctionner à tous les coups, et comme le disait avec tant d'éloquence le Dr King : « Elle atteint l'adversaire et agite sa conscience à un tel point que la réconciliation devient réalité. »

Quand des enfants se montrent grossiers et cherchent visiblement la bagarre, donnez-leur l'exemple d'un adulte qui refuse de se laisser entraîner dans leur dispute. Dans vos relations avec les membres de votre famille ou d'autres adultes, laissez-les d'abord apercevoir un cœur et une âme en paix. Nous sommes toujours libres de réagir de manière malveillante ou bienveillante, même quand nous avons l'impression d'avoir été appâtés. Rappelez-vous les paroles du Bouddha, et n'oubliez pas que les recommandations du Dr King, qui prêcha la non-violence par l'exemple, s'appliquent également dans votre vie de tous les jours.

Pour faire partie de ce mouvement non violent, essayez d'adopter les suggestions suivantes :

- Reprenez-vous avant de réagir de manière violente à quelque action violente, et jurez de devenir un instrument de paix, comme tous les maîtres spirituels vous encouragent à le faire.

- Travaillez tous les jours sur vous-même afin de prendre une position plus sereine à l'égard de votre vie. Prenez le temps de méditer, de pratiquer le yoga, de lire de la poésie, de vous promener en solitaire, de jouer avec vos enfants et vos animaux domestiques ; bref, de faire tout ce qui vous tente pourvu que cela vous procure le sentiment d'être aimé et d'aimer.

- Faites l'effort d'éliminer les sources de violence dans votre vie, comme les journaux et les bulletins de nouvelles qui tentent de titiller votre curiosité pour la haine et la malveillance en vous inondant de reportages qui troublent votre sérénité. Détournez-vous de ces sources, et chaque fois que vous êtes exposé à l'un de ces reportages, rappelez-vous que pour chaque geste inhumain, on peut compter des milliers de gestes de bonté.

- Rappelez-vous ce vieux proverbe chinois : « Le sage se tait, le doué parle et l'idiot argumente. »

COMPARAISON

CEUX À QUI JE RESSEMBLE

Quand je songe aux hommes de grand talent,
Je suis ravi, même si je suis introverti,
De découvrir en dressant notre bilan,
Tout ce que nous avons en commun, eux et moi.

Comme Burns, j'ai un faible pour la bouteille,
Comme Shakespeare, je connais peu le latin et encore moins
    le grec,
Je me ronge les ongles comme Aristote ;
Comme Thackeray, je suis enclin au snobisme.

Je souffre de la vanité d'un Byron,
J'ai hérité de la méchanceté d'un Pope ;
Comme Pétrarque, je suis le dupe des sirènes,
Comme Milton, j'ai tendance à broyer du noir.

Mon orthographe rappelle celle de Chaucer ;
Comme Johnson, bien, je ne souhaite pas mourir
(Je bois aussi mon café à même la soucoupe) ;
Et si Goldsmith était un perroquet, moi aussi j'en suis un.

Comme Villon, j'ai des dettes plein mes cartons,
Comme Swinburne, j'ai peur d'avoir besoin d'une
    infirmière ;
Par ma façon de jouer, je suis Christopher moins Marlowe,
Et je rêve autant que Coleridge, seulement plus mal.

Comparé à ces hommes de grand talent,
Je suis tout ce qu'un homme de talent doit être ;
J'ai tous les vices de ces génies, et même les plus odieux –
Et pourtant ce que j'écris me ressemble tellement.

OGDEN NASH
(1902-1971)

*Écrivain américain, auteur de vers sans prétention, Ogden Nash
est connu pour son caractère fantasque et ses satires.*

Ogden Nash était connu pour son grand sens de l'humour et ses
vers audacieux, extrêmement variés et souvent de longueur
inégale, allant d'une phrase d'un seul mot à des vers serpentant
sur tout un paragraphe. Il eut de son vivant de nombreux fidèles
qui admiraient tout particulièrement ses poèmes faisant la satire
de nos faiblesses ordinaires. Dans ce morceau choisi, il se moque
de lui-même, justifiant ses faiblesses en les alignant sur celles de
ces « hommes de grand talent », qui comptent parmi les plus
grands poètes de l'histoire. Même si ce poème a été écrit avec une
ironie à peine voilée, il met néanmoins en lumière notre tendance
à nous comparer aux autres.

Pour déterminer où nous nous situons dans la vie, il semble
plus facile de comparer notre comportement à celui des autres.
Pratiquement toute notre éducation à la maison et à l'école a été
basée sur la comparaison avec autrui, et la plupart d'entre nous
ont été formés pour s'intégrer quelque part dans la moyenne,
dépendamment des résultats des autres. Pour des raisons
d'évaluation, nos résultats furent standardisés afin de déterminer
quel était notre rang, que ce soit en géographie ou en mathématiques, quels étaient les vêtements que nous devions porter ou
à quel couvre-feu nous devions obéir. Peu importe ce que les
autres pouvaient faire, leurs actions servaient de baromètre pour

déterminer ce que nous devions faire. Nous avions un dossier de scolarité et un bulletin scolaire. La comparaison, comme méthode d'évaluation, était si répandue que nous avons continué à l'utiliser pour évaluer notre vie adulte et gérer la vie des membres de notre famille.

Pourtant, comparer une personne à une autre, c'est nier l'unicité de chaque personne, ce qui est souvent perçu comme une insulte par les deux parties, sans compter que cela ne vous mènera jamais à la connaissance de vous-même. Il est rassurant de chercher à l'extérieur de soi-même la confirmation de sa propre valeur en observant ce que les autres font. Et si approxima-tivement soixante-six pour cent de la population le fait, nous pouvons être tentés de croire que cela est juste. En comparant constamment nos vies à celles des autres, nous répétons le conditionnement du passé en cherchant quelque part dans le vaste monde ce que nous avons en fait sous les yeux. J'aime bien cette affirmation de Lao-Tseu, le fondateur du Taoïsme : « Celui qui connaît les autres est sage. Celui qui se connaît est éclairé. »

Nous pouvons au mieux espérer devenir un peu plus sages en ayant recours à la comparaison. Mais pour être éclairés, nous devons connaître et honorer la création unique que nous sommes. Rappelez-vous que les génies ne se trouvent jamais près de la ligne médiane.

S'efforcer sans cesse d'atteindre le plus haut point de la courbe « normalisée », en évitant les extrêmes peu fréquentés, n'est pas, comme vous le savez sans doute, la voie que je préconise pour chacun d'entre nous. Pourquoi ? Parce que le génie créatif se trouve dans les positions les plus éloignées de la ligne médiane.

Jean Piaget, le célèbre psychologue suisse, s'est penché sur ce qui permet aux élèves de bien réussir à l'école. Je n'oublierai jamais ma rencontre avec ses écrits, il y a de cela plusieurs années, à l'époque où j'étais un jeune étudiant au doctorat. Ses expériences avec de jeunes élèves ont en effet confirmé que le mode d'apprentissage et le taux de réussite varient d'un individu à l'autre. Dans une salle de classe où une seule méthode d'enseignement est utilisée pour présenter la matière, disons la méthode des cours magistraux, après un examen donné à la suite d'une période d'instruction, le taux de réussite ressemble à la courbe standardisée, soit deux tiers des élèves dans la moyenne (C) ; un quart divisé également au-dessus et en-dessous de la moyenne (B et D) ; six pour cent divisé également entre les élèves qui ont échoué et ceux qui ont extrêmement bien réussi (F et A) ; et quelques élèves montrant d'importantes déviations par rapport au centre. Cette dans cette petite fraction que l'on retrouve les génies et ceux qui n'ont rien retenu.

Mais ce n'est pas ce qui m'avait tout particulièrement impressionné, ni ce dont je me souviens encore aujourd'hui. Piaget poursuivait en disant que si vous adoptiez une nouvelle méthode d'enseignement, en passant par exemple des cours magistraux à l'enseignement à l'aide de dessins, vous obteniez la même distribution standardisée, une petite fraction de génies et de zéros, six pour cent de A et de F ; vingt-cinq pour cent de D et de B ; soixante-six pour cent de C+ et de C-. Mais la chose la plus étonnante, c'est que vous retrouviez à présent des gens différents dans la classe des génies et des zéros, et si vous adoptiez une autre méthode d'enseignement, avec le même groupe, soit en regroupant les élèves en petits groupes de discussions ou en présentant des vidéos, avec chaque nouvelle méthode, en présentant toujours la même matière, vous découvriez sans cesse de nouveaux génies et de nouveaux zéros, et une nouvelle redistribution de la moyenne.

Pour moi, la conclusion de Piaget est tout simplement inoubliable. Il y a un génie qui dort en chacun de nous, et tout ce que nous avons à faire en tant que parents éducateurs ou directeurs de nos propres vies, c'est de trouver la méthode qui permettra à ce génie de se manifester.

Le poème humoristique et satirique d'Ogden Nash, « Ceux à qui je ressemble », nous rappelle comme il est absurde de nous comparer aux autres à quelque moment que ce soit de notre vie. Sa conclusion révèle toute la vérité de cette affirmation : « Et pourtant ce que j'écris me ressemble tellement. » Et c'est tout ce qu'il pouvait rêver d'être : être lui-même.

Souvent, dans nos efforts pour nous intégrer et être acceptés, nous nous piégeons nous-mêmes en cherchant à savoir où nous nous situons par rapport aux autres. Nous avons été conditionnés à penser ainsi dès notre premier jour de classe, et c'est pourquoi il est si facile d'oublier que notre propre génie individuel n'a peut-être pas évolué. L'idée de vous comparer à quiconque semble absurde quand vous savez que vous êtes un être unique, et quand vous vous alignez sur les méthodes, les gens et les circonstances qui vous semblent appropriés.

Vous savez dans votre cœur, comme je le sais moi-même quand j'écris, quand je donne une conférence, quand je cours un marathon, quand je lave ma voiture ou quand je me brosse les dents, que vous n'avez pas besoin de comparer vos actions à celles des autres pour décider ce que vous avez à faire. En fait, nous sommes libres quand nous pouvons dire : « C'est ma façon de faire, quelle est la tienne ? Il n'y a pas *qu'une* façon de faire les choses ! » Je suis libre quand je n'ai plus besoin de vérifier ce que nous avons en commun, ces hommes de grand talent et moi. J'en suis venu à la même conclusion qu'Ogden Nash : « Et pourtant ce que j'écris me ressemble tellement. » Arrêtez de vous comparer et bâtissez *votre* vie à *votre* façon.

Pour contrecarrer l'habitude de vous comparer aux autres, adoptez quelques-unes des suggestions suivantes :

- Utilisez votre propre grille d'évaluation pour vous évaluer, vous et vos performances. Demandez-vous « Suis-je satisfait de moi-même ? », au lieu de vous répéter que vous n'êtes pas aussi doué que votre sœur.

- Quand vous vous rendez compte que vous êtes en train de vous comparer à quelqu'un, arrêtez-vous un instant et reprenez-vous. Prendre conscience de ce que vous faites est la première étape pour vous libérer de cette habitude. Quand vous êtes sur le point de dire « Je suppose que je me situe dans la moyenne », arrêtez-vous et reformulez votre phrase autrement. Dites plutôt : « Voilà le résultat que j'ai obtenu, et j'en suis satisfait. »

- Ne comparez pas vos enfants à ceux des autres, à moins que vous souhaitiez qu'ils fassent de même avec vous. Chaque fois que vous leur direz : « Tous les autres enfants de ton école s'occupent de certaines tâches ménagères », attendez-vous à vous faire répondre : « Les autres enfants ont le droit de se coucher plus tard que moi. » Cette habitude finira par s'incruster et passera de génération en génération à moins que vous ne cessiez ce genre de comparaisons. Dites-leur plutôt : « Je m'attends à ce que vous fassiez du ménage et certains travaux ménagers, et cela n'a rien à voir avec vos amis. »

- Si vous n'êtes pas aussi doué ou expert que vous souhaiteriez l'être dans quelque domaine que ce soit, rappelez-vous que ce n'est pas parce que vous souffrez d'une déficience. Ce que vous percevez comme un manque est le résultat de votre réaction à un événement et de la façon dont vous l'avez vécu. Votre génie réside peut-être ailleurs ou peut-être exige-t-il que vous soyez exposé à une autre méthode d'apprentissage. Respectez votre individualité et votre unicité, et résistez à la tentation de spéculer sur votre valeur en vous comparant aux autres. Se comparer, c'est placer les commandes de votre vie entre les mains de ceux à qui vous vous comparez.

ACTION

Nous devrions perdre moins de temps à parler ; prêcher n'est pas rassembler. Que devez-vous faire alors ? Prenez un balai et nettoyez la maison de quelqu'un. Vous en aurez bien assez dit.

MÈRE TERESA
(1910-1997)

Religieuse qui fut enseignante en histoire et en géographie et directrice d'une école de Calcutta, Mère Teresa fut appelée à quitter son couvent pour aider les plus pauvres d'entre nous. En 1950, elle fonda avec ses assistantes la société des Missionnaires de la Charité.

*P*rêcher par l'exemple est encore la meilleure façon d'enseigner à quelqu'un ce que vous souhaitez qu'il apprenne. Nous gaspillons souvent des heures sans nombre à discuter, à exprimer nos frustrations face à ce que nous trouvons répréhensible, et à échanger des insultes et des exemples de ce qui nous exaspère. Et finalement, notre désir de changer les choses ne se concrétise pas et nous continuons à angoisser et à penser que les autres nous traitent injustement.

Il est peut-être vrai, à un certain niveau, que la communication est la clé de saines relations, mais j'ai remarqué que plus nous échangeons de paroles, moins le résultat semble satisfaisant. Cela est vrai de nos relations avec nos êtres chers, les membres de notre famille, nos employés et nos employeurs, et même nos propres enfants.

Mère Teresa, cette petite géante de la spiritualité qui travaillait tous les jours dans les rues de Calcutta, voyant « Jésus-Christ sous tous ces pénibles déguisements », comme elle le disait, nous offre des paroles d'une grande sagesse avec ce petit conseil. « Nous devrions perdre moins de temps à parler », et par conséquent nous devrions agir plus souvent. Des paroles qui ne sont pas suivies d'une action ne sont que du vent et rien de plus. Si vous voulez faire comprendre quelque chose à quelqu'un, vous devrez sans doute créer un point de rassemblement en modifiant votre comportement. Le vieil adage « J'entends et j'oublie ; je vois et je me souviens ; j'agis et je comprends », s'applique non seulement à ce que vous voulez apprendre, mais aussi à la façon dont vous souhaitez être traité. De toute évidence, vous ne pouvez pas apprendre à nager en écoutant les explications d'un instructeur ou en observant les autres nager. Vous devez vous-même vous jeter à l'eau. Et cette même logique implacable s'applique à ce fol échange de paroles interminables que vous croyez être votre seul moyen de communication.

Votre comportement est la façon la plus efficace de communiquer avec les autres. Mon épouse et moi rappelons souvent à nos enfants qu'il est important d'être bon envers toutes les créatures de Dieu. Toutefois, la meilleure façon de faire passer notre message demeure notre propre comportement. Voici un exemple révélateur : Marcelene et l'une de nos filles avaient découvert un oiselet qui était tombé de son nid. Je revois encore mon épouse, qui avait plusieurs affaires de famille à régler ce jour-là, déposer le petit oiseau dans une boîte de chaussures et le conduire de l'autre côté de l'île jusqu'à un refuge qu'elle avait contacté plus tôt. Elle avait accepté de passer quatre heures dans la circulation et de sacrifier sa journée pour le bien-être d'un oisillon. Elle laissa la petite créature entre de bonnes mains, et ce faisant, elle rassembla les gens au lieu de leur prêcher. Nos enfants et moi fûmes témoins ce jour-là d'un amour pour toutes les créatures, et cette leçon eut sur nous plus d'impact que tous les discours du monde.

Si vous vous retrouvez mêlé à une futile querelle de mots qui ne fait qu'effleurer les vrais problèmes, arrêtez-vous et rappelez-vous la grande sagesse des propos de Mère Teresa. Demandez-vous « Que puis-je faire ? », au lieu de continuer à faire valoir vos arguments. Si quelqu'un utilise un langage irrespectueux, formulez clairement votre point de vue, mais s'il continue à se montrer grossier, passez aux actes, posez un geste qui rassemble, comme disait Mère Teresa. Quittez immédiatement ce lieu. Si vous avez affaire à un adulte, faites tout votre possible pour lui faire comprendre le sérieux de votre démarche. Demeurez à l'écart pendant au moins une semaine. Si vous êtes confronté à quelqu'un qui a des problèmes d'alcool, ne vous contentez pas d'utiliser des mots pour communiquer votre message. Dites-lui que s'il ne va pas chercher de l'aide, vous cesserez de faire partie de sa vie. Avec les enfants, éliminez leurs privilèges et montrez-vous ferme chaque fois qu'ils violent les règles élémentaires de décence et d'harmonie. Bien sûr, je vous encourage à discuter ouvertement de vos problèmes, mais il viendra un moment où vous devrez prendre un balai et nettoyer la maison de quelqu'un d'autre si vous souhaitez vraiment être utile.

Mère Teresa n'était pas le genre de personne dont on peut dire qu'elle était cruelle ou insensible. Elle consacra sa vie à faire la charité et à aider les plus démunis d'entre nous afin qu'ils soient traités plus humainement. Elle savait qu'il ne suffisait pas d'expliquer aux autres l'importance des actions vertueuses, mais qu'il fallait soi-même donner l'exemple. Il n'y a rien de cruel dans le fait de manifester par votre comportement que vous ne fermerez pas les yeux sur les choses que vous trouvez détestables. C'est souvent la seule façon d'apporter un changement durable. Vos paroles, bien qu'importantes, risquent d'être oubliées si elles ne sont pas suivies d'une action.

Nous semblons tous souffrir de la manie de discuter continuellement de nos problèmes. Nous mettons sur pied des comités d'études et nous allons à ces rencontres pour expliquer pourquoi leurs résolutions sont probablement irréalisables. Les gens d'action n'ont pas tendance à fréquenter ces comités et à écouter leurs rapports ad hoc. Je me rappelle avoir lu un livre sur Lee Lacocca, ce grand patron du monde automobile connu pour ne pas tolérer les excuses, et dont le sens des affaires a permis à deux constructeurs automobiles de se classer parmi les premiers au monde. Lorsqu'il demanda à ses ingénieurs de lui construire le prototype d'une voiture décapotable, un modèle qu'on ne construisait plus depuis des décennies, ils lui expliquèrent en détail pourquoi ce n'était pas faisable et présentèrent tous les problèmes d'ingénierie que cela posait. Finalement, exaspéré, il leur ordonna : « Amenez une voiture, enlevez le foutu toit, et laissez-moi voir ce que ça donne. »

Les gens d'action, ceux qui font une différence dans le monde, ceux que nous admirons le plus, semblent tous connaître le bien-fondé de ce vieux dicton : « Ce que vous faites parle si fort que je n'entends rien de ce que vous dites. » Soyez un homme ou une femme d'action, et ce faisant, vous contribuerez à faire comprendre aux autres l'essentiel et connaîtrez un sentiment de satisfaction que tous les mots du dictionnaire ne peuvent exprimer.

Pour mettre en pratique le conseil de Mère Teresa :

- Gardez à l'esprit que vous serez traité dans la vie comme vous aurez enseigné aux autres à le faire. Demandez-vous si votre comportement n'est pas une invitation aux mauvais traitements que l'on vous inflige.

- Quand vous sentez que vos paroles n'ont plus aucun effet et vous entraînent dans d'exténuantes explications qui mènent toujours au même résultat, soyez créatif et tâchez de rassembler au lieu de prêcher. Notez par écrit de nouvelles façons d'agir qui vous aideront à faire passer votre message et engagez-vous à les mettre en pratique, même si vous êtes tenté de vous lancer dans une nouvelle guerre de mots.

• Faites comprendre aux membres de votre famille, et en particulier à vos enfants, votre philosophie de vie en donnant vous-même l'exemple. Malgré tout ce qu'ils pourront dire, ils vous respecteront pour vos actions, même s'ils se montrent plutôt sceptiques. Si vous refusez de vous abaisser à argumenter et à vous défendre, et démontrez simplement votre philosophie de vie par vos actions, vous finirez par découvrir la valeur de ces actes rassembleurs.

❊ ÉMERVEILLEMENT ❊

BRISBANE

Brisbane
Où Dieu se révéla à nous deux.
Nous sommes les seuls à connaître la magie et
    l'émerveillement de cette présence.
Contre toute attente…
Notre lien avec l'éternité renforcé, consolidé.
Et pourtant le paradoxe demeure…
Nous maîtrisons/nous ne maîtrisons pas, condamnés à faire
    des choix.
Tout ce que je sais, c'est que notre amour est scellé pour
    toujours.

WAYNE W. DYER
(1940-   )

*Âme infinie déguisée en époux, en père de huit enfants, en écrivain
et en conférencier, Wayne Dyer est l'auteur de ce livre et de seize
autres ouvrages, dont trois manuels scolaires.*

*L*e but de ce livre n'était pas tant de vous faire aimer la poésie et
la philosophie que de vous aider à mettre en pratique la sagesse de
ces auteurs dans votre vie de tous les jours. Tous les morceaux
choisis dans ce livre véhiculent les idées d'individus particulièrement sensibles, créatifs et productifs qui ont vécu sur cette
planète à un moment ou à un autre, comme vous et moi
aujourd'hui.

Il est peut-être un peu présomptueux de ma part d'inclure un poème de mon cru dans un recueil regroupant les chefs-d'œuvre de ces grands poètes, philosophes et artistes du passé. Mais j'ai choisi de vivre avec mon embarras et ma gêne parce que je tenais à l'inclure dans ce livre, qui a été pour moi un travail d'amour extrêmement éclairant, comme l'exemple d'un poème qui vient du cœur d'un gars bien ordinaire, écrit pour sa femme dans un moment d'inspiration et de pur émerveillement. Mais aussi parce que je voulais vous parler de ce qui m'a incité à livrer ce petit poème, désireux de partager mes motivations avec vous.

J'ai donc choisi de conclure ce recueil sur un poème que j'ai écrit pour mon épouse, Marcelene, en espérant que vous prendrez votre plume et laisserez de côté votre peur d'être ridicule, embarrassé ou injustement comparé à de grands poètes, pour exprimer vos sentiments les plus intimes à ceux que vous aimez.

Ce poème s'intitule « Brisbane », car c'est dans cette ville du nord de l'Australie que j'ai senti et compris de manière absolue qu'il existait une force à l'œuvre dans l'univers, une force que j'appelle Dieu. C'est là que j'ai appris à *connaître* Dieu, alors qu'auparavant, je ne le connaissais que de nom.

En février 1989, en effet, ma femme, Marcelene, et deux de nos enfants, qui avaient à l'époque un an et demi et trois ans et demi, m'accompagnèrent en Australie pour une tournée de conférences. Ce jour-là, après avoir donné une conférence devant un large public, nous rentrâmes à notre hôtel de Brisbane complètement épuisés et je décidai de me retirer pour la soirée. L'un des enfants dormait avec moi, tandis que Marcelene dormait ou s'occupait du bébé dans le lit adjacent.

À quatre heures du matin, il se produisit quelque chose qui n'était encore jamais arrivé et qui ne s'est jamais reproduit depuis, et qui me fit littéralement sursauter. Mon épouse sortit de son profond sommeil et se mit à ranger la chambre. Elle prit le petit qui dormait dans mon lit et le mit dans le sien avec notre petit garçon d'un an et demi. Elle vint ensuite se coucher dans mon lit et se blottir contre moi. Cela ne lui ressemblait pas, surtout qu'elle allaitait notre fils. J'étais dans un état de choc semi-conscient, pensant que je faisais un rêve.

Au cours des huit années précédentes, ma femme avait été soit enceinte, soit en train d'allaiter, ce qui avait eu pour effet de complètement arrêter son cycle menstruel. De plus, on lui avait assuré qu'elle ne pourrait plus tomber enceinte étant donné qu'on lui avait enlevé l'un de ses ovaires au cours d'une opération chirurgicale. Mais pour ne pas courir de risque, nous utilisâmes quand même une méthode de contraception, et je me retirai au moment critique, pour vous montrer à quel point nous étions prudents. Néanmoins, malgré toutes nos précautions, à quatre heures du matin, à Brisbane, en Australie, fut conçue notre plus jeune fille, Saje Eykis Dyer, qui devait venir au monde le 16 novembre 1989.

Pourquoi mon épouse s'était-elle réveillée à ce moment précis ? Qu'est-ce qui avait provoqué l'étrange comportement, quasi obsessif, de cette femme qui ne perd jamais la maîtrise d'elle-même ? Quelle force était à l'œuvre cette nuit-là ? Qui en est responsable ?

Saje s'est révélée une force d'amour fusionnelle dans notre mariage, et pourtant, lorsque j'appris que ma femme était tombée enceinte à la suite de cette merveilleuse et étrange nuit de passion, je compris, comme mon épouse, que des forces avaient planifié la venue de ce petit ange dans le monde matériel à travers nous, malgré notre décision de ne plus avoir d'enfants. La chirurgie, les moyens de contraception, le retrait, l'absence de cycle menstruel qui aurait permis de suivre le processus d'ovulation, et le fait d'être profondément endormis dans un pays étranger, tout cela était autant d'obstacles insignifiants pour cette force de vie qui voulait se manifester dans le monde matériel !

Le jour de la fête des mères, la même année, j'écrivis « Brisbane » pour mon épouse. Il fait aujourd'hui partie d'un collage que je fis encadrer en souvenir de notre voyage en

Australie. Mais peu importe le nombre de mots que je coucherai sur le papier, et même si je veux désespérément transmettre le caractère unique de cette expérience, comme je le dis dans mon petit poème : « Nous sommes les seuls à connaître la magie et l'émerveillement de cette présence. » Depuis, je n'ai jamais douté, ne serait-ce qu'un seul instant, de la présence de Dieu dans ma vie. Je ne me lance jamais dans de longues discussions avec des gens qui ne croient pas et je ne ressens pas davantage le besoin de convertir mes prochains. J'exprime simplement ce que je sais, dans mes écrits, dans mes conférences. Et aussi dans ce petit poème dédié à mon épouse. Quand je repense à cet événement, le lien qui m'unit à cette force divine omniprésente et omnipuissante s'en trouve renforcé et consolidé. Mais cette expérience m'a également fait comprendre que toutes les âmes qui se manifestent sous la forme d'un être humain font aussi partie de ce drame divin.

Nous aimons à penser que nous maîtrisons ce genre de choses, même si nous savons au fond de nous-mêmes que rien ne peut arrêter une âme déterminée. Le paradoxe de ce vers, « condamnés à faire des choix », est évident : nous maîtrisons tout, et en même temps nous ne maîtrisons rien, et nous devons apprendre à vivre avec cette énigme qui est au cœur d'une véritable compréhension de Dieu.

Vous êtes arrivé ici-bas en vertu d'un scénario similaire, tout aussi miraculeux. Votre cœur s'est mis à battre dans le sein de votre mère quelques semaines après votre conception, et pourtant cet événement est un mystère insondable pour tous les habitants de notre planète. Comment quelque chose peut-il procéder de rien ? Où était cette vie avant sa conception ? Que se produit-il au moment de la création ? Nous sommes tous des paradoxes ambulants, et peut-être vaut-il mieux laisser les luttes intellectuelles au vestiaire et accepter avec un cœur aimant la révélation que notre amour est scellé à jamais.

Tenez fort à ce qui vous émerveille, et appréciez chaque moment de votre vie et chaque molécule de la création. Mais quelque part au fond de vous-même, dans un petit recoin de votre conscience, sachez avec certitude qu'une présence divine est à l'œuvre en vous et dans l'univers, une présence qui ne commet jamais d'erreur, malgré ce que vous en êtes venu à croire au fil des années. Nous faisons partie d'un système intelligent au sein duquel nous entrons et sortons toujours à temps.

Ce petit poème est un message que je vous adresse et une façon de rendre hommage à cet événement révélateur qui marqua pour moi le début de l'année 1989. Soyez certain d'une chose, telle qu'elle est exprimée dans l'ouvrage *A Course in Miracles*, et comme j'ai moi-même tenté de vous la transmettre dans ce dernier chapitre. Je vous l'offre en mon nom et en guise de conclusion : « Si vous connaissiez Celui qui marche à vos côtés sur le chemin que vous avez choisi, vous ne connaîtriez jamais plus la peur. »

Namaste ! (Je salue ce lieu en vous où nous ne faisons qu'un.)

Autres livres de Wayne W. Dyer
aux Éditions AdA

Pour obtenir une copie
de notre catalogue
veuillez nous contacter :

Le
Présent

AdA inc.

1385, boul. Lionel-Boulet
Varennes, Québec
J3X 1P7
Fax : 450.929.0220
info@ada-inc.com
www.ada-inc.com